SHIGEO IWANAMI

BY YOSHISHIGE ABE

岩波茂雄傳

一八八一——一九四六

安倍能成——著
楊琨——譯

於鎌倉小町的家　玄關　1942 年

於熱海惜櫟莊　1942 年

母親　歌（Uta）

父親　義質

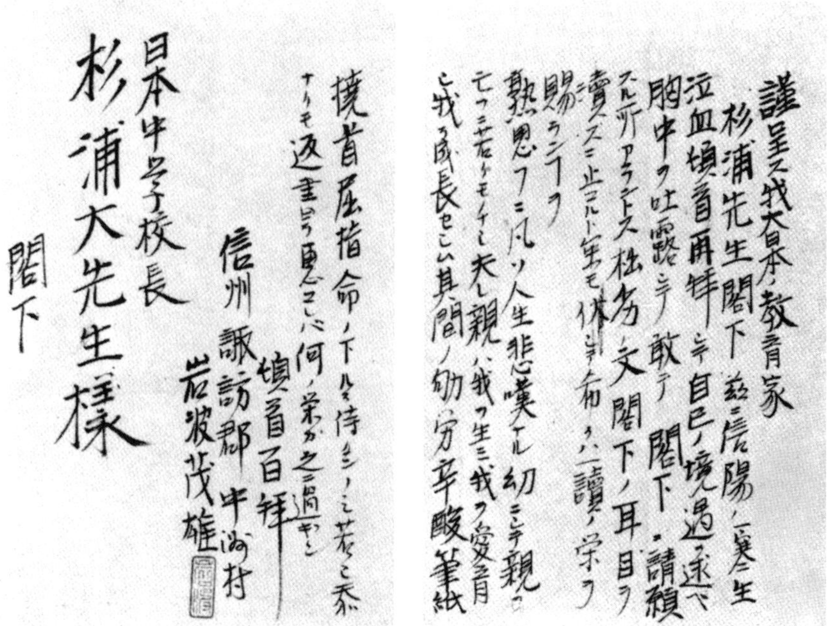

謹呈ス我大日本ノ教育家
杉浦先生閣下 茲ニ信陽ノ寒生
泣血頓首再拜シテ自己ノ境遇ヲ述ベ
胸中ヲ吐露シテ敢テ閣下ニ請願
スル所アラントス拙劣ノ文閣下ノ耳目ヲ
瀆スニ止マルト雖モ俯シテ希クハ一讀ノ栄ヲ
賜ランコトヲ
熟思フニ凡ソ人生悲嘆ナル幼ニシテ親ヲ
亡フニ若クモノナシ夫レ親ハ我ヲ生ミ我ヲ愛育
シ我ヲ成長セシム其間ノ劬労辛酸筆紙

翹首屈指命ノ下ルヲ待ツノミ若シ忝ナクモ
返書ヲ恵マルレバ何ノ栄カ之ニ過ギン
頓首百拜
信州諏訪郡中洲村
岩波茂雄
日本中學校長
杉浦大先生様
閣下

呈給杉浦重剛先生的信　開頭及結尾

熱海惜櫟荘　玄關（上）　櫟樹（下）

安倍能成與岩波茂雄

安倍能成《岩波茂雄傳》中文版序

二零一三年是岩波茂雄創建岩波書店一百周年。在此值得紀念的一年，能夠將岩波茂雄終生的摯友、也是與他共同構築了創業時期岩波書店框架之人——安倍能成撰寫的茂雄的傳記介紹給中國民眾，對此感到無比喜悅。

岩波茂雄不僅是岩波書店的創始人，也是奠定近代日本出版業基礎的出版人之一。岩波茂雄將日本近代文學史上最偉大的作家、至今仍經久不衰的夏目漱石的諸多作品，以個人全集這一劃時代的形式展現給讀者，並以此為開端，不知疲倦地出版了哲學叢書、數學叢書等學術書籍，奠定了創業時期的基礎。而且，在他的出版事業中，還有兩件值得大書特書的革新創造，那就是秉持「知識屬於大眾」這一強烈信念，精選古今東西的古典，輕便、廉價的「文庫」形式；以及旨在回應現代的課題和要求、同樣輕便的「新書」形式，並以這兩種形式將眾多的書籍送到日本民眾的手中。時至今日，在日本的出版界，這兩種書籍形式仍為很多出版社所採用。

本書是岩波茂雄的傳記，同時，也可將其視為一部日本近代出版史，從中可以看到近代日本的出版產業是如何興起、如何奠定基礎、如何發展的。

在本書的中文版出版之際，我尤其想強調的是岩波茂雄對中國的感情。岩波茂雄一貫反對日本侵略中國，這一立場從未改變，在新聞媒體、民眾逐漸傾向於協助戰爭之時，他直言不諱地表明了堅決反對的觀點。他還反抗以軍部為首的一切權力的壓迫，拒絕一切對日中戰爭的協助、捐贈，甚至在亡命日本的郭沫若趁日中戰爭開始之機回國後，他還資助郭沫若兩個兒子的學費，幫助養育他們，直至二人從日本的大學畢業。

在日中戰爭前夕，岩波茂雄曾計劃向中國的大學捐贈岩波書店的全部出版物，但由於戰爭的爆發沒有實現。然而，這一願望在岩波茂雄去世後逐步實現，從中華人民共和國成立至今，已向北京、中山、武漢、東北師範各大學及北京國家圖書館共計五個機關捐贈了岩波書店的全部出版物。

岩波茂雄的青年時代正值日本近代的初期，他的志向基本上是自由的、進步的，厭惡狹隘的日本主義。他也表示理解共產主義、社會主義，但自身並不是馬克思主義者，並兼有民族主義者的一面。他尊敬明治天皇，將明治天皇在明治維新時頒佈的「五條誓文」掛在店主室內。

安倍的這部傳記，唯有自青年時代起便盡知岩波茂雄的同時代人才能夠撰寫，書中詳細描寫了茂雄的人格魅力、精力充沛的活動狀況以及他的弱點。

我期盼以這部傳記的出版為契機，岩波茂雄與岩波書店的心志能夠為眾多的中國民眾所瞭解，並對中國民眾理解日本略有所助。

二零一三年十一月

岩波書店社長　岡本厚

序

岩波茂雄去世後，明年將迎來十三周年忌。在一周年忌時，岩波的舊交和親屬之間就開始策劃岩波的傳記，首先從瞭解岩波的諸君那裏收集追憶文章，同時收集岩波的遺作。在紀念七周年忌時，我已對部分遺作進行編輯，並以《茂雄遺作抄》為題，由岩波的遺屬贈給諸位舊交。我與岩波親密，與他的家人和店員也關係密切，因此自然而然地參與到這一工作中。但是，當商議傳記由誰來寫時，一半是因周圍的勸說，另一半則是我自己主動要承擔這項工作，時間大約是在岩波死後兩年的周年忌時。關於我與岩波的交情，在文中已寫得過於詳盡了，這裏不再贅述。然而，岩波應該是信任我的，卻不是比任何人都親密；而我也尊敬岩波，卻不是喜歡他的全部。對岩波而言，我似乎是他最無顧忌的友人，重大事情足可與我商量。或許可以說，在岩波的友人中，我最瞭解岩波與他家人的種種。而且，岩波這個人有着極其獨特的性格。岩波的事業對日本做出了深遠的貢獻，從文化和歷史的意義上看，他的確是值得流傳的人物。從全面介紹岩波的角度上看，我相信我是勝任者。以上便是我所以敢於承擔這部傳記的原因。

為此，我調查了諸君的眾多追憶文章，和有關岩波及書店的記錄，對於能夠收集到的岩波所有遺作、日記、書信等，也全部閱讀過。就這樣，開始動筆時可能已是一九四九年。但是，由於我身為私立學習院的院長，內外校務繁忙，這項工作進展得並不順利，在計劃完成的七周年忌時也沒完成。為此，我作了充分的精神準備，要在周末周初的兩三日或一兩日，把自己關在岩波的遺愛，即熱海伊豆山的別墅惜櫟莊內，專心於這項工作，但無法成行的特例也很多。而且，本應連續性很強的工作，有時卻不得不長期中斷，工作沒有按照我的預想進行。岩波夫人吉對我草稿的開始部分非常感興趣，盼望着傳記早日完成，但她不久便中風了，竟在去年年初追隨丈夫而去。對這部傳記予以極大關注的岩波書店財政顧問，又是岩波友人的明石照男君也於去年九月去世。此外，岩波的摯友藤原咲平君、渡邊得男君也相繼去世，就在最近，工藤壯平君也離世了。剩下的瞭解岩波的人也大多超過七十歲，筆者本人的生命也不知何時凋落。想到這些，從去年起，我有些着急起來，決定必須下些功夫。因此，即便在百忙之中，也幾乎毫無例外地去伊豆山；暑假去上州北輕井澤時，也帶着參考文件，集中精力於這項工作上。今年寒假期間的正月三日，暫且完成草稿，交付印刷的時間好像是在二月。然後開始校對，約定了無論怎樣修改都可以，因此進行了諸多加工。有時追加四五頁草稿，有時又刪除一兩頁。經我之手大概做到四校、五校。半年多以後，終於在本月脫離我的手，預計在今年九月成書。

雖說是自己主動承擔的，但有時我甚至想放棄這一工作。我以前一直是一人寫作，討厭談話筆記、口授筆記，也是出於這種原因，這次我沒有使用助手。但原本記憶力很好的我，隨着年齡的增長，記憶力也逐漸衰退。可能是整理方法不當吧，經常忘記製作好的備忘筆記。尤其是關於書店的事情，一發現問題，便隨時向店員，特別是長田幹雄君提問，或要求他提供材料。儘管長田君逐一認真、精確地回答，但我有時遺失，有時忘記，經常給他添麻煩。而且，一旦想起什麼，如果不馬上記下來便會忘記，還會忘記記在哪兒了。我以前很少做這樣的工作，又過份依賴自己的記憶力，這一次，我切實地感到，整理材料並根據需要迅速找到它們，對提高工作效率是多麼重要；還痛感對於這樣的著作來說，助手是何等的重要。尤其是此類傳記，需要從與整體的關係上調查細枝末節，因此，我有時會氣憤：以自己這樣的年紀、在如此繁忙之中，到底為什麼承擔這樣的工作！但一想到自己的責任，即傳記不能傳達虛假的內容，便不能放任自流。

這本書是傳記，不是小說。因此，對於岩波的生活、岩波書店的事業，首先對時間和地點進行了仔細確認。然後，對確認到的內容清晰記載，對不確切的內容進行推斷，但都明確說明是推斷或想像。而且，盡量利用岩波自己遺留下來的文章和談話，讓岩波自己說。在轉述岩波的言行時，在很多情況下我都加上「據某某說」，與我自己的所見所聞區別開來。就這樣，我努力客觀地介紹岩波，對於與岩波相關的他人之事，我也希望盡量寫得公平，但我並沒為此放棄我自己的感受與意見，而是毫無顧忌地發表議論，讀者可能比任何人都更清楚地察覺到這一點了吧。但在這種場合，我會寫明這是我自身的所見所感，不會強加到岩波身上。對此，還請諸位諒解。

在有關出版事業的部分，我逐年敘述了岩波書店的出版情況。但對於在各種意義上列舉的主要出版物，在選擇時並未一一詳細研究它們的價值，而且這也是不可能做到的，所以擔心會出現部分錯誤。

對於應如何講述岩波的家庭生活，我費盡了心思。在中國，墓碑上只記載故人的善事美德，不記載壞事和缺點，我不認為這沒有意義。但是，岩波已經是一個歷史人物了，在對他進行歷史性的整體觀察時，與局部考證不同，在與整體生活的必然聯繫中，我想他的缺點和過失也是有意義的，也是可以原諒的。因此，關於岩波的私生活，我想盡量毫無隱瞞地記錄下來，只是也擔心會產生「訐以為直」的結果。相關人物也還活着，尤其想到骨肉親人的感情，在聽取諸君意見之後，有些地方寫得稍稍有所節制。但是，我在這裏想說的是，這樣寫並不是為了表現岩波是個品行方正、學術優等的君子，他具有人所不及的長處，同時也具有與常人一樣，或者說比常人更甚的短處與缺點，我寫的就停留在無損岩波全貌的程度上。

對於親朋好友寫的、對故人所見所感的全部文章，我至少都讀了一遍。岩波的遺作、書信、談話等也全部閱讀過。在對岩波的追憶中，還有講述追憶者自身的事情而很少言及岩波的情況。對於我有記憶與印象的內容，我都讀了兩三遍。諸君的好意豐富了這部著作的內容，對此，我深表謝意！

關於岩波書店的事情，我尤其得到了長期擔任店員的堤常、長田幹雄、小林勇三君極大的幫助和指教，可以說，這部分幾乎是與三君的攜手創作。其中，長田君關於書店和岩波的記錄認真、精確，極大地提高了這部傳記的準確度。在寫作過程中，又會發現新的事實或與事實的出入，長田君等人甚至懇切地為我修改文章，而且如前所述，我還任意地追加、刪除、改動，給印刷和校對帶來很大麻煩，對此，我一併表示歉意與感謝。

總而言之，耗時近十年的這項工作終於結束了，我又可以久違地眺望淺間山的噴煙，幸福地度過這個暑假了。

一九五七年七月二十六日

再序

如前所述，我寫《岩波茂雄傳》是應岩波的遺屬和岩波書店的希望，也因我本人想寫。書店方面印了三千部，以非銷售紀念品的形式分發給岩波的友人、親戚以及其他各方面的熟人。然而，讀過此書的人們都感到非常有趣，紛紛勸身為作者的我、勸書店面向廣大社會出版此書。這對我來說當然是件高興的事，因此，決定以廉價版的形式面向廣大社會發行此書。這本書的草稿曾請岩波書店的諸位過目，還下定決心進行校對等工作，以期萬無一失。但這近乎於不可能，即便在出版二十日後的今日，還有諸多被指出、察覺的錯誤。藉此機會，我只想告訴大家，已對這些錯誤都一一進行了訂正；而且今後，如發現與事實有出入的地方，還請毫不客氣地給予忠告。

一九五七年十一月十二日

安倍能成

目次

第二部 岩波書店 119

大正二年（一九一三）——昭和二十一年（一九四六）

第三部　社會生活　273

第一部——創業以前

明治十四年【一八八一】——大正二年【一九一三】

訂婚時期　1906 年

第一章／故鄉的生活

一　岩波的家族

岩波茂雄，明治十四年（一八八一）八月二十七日出生於長野縣諏訪郡中洲村中金子的農民家庭。村子靠近上諏訪市區，位於諏訪湖邊，諏訪明神上社一側。中金子是在湖水的沖積土上屯集而成的村落，水田肥沃，收成頗豐。雖然整個長野縣普遍如此，可在諏訪那樣冬天長，又沒有其他產業——當然，養蠶業的繁盛是很久以後的事情了——的地方，中金子是一片條件較好的富庶之地。用岩波自己的話説，是一個既沒有非常有錢，也沒有特別貧窮，雖然富庶但很平均的地方。

岩波出生自這個村落一個中等以上的家庭。據家中流傳的家譜記載，先祖名叫信朝，通稱安太良，是桓武天皇第二十九代後裔。戰國時代伺於武田氏，並參加了永祿四年（一五六一）的川中島會戰。及至信朝之子信隆一代，武田家滅亡，信隆移居到舊地金子鄉里，更名為岩波小六郎。如果這些屬實，茂雄就相當於小六郎的第十二代後裔。

父親義質，安政五年（一八五八）八月二十九日生，舊名吉藏，一八七八年更名；母親歌（Uta，漢字為音譯，後同。——譯註），文久二年（一八六二）五月二十一日生。父親留着八字鬍，身材矮小，嚴正廉直，讀經書，擅寫文章。但身體孱弱，有哮喘宿疾，故土地交由佃農耕作。

一八八四年，任中洲村村長公所秘書，年俸三十六日元，到一八八九年擔任助理前，年俸已翻倍，漲到七十二日元。他是實行町村制度後的首任助理。同年四月，還當選為村議會一級議員，助理一職由是年五月至一八九三年五月任滿一期。後於茂雄十五歲時，即明治二十九年（一八九六）一月五日去世，享年三十七歲零五個月。

義質的父親，即岩波的祖父傳吉，身材高大，大家都叫他大傳。除農業外，他還兼販米、酒、醬油、醋，也收購土地。聽岩波說，他的祖父器重其父義質，儘管是四子，還是讓他繼承了家業。傳吉的長子文治不修操行，並有酗酒傾向，在各地顛沛流離；次子源吉繼承了上諏訪的米商兼同姓親戚的另一個岩波家（商號「入中」），並成就了家業，成為高額納稅人；三子德吉入贅到同村的濱家；父親的弟弟，五子音藏後來掌管岩波家的田地，農閒時到日本橋的魚河岸打工、搬魚，這些都是從岩波處聽到的。另外，父親還有一個妹妹叫竹（Take），嫁到藤森家為媳。

母親歌是下諏訪的井上善次郎之妹。善次郎曾開設製紗廠，事業一度極為廣泛，但後來生意失敗，到東京神田經營薪炭生意。母親深愛着岩波，在當時的那個年代，很少有人能在讀完四年普通小學後，繼續攻讀四年高等小學的；而岩波從村裏的高等小學畢業後，既能入讀有識之士那一年在上諏訪町新創辦的實科中學，之後又斷然去東京遊學，轉入日本中學，繼而進入第一高等學校，這些固然是出於他自身的強烈願望，但也是母親的同情、理解和勇氣所賜。岩波的體格和氣質多繼承自母親，頗受母親的影響感化。母親是位女丈夫，性格剛烈，家中的事務和孩子的教育全由母親承擔，諸事皆處理得幹淨利落。特別是岩波誠實、熱情、努力、倔強、忘我地照顧別人等性格，可以說很像他的母親。相比之下，父親似乎是位安靜而消極的人。日後，他經常談論母親，卻很少談及父親。母親沒有學問，卻創立了愛國婦女會的支部，在發動小村的女輩參加婦女會時也是打頭陣的。後來（一九零三年），岩波在自己的作品中，列舉了「余父的性格」是「正直、固執、親切、堅忍、勤勞」；「母親的性格」為「極富同情心、極其活躍、極為聰明、極富勇敢、剛毅、俠義之天資、活潑開朗、不知隱藏」。

岩波是一家的長子，另外，還有小他三歲的妹妹美都江（一八八四年八月二十一日生）和小他九歲的妹妹世志野（一八九零年六月十五日生）。美都江嫁給了前述井上善次郎和母親歌的哥哥井上伊兵衛的兒子勝衛為妻，丈夫去世後，於一九三五年八月二十四日在下諏訪町辭世。世志野於一九零七年十一月招堀內虎田入贅為婿，但她於一九零九年八月三日去世後，虎田離開岩波家，入贅他家，如今已成為故人。

岩波的家，據岩波說：「最好的時節，一年可收年貢米百袋，這在鄉下屬中等以上的家庭。」綜合前中洲村村長伊東一的調查和村裏的老者平林佐吉的話，他家自擁土地共二町步（一町步約等於九九一七平方米。——譯註）有餘，地價超過一千日元，這即便是在當時諏訪地區富裕的中金子，也不過六七人，還是一級選舉人。正如岩波前面的介紹，這可能完全靠祖父傳吉的努力。自家除僱人耕種八反（一反約等於九九一點七平方米。——譯註）左右的田地外，在高木、真志野、上金子也有田，都租給別人種，家中做的只有少許的養蠶。

二　幼年、少年時代

岩波自幼年起，就已經顯現出他成年以後的性格了。據比岩波小一歲的鄰居宮坂春章說，岩波年少時，記不起是幾歲了，曾在屋後的宮川游泳。儘管開始時還很笨拙，但由於熱心於此，故漸漸地有了長進。這時，這樣的小河已經容不下岩波的雄心了，於是岩波說去諏訪湖游吧，便借來一隻小船，和宮坂一起橫穿諏訪湖。兩個人還是孩子，連搖櫓的方法都不懂，而且不湊巧，風颳得猛，小船上下左右地搖晃，幾次差點兒翻船。靠着拚命的努力，終於成功往返諏訪湖。到達岸邊時，手上滿是水泡，身子也濕透了，飢腸轆轆，連話都說不出了。

岩波進入鄰村下金子的普通小學是在一八八七年。據那時的同級生茅野虎（Tora）說：「茂雄非常靈敏，是個調皮鬼，精力旺盛。」如果別的學生得了雙圈或三圈（日本以圓圈代表正確，同心圓的圈數愈多代表評價愈高。——編註），他就會嫉妒得把那人的桌子掀翻。他沒有一天不和同學互相弄髒習字帖、聽寫帖，但那時他確實很機敏，惡作劇不會親自下手，而是有計劃地巧妙佈置，因此有「茂雄式狡猾」之稱。傭人奶奶等都目瞪口呆：「茂雄剛才還在這裏惡作劇，唉呀又去了那種地方。」師生們都說「茂雄很機靈」，在放學途中，他會把腳伸到女孩子前面，把她們絆倒；有時會從後掀起裙子，捉弄她們，還扯開嗓門大吵大叫，着實精力充沛。

那時，大約是三年級的時候吧，有一位老師往返於其家所在的中金子和小學之間。他發現茂雄跟在後面，「做出給我吃拳頭的樣子」，就讓他在黑板旁邊一直站到下課。下課後，當老師說「給我回去」時，岩波好像相當憤怒，也不行禮，就要回去，結果又遭到老師呵斥，再次罰站。

有時，他拿着盒飯離開家，卻不去學校，而是算好大家放學的時間，在別人後面回家。為此，學期末的通信簿上便寫着：出席率不足，不及格。據説母親很吃驚，馬上跑到學校和老師交涉，終於讓他及格了。聽説後來，他追憶此事，對妻子説：「母親太厲害了，結果竟讓不及格的我及格了。」不過，到高等小學時，他便萌生了很強的學習念頭，因此逃課可能是在普通小學時的事了。

下面是他同村友人矢崎九重的講述：那時岩波十一二歲，應該是普通小學的時候吧，在離村子四五町（一町約等於一零九米。——譯註）遠的一個叫田邊的村子裏，每年八月末會舉行祭火節。岩波和三個朋友在趕往祭火節的途中遇見了母親，纏着要零用錢。母親聽説別的孩子的零用錢是二錢（一錢為一日元的百分之一。——譯註），就給了岩波二錢。岩波執拗地再請求了七次，每次一錢，就又得了七錢，共拿到九錢，這才大笑起來。母親囑咐説：「要和大家一樣花喲。」幾個人就趕到了祭火節，每人花了二錢，買了一錢四個的菱形饅頭。在回家的途中，岩波將剩下的七錢分給三人，每人二錢，自己拿着餘下的一錢回家了。這就看出了岩波執着、正直、無私欲的性格，很有趣。

茅野還講了下面的事：岩波每日偷祖父——這位傳吉祖父於一八九五年九月四日，岩波上中學的那一年去世了——十錢，買自己最喜歡的芝麻米條，在往返學校的途中，在田裏的稻禾垛後面和朋友們一起吃。以他的性格，不會偷偷獨食，而是一定要分給朋友們。

下面是進入高等小學以後的事了。每周六舉辦的校友會的研究會要開到夜裏十一二點，大家肚子餓了，就去吃年糕紅豆湯。每每這時，岩波都會説着「算了、算了」，把大家的帳都結了。多年後，他還是一見到人，就拉着人家請客，不讓別人請而是喜歡請別人，這個脾氣從那時就養成了。

岩波於一八九一年升入高等小學。學校叫中洲高等小學，位於一個叫神宮寺的村子。岩波説，他即使上了高等小學，調皮搗蛋也沒停，還是幾乎隔一天就要被罰站。他唯獨害怕校長，但由於校長從上諏訪通勤，所以周一來得晚。學校是租用山下法華寺的房子，岩波就叫上大家，登上後山，在山上高聲喧鬧，鈴響了也不下去。這時，只要説「校長來了」，大家就會急急忙忙地跑下山。

但是，高等小學四年級時，岩波在一名叫金井富三郎的老師的指導下，創立了校友會，並擔任會長，大家都「會長、會長」地叫他。每周六晚上，大家在學校集合，舉辦研究會，演説、討論、寫文章等，經常熬到很晚。

據矢崎九重説，岩波創立校友會是在高等小學四年級時，而塚田廣路則説是在塚田四年級，即岩波中學二年級時，這説明從高等小學後期到中學初期，校友會幾乎由岩波一人承擔。

校友會由金井指導，作為課外講座，金井介紹了當時著名的稻垣滿次郎的《東方策》（有説這是英國人西利的著作，是講述近代英國海外擴張的歷史評論），大家為英國和俄羅斯對日本的壓迫深感憤慨，關心日本向海外發展、伸張國威，進而對規劃新日本興旺發展的明治維新抱有很大的興趣。當時，金井還講述了岩波畢生崇拜的西鄉隆盛的事跡，岩波總是急着央求「快講後來、快講後來」，並讓同伴學習南洲（西鄉隆盛的號。——編註）的大膽和松陰（吉田松陰，幕末時代思想家，對明治維新的精神有奠基性的影響。——編註）的氣概。説到當時高等小學的最高年級，可比現在的要成熟得多。在日本的又一個興盛期，年紀小小卻懷憂國之志的人可能不只岩波一個，但他確實是其中最熱烈的那個少年。

總之，從小學後期到中學時代，岩波承襲時代之風潮，滿腔都是憂國之情懷、慨世之熱忱以及立身揚名的風雲之志，洋溢着青春的熱情。當時的岩波，身着短筒袖和服，膝蓋以下露在外面，那樣子簡直就是縮小了的西鄉。

關於上述的校友會，還有各種各樣的內容：集合有志少年，徵集論文、隨筆、遊記等，經小學老師的評審，爭奪天地人的名次；夜晚，挑燈開演講會、討論會，將徵集到的文章印成當時流行的紫色膠版；還喚來村民，相互（中學生之間）用英語會話給他們聽，説是日本遲早也要説英語，就請從現在起先聽聽吧。當我聽説岩波講外語給人聽時，既感到滑稽，又為鄉下少年的自命不凡忍俊不禁。

岩波還發起了當時在少年中流行的試膽會。在通往位於神宮寺的小學途中，有一處叫新井堤的地方，蘆葦叢生，野狐出沒。夜裏，他就讓每個人單獨往返。又例如，學校在法華古寺，後山是諏訪神社，是一個古樹蒼鬱的地方。他每次就從同伴中選出一人，命其從中穿行而歸。這足以想見他的活躍程度和對村中少年的威力。

據金井說，那兩年，岩波幾乎沒缺過課。即使是因感冒等身體有恙、母親很擔心的時候，他也會撐着上學。他還是一個熱情的努力者，例如，數學題沒解開——他數學尤其不擅長——若到下節課還不懂，就會眼中含淚，或到了下課時間也不離開座位，一直思考。他的頭腦在年級中不是最好的，但在努力學習上卻沒人比得上他。岩波自己也說：「在二十幾個夥伴中，比我厲害的只有一個傢伙，只有那傢伙，我怎麼也沒能超過他。」岩波在一九四二年明治節（昭和前期的節日，於每年十一月三日紀念明治天皇誕辰。——編註）舉辦「回顧三十年感謝晚宴」時，特地從信州邀請了這位金井老師參加。後來，一九四五年九月，岩波在長野患腦溢血病倒，在該市的裾花河畔養病。當病情好轉、允許散步時，他發現鄰居門前掛着金井富三郎的門牌，奇怪竟與傳聞已經過世的老師同名，便通報了名片，沒料到竟真是自己的老師，就和這位年已八十的老師久久歡談。這記載於他的病床日記中。

高等小學四年級時，母親給他三十坪（一坪約等於三點三平方米。——譯註）的旱田，吩咐他靠自己的力氣種菜。他種了瓜和茄子，每到周六周日，就把菜裝入竹筐，用扁擔挑着，來到上諏訪町吆喝：「買瓜嗎？買茄子嗎？」邊走邊賣。賣的錢就托付給村公所，捐贈給慈善事業等。這看起來是他贊同母親的意志所為。後來他到了東京，再後來，在回鄉埋葬亡母時，不顧親戚的反對，將水田、旱田、家具全部賣掉，只回購了當時的扁擔和竹筐帶回東京。就這樣，岩波自少年時代就身強力壯，經常幫忙幹農活或撿柴火。岩波說，一高時代寄宿在田端時，看到周邊的農民幹活就像遊戲一樣。據說，他曾和同鄉的名取和作說：「輪流挑過糞桶的人可真強壯啊。」

岩波為母親所深愛，也珍愛母親。但是，他那一旦下定決心，便既不告訴母親也不告訴別人、立即行動的脾氣，非常讓母親擔心。那是高等小學時期的某一天，他説了句「出去一下」就沒影了，晚上也沒回來。村裏人敲鐘打鼓地搜尋，亂成一團。天亮時，他卻突然回來了。問他去哪兒了，他卻像沒事人一樣說，偶然興起，一個人去守屋山露宿了。眾人都目瞪口呆，說真是個奇怪的孩子。由於好衝動而讓周圍的人擔心、給身邊的人添麻煩而自己還無動於衷的這種性格，在他成年後還保留着。守屋山位於神宮寺後深處，是那一帶最高的山，諏訪當地的人說「守屋陰天就下雨」，據說也是一座流傳着古老傳說的山。

三　父親的死與諏訪實科中學時代

諏訪郡的有識之士，創辦了四年制的郡立實科中學。當時在岩波的村子裏，升入中學已是特例，特別是繼承家業的長子。岩波極力升入這所中學，是在日清戰爭（日本對甲午戰爭的稱呼。——編註）勝利結束的一八九五年，岩波十四歲那年的春天。然而，第二年，即一八九六年正月五日，父親就病亡了。父親的哮喘是宿疾，但最後卻死於心臟病。追憶當日，岩波在他自己去世那一年，即一九四六年的同一天的日記中這樣寫道：

> 那日是打掃族人墓地的日子。我到那裏打掃完後回來，拉開拉門，看到父親躺在有暖爐的病床上，看起來很痛苦。父親說，我有話和你說。可我認為應先叫醫生來，想說的話等叫醫生回來後再聽，就親自跑到上諏訪。好像是問了親戚，打聽到有名的小澤醫師的住處，就去請他，可他不方便，沒有請到。讓我至今難忘的是，木屐帶在回來的路上斷了。記得回來時，天已黑了，這時，父親已不在人世。我無論如何也沒想起村裏的醫生。後來我想，父親說有話要說，可能他自己也知道病入膏肓，打算留話給我吧。他想說什麼，我已永遠無法得知了。

父親去世後，母親雖知他熱切的求學之志，但以守寡之身，無法阻止親戚們的反對——據後來他寫給杉浦重剛的信中記載，這是他上完中學二年級的事，所以可能是一八九七年三月——讓他暫時退學。後來，由於他的苦苦懇求，半年後又讓他復學了。父親辭世後的心境，岩波在一九四二年「回顧三十年感謝晚宴」上的致辭中，是這樣描述的：

> 失去父親，我初次體會到人生的悲傷，半年裏茫然不知所為。一日，讀到孝經中的「立身

行道，揚名於後世，以顯父母，孝之終也」，始知孩童心中尚存孝養之道，終於從無法挽救的心境中得以救贖。自此極大振奮，本應終止學業、投身家業，卻得到了母親的特殊應允，得以在前一年入讀的鄉里的實科中學繼續學習。

那時的心情，岩波在《呈給杉浦重剛先生的信》中這樣寫道：

> 諏訪中學二年結束，乞下年入學，未允。再三號哭乞求，母巋然不為所動，遂斷然決意自修以達目的。辭校庭，與鋤犁為友過半歲。偶時勢突進，知僅以暇餘自修不可及，復學之念勃發，遂以至誠動母意，終再入學。後親戚等百般阻撓，余每遇衝突，其志彌堅，現今已四年。今母知余不可阻，竊奮勉余，豈不感泣至哉。

休學期間，岩波好像還入讀了鄰村的大同義塾，但可能只是去學習規範，是否入學，連岩波本人都沒有記憶。母親深愛岩波，但又非常嚴格。據説在諏訪那樣的寒冷地區，即使是在嚴冬，也不給他穿短布襪，不允許戴圍脖。當時，諏訪中學生的風格原本就粗獷，沒人穿西服，大家身着短外褂、和服裙褲，腳踏木屐，結隊緩行。而且，有人還故意弄破裙褲，或把短外褂的帶子拉得老長，在帶梢處打個結，掛在脖子上。這個打扮，在我的家鄉松山也可見到，恐怕是東京書生的習氣傳到鄉下的結果。

據塚田廣路說，岩波在塚田高小四年，即岩波中學二年時，曾勸塚田上中學，並說「學費我家出」，所以他不顧哥哥的反對，參加了考試並入學，可是臨近入學典禮時，又遭到了哥哥的拒絕。儘管塚田在此之前已用岩波的存摺買了十本教科書，但還是決定放棄入學，便到岩波家說明，岩波還說為什麼之前不和我商量呢。這個插曲表現了岩波和他母親不同尋常的熱心和俠義心腸。這位塚田深深感謝岩波的厚意，而他對岩波的評價也很精準：「岩波正義頑固，既非天才兒童也非才子，是努力型的、極為精悍的人。」

岩波和母親的熱心、俠義不止這些。上諏訪的伊藤長七，後來成為了東京府立第五中學的校長，是中學校長中的卓越之人。當時，岩波和母親同情長七想入高等師範學校的志向，在商量後，決定資助他的學費。但是，資助兩三年後，收成不好，岩波家沒錢了，就賣了一塊田硬撐着繼續資助他，岩波母子還絞盡腦汁不讓伊藤知道這事。據說後來，長七知道這件事後非常感激。

岩波在諏訪中學時代發生的大事，有父親的死、參拜伊勢及九州旅行。這些岩波少年時代的故事非常精彩，就根據他的講述記錄在這裏。可能是父親死後的第二年，即一八九七年，岩波十六歲歲末的事。

那時，在岩波的村子中金子，每年秋收後都會進行「伊勢代代講」，即大家湊錢，遣人代替村民參拜伊勢神宮，拜領護身符後發給村子。往年都是兩三個志願者結伴而行，可那年不知什麼原因，一個志願者也沒有，所以岩波就申請說自己想去。可他還是個孩子，沒人當真，岩波就回家徵求母親的同意，母親說：「這不是別的事，是對神的信仰，你可以去。」岩波就意氣昂揚地返回村子的集會，請求道：「母親同意了，就讓我去吧。」終於，村裏決定讓他一個人去了。他帶着村子積存的錢、自己的存款以及母親給的錢就出發了，時間是十二月三十日的凌晨。

那天早晨，遍地霜染，月色皎皎。母親送他參拜了鎮守神，便向茅野進發。從富士見來到甲府，在那裏住了一宿，那時還沒通鐵路。

途中有個插曲，他遇到了非常可怕的事。兩個攤販打扮的男子挑着籃子，故意擋他的路，他想越過去，可那兩個人卻用籃子撞他，不讓他到前面去。他聽說過東海道上有扮成旅人的騙子出沒，也感到很害怕，但事到如今也不能折返回去，就鼓起勇氣，一陣風似地從兩個人中間闖過去，拚命逃走了。跑出很遠後，感覺那兩個傢伙又跟上來，害怕極了。這時，終於來到一個村子，稍稍放心了，可一會兒又離開村子，來到了河灘。正巧這時，對面走來巡查的人，就馬上向他告狀，雖然巡查的人可能只當是小孩子話來聽，可還是安慰道：「下面的事就交給我吧。」岩波這才暫時放下心來，急忙趕路。即便如此，在甲府住宿時，他還擔心那兩個傢伙會不會跟來。

第二天，從甲府來到富士川上的碼頭鰍澤，本打算乘江船到身延後再去東海道，可到了鰍澤一問，人家不發船。這可難辦了！可慢慢打聽後才知道，還是發船的，之所以說不發船，是因為看他的打扮可疑。那一帶經常有乘江船逃跑的人，他完全被當作那些人的同夥了。總之，他最後終於坐上了船。據說那時，他手持櫻木的藏刀手杖，即使在船上，別人也提防着他。

下船後，參拜見延山，並住了一晚。一起投宿的還有一個自稱是九州武雄農村的、名叫辻湛海的男子。他身材矮小，說是為了建日蓮宗的寺廟，去房州小湊的誕生寺申請許可，手續已經辦完，路過這裏，然後就回家鄉。第二天，岩波和辻一起乘船沿富士川順流而下，在東海道的岩淵下船，換乘火車，在名古屋和那男子告別，趕往伊勢。時間是明治三十一年（一八九八）元旦。

在名古屋換乘火車去山田時，他生平第一次在繪本之外看到真實的陸軍士官，他們身着正裝，帽子上有白羽裝飾，軍服上有絢麗的金絲線。他說，這着實給他留下了強烈的印象，即使在上了年紀後，那身姿、那色彩還在眼前閃現。

那天夜裏住在山田。第二天，他參拜伊勢神宮，買了幾枚要發給鄉里的護身符，完成使命。然後，他來到二見浦，生平第一次看到了海。令他驚奇的是，即使天空晴朗，海浪還是不停湧來，水花飛濺。與此相比，諏訪湖的水就像風吹過榻榻米般，發出吧嗒吧嗒的聲音。他習慣了諏訪湖水，對伊勢海水的這種現象，確實感到不可思議的驚異。

從伊勢來到京都，首先就是去同鄉先賢佐久間象山的墓地參拜。岩波從少年時代起，就為松陰、象山等維新志士所感動，中學時代，還在桌邊擺放了西鄉南洲的石板畫。在那裏，他也買了象山的肖像。

為了不費太長時間就能有要領地觀賞京都，他買了張地圖，選擇重要的名勝古跡，用兩天時間就遊完了京都。正巧，在去東寺的途中，他向一個和服的筒袖上搭着金扣外套、腳蹬木屐的年輕男子問路，那男子說自己也去東寺，一起走吧。路上，兩人互相通報：「我在諏訪中學」、「我在一高」，岩波不知道一高是哪兒，就又問了一遍，那人答道是第一高等學校，岩波說「那也是我嚮往的學校」，就這樣，兩人愈談愈起勁。男子名叫木山熊次郎，是岡山縣人，後來成為岩波一直信賴的前輩。他和木山一起，從東寺登上豐太閤（豐臣秀吉的尊稱。——譯註）在阿彌陀峰的墓地，一邊從石階上眺望京都市的景色，一邊交談。臨別時，岩波把象山像送給了木山。那時，木山可能看岩波是從鄉下來的，就對他說：「東海道有喬裝旅人的騙子，在火車上要特別當心。」後來，木山給岩波的中學寄來過明信片等，並寫下了岩波喜歡的詩句「天下不乏才能之士，而乏氣節之士」。

岩波從京都到神戶，再從神戶乘船直接去鹿兒島，目的是去參拜他所崇拜的西鄉南洲的墓地。可能是在旅館聽說了二等艙好，所以在他的記憶中，他花了當時極大的一筆錢——八日元五十錢，進了二等艙。在同一個房間裏，他第一次看到了洋人。親眼見到陸軍士官是第一次、洋人是第一次、海是第一次、汽船是第一次，以前乘火車去過長野，所以火車是第二次，但那時的窗戶不會開關。可能是由於天生的性格或信州人的性情，他竟然還和初次見到的洋人搭話。洋人問他去哪兒，他不會說「墓」字，反倒是對方教他的。在船上，他還結識了一個名叫今木入誠助的、出生在鹿兒島的同齡青年，學了少許鹿兒島話。

到達鹿兒島，參拜了南洲墓。在問路時，由於略去敬稱，只説南洲二字，還遭到了當地人的訓斥。岩波還參觀了南洲的家和私塾，但私塾拉門的木框已脱落。至於城山，不知為何他沒有去。他説，還記得從鹿兒島去日向的赤江灘等地時，吃驚地看到了不知是鮫還是鯊的魚群。

令我吃驚的是，他當時還想去琉球。不巧船剛開走，無法叫回，又不想等下一班，最終放棄了。

回鄉路上，他本打算順便坐船去長崎，可由於暈船，就在熊本附近的三角下船住宿，可整晚都感覺像在船中搖晃。對熊本，他説沒有印象，可能是因為暈船，就徑直通過去了。之後，他乘火車去長崎，順便去了肥前的武熊，那是因為旅費將盡，打算向曾在身延一同投宿的辻湛海借錢。在傾盆大雨中走了二里（在日本，一里約等於三點九公里。——譯註）路，也沒找到他家的蹤跡，這才意識到湛海是小偷。他雖然信任湛海，可母親曾再三提醒纏腰不能離身，所以只有纏腰他是牢牢抱住的；因此，就連小偷湛海也無從下手，感到無望後，在名古屋和他分手，這是岩波的解釋。他説，自己對這些竟一無所知，還傻乎乎地相信湛海、想向他借錢，湛海真是不像話。有人聽了岩波的這些説辭後取笑他説：「想從小偷那兒借錢的您才厲害呢。」

這時他想起，在途經的廣島，有位原諏訪中學的老師叫川面，調任時，岩波還在禮堂發表了送別演説，他現在擔任當地師範學校的校長，岩波就去那裏借了錢。本打算回程時再慢慢遊覽奈良等地，可那時已經想家了，歸心似箭，就買了從廣島到東京的車票。即便如此，他還是在名古屋下車，遊覽了名古屋城，然後就跑到東京的舅舅家去了。

無論去京都還是鹿兒島，他事前都沒和家裏、村裏説過，所以當他二十幾天後回到村裏時，眾人都大吃一驚。據説，當時在諏訪，幾乎沒人去過鹿兒島。如果岩波再去了琉球，那可能就不僅僅是吃驚了。

岩波在發動同輩、前輩及村民參加前面提到的校友會活動的時代，曾在院子裏立起單杠做器械體操，有時還在守屋山山口的平地打棒球，結束後，拾些細柴背回家讓母親高興，這些都極大地鍛煉了他的體力和腳力。對於登山他特別有自信，有時好好的山路他不走，而喜歡一口氣直線登山。

其中有一個例子，是原輝美講述的、關於中學時代和岩波一同登蓼科山的逸事。那是在諏訪巡遊山中溫泉「新湯」、「滝之湯」時，看到天氣很好，就決定登蓼科山。一行四人開始登山，但山路迂迴，不像想像的那麼順利。快到山頂了，在晴朗的天空下，山峰看起來只有四五町遠，在岩波的提議下，決定在臥松中穿行，直線登山。然而看和走大為不同，沒有路，難以前行，大家都累得筋疲力盡。岩波覺得這是自己的責任，就不顧襯衫刺拉刺拉地被撕破，走在前面引導大家。這時，遠遠地看到了田地，就掙扎着走到那裏。原來那是佐久的範圍，在砍柴人的指引下，終於找到通往山峰的山道。到達頂峰後，眾人歡歡喜喜地回到了溫泉旅館。岩波可能是由於身心疲憊，身體突感不適，整整睡了一天。

這種直線登山的事例，此外還有。岩波將祖父的牌位收存到諏訪附近唐澤山的寺廟時，曾邀後輩矢崎九重同行，就是那時候的事。存放完牌位後，岩波提議去平石山。本來須先下唐澤山，然後再登平石山的，他卻主張直線登山。攀着斷崖，穿過荊棘，終於登上了平石山頂。不容分說，這種直線登山方式完全符合岩波的性格，而之後他也是百試不厭。

據岩波說，諏訪中學時代，他幾乎沒受到老師的影響。最初入學時，他由於生來的純粹、認真，對師生們不夠嚴肅認真的態度極其厭惡，於是站在整飭風紀派的前列，為同伴所畏懼。

據藤原咲平說，當時諏訪中學的老師分嚴格派和驕縱派兩派，相互抗爭。岩波所屬的最高年級開始時還有近五十個學生，可後來急劇減少，氣勢不振；在低年級的學生中，雖有後來成為知事的、精力充沛的丸茂藤平，以及在一高和岩波同年級的樋口長衛等人，但他們在罷課、反抗校長後被開除。岩波的學年無力領導全校，特別是岩波不滿那種制定規矩式的教育方針，感到極為不快。這時，他耳聞日本中學的自由校風和校長——天台道士杉浦重剛豁達的教育方針，就一直嚮往，再加上自小學後期以來養成的雄心勃發，使他無法在鄉野的小天地中踽天蹐地。

對於諏訪中學時的岩波，藤原說，開始時只覺得他比自己高兩級，目光閃亮——漢文老師也說，他的眼睛是「目光炯炯」的實例——但印象模糊。後來，他聽岩波的鄰居宮坂春章說，茂雄是很有精神的人，憎惡虛偽、懦弱和放浪，經常召集同伴學習，磨礪精神，所以印象就深了。後來，岩波和藤原成為最緊密的同鄉友人，終生未渝。

中學時代，岩波曾寄和歌給《文庫》，並發表在一八九八年一月那一期上，題為《月——信濃岩波茂雄》：

細數雁群，月光清冽。

同一時期，他還給這家雜誌或是其他雜誌投稿，並得到「大有前途之青年哉」的好評，為此極其高興。

第二章／東都遊學

一　在日本中學的一年

岩波進京求學之意已無法抑制。但他覺察到，周圍的情況很難使母親答應。深思熟慮之後，他決定將家裏的一切財產分給妹妹們，並讓她們照顧母親，自己進京求學。如前所述，不久後，妹妹美都江嫁給井上勝衛；幾年後，最小的妹妹世志野招堀內虎田入贅為婿，但世志野死後，虎田又離開了岩波家，所以，遺產最後又回到了岩波手裏。

當時，日清戰爭結束，日本踏上了發展的道路，國民意識日漸提高。陸羯南、三宅雪嶺（雄二郎）、杉浦天台（重剛）、志賀矧川（重昂）等人利用雜誌《日本人》、報紙《日本新聞》以喚醒日本的國體觀念和國民自覺，對抗明治二十年代初期的歐化主義。加之岩波的青雲之志和英雄崇拜的心理，使他愈加無法在家鄉待下去。在岩波仰慕的現代人中就有杉浦重剛，他是教育家，也是日本中學的校長。岩波已無法準確記起是從誰那兒得知杉浦的，但有賀牛之丞說，可能是當時諏訪中學的老師三輪三吉。岩波像崇拜神一樣地崇拜杉浦，渴望轉入杉浦的日本中學，為了一邊工作一邊讀書，他還希望做杉浦家的學僕，並給杉浦寫了一封信。這封信在杉浦死後的一九四一年，日本中學的辦公人員偶爾發現它還留在學校，就還給了岩波。岩波在「回顧三十年感謝晚宴」時，曾公開過這件事，他自己還坦白道：「看到這封信，自己都驚訝當時的心境至今基本未變，依然是吳下阿蒙。」這話的確正確。多年之後的他，其實早已存在於青年岩波之中，而他的心境又在信中表現得栩栩如生。「吳下阿蒙」是他的自謙詞，但同時又是他的得意之詞。這篇文章雖幼稚，卻如他晚年的宣言文章一樣，實際上可能是他執着地苦心雕琢的結果。信中有的地方沒用敬語，如「意稍盡孝道之際，忽失父君，悲傷何如」，這在他晚年的會話中也往往如此，可以説，這完全符合岩波的性格。下面，就讓我引用這封信，以再現岩波的中學時代。

請願書

謹呈我大日本教育家

杉浦先生閣下　在下一信陽寒生，泣血頓首再拜，叙己境遇，傾訴苦衷，斗膽向閣下請願。拙文雖有瀆閣下耳目，但乞賜一讀之榮。

常思人生悲嘆莫過於年幼喪失父母。父母生我、養我、愛我、教我成長，其間勞苦辛酸筆紙難盡。吾嘗言，親莫如父子，人倫道德之百行皆以此為本，故離別之悲哀莫如父子之別。尤死別，人生縱難免，然臨父母之死無不慟哭矣。童心無邪之時，稍感死別之痛。然漸以成長之身，意為父母稍盡孝道之際，忽失父君，悲傷何如。嗚呼，余實乃陷此悲境之可憐人也。

余七歲初入小學，十五歲春畢業，入讀本郡實科中學。日月如流水，二十九年一月五日，我大恩之父君溘然長逝於九泉之下。噫，生我養我，未報些許即離我而去。我魂奪魄散，茫然不知所為。夢非夢、幻非幻，神魂迷亂數月，憂鬱無常之念充塞胸間，無法釋懷。一日幡然頓悟，死者不再來乃必然之定理也，徒然哭泣莫如奮力刻苦，立身揚名。故發奮振作，立大志。問大志若何？曰：力所能及磨礪學識，培養人格，出社會之時，以至誠一貫，改革現今之腐敗社會，為國家奉獻身骨，以成就大事業。一報皇恩，二慰亡父之靈魂，聊盡孝道。

余性頑魯鈍，縱無超然之才能，然不羨世間之才子也。觀現今才子，博學卻無國家觀念，其才終為國家之害。縱為蒙昧之人民解一丁之字，其心亦如光風霽月。

前首相伊藤侯碩學明達，善用人才，臨機應變，盡心為國，人呼偉人、大英雄。然彼窺探人心，如處暗雲之側。時而玩弄奸計，瞞上欺下。余推崇伎倆手腕遠不及伊藤侯之板垣伯，因板垣氏起於至誠、死於至誠，不戴假面，乃真正之偉人也。余知有稱板伯愚直之輩，然此貶語勝伊侯英雄之褒詞，蓋因真正之價值不在名，而在實、在心、在誠也。

余有大志，有大抱負，奈何性卑怯，故平素苦心養成鋼膽不屈之大精神，遂決心修陽明學與禪學。禪學使心沉靜，不為外物所動；陽明學培養果敢之氣，以此養成活動之精神。欲以二者成大事業，不可不學。余計出此策，又思青年時代乃學術修養時期，故暫將此事藏於心底，意餘暇之時習之。余書齋有西鄉翁之石版肖像畫及對幅卷軸，一曰英雄神威排萬欲，一曰至誠不動者未之有也，此乃余心印意刻之格言也。案頭常放西鄉南洲、吉田松陰兩大先生之傳、西國立志編（斯邁爾斯著《自助論》的日語譯本。——譯註）及陽明學等。餘暇翻閱，培養忠憤義烈之魄，志高識廣，此乃我愛讀之物，亦乃吾人之典範也。余遠敬西鄉大先生，意欲請教；近親吉田大先生，冀為知己。余憤慨時事之混沌，欲止而不能，此乃吾志望之所在也。

我志堅不可動，無奈境遇阻之。夫吾家僅母、余、二妹，余有襲家養母之義務，故東都遊學未輕易得母應允。諏訪中學二年結束，乞下年入學，未允。再三號哭乞求，母巋然不為所動，遂斷然決意自修以達目的。辭校庭，以鋤犁為友過半歲。偶時事突進，知僅以餘暇自修不可及，復學之念勃發，遂以至誠動母意，終再入學。後親戚等百般阻撓，余每遇衝突，其志彌堅，現今已四年。今母知余不可阻，竊奮勉余，豈不感泣至哉。

余意脫離如此之境遇，達遊學東都之目的，有異於世間子弟承父兄之允而後遊學。余知弗如世間學子，可得父兄之匯款，僅可憑一己之力籌之，遂決心不讓母存匯款之擔憂。為解此事，人云有如配送牛奶之方法。余願將此身托於真正偉人之家，乞督管，以減故鄉母親之掛念；不厭任何之賤業，蓄金錢、充學資，以全此志。故欲作大家之學僕，抑或曾經傑士之弟子。今急求可為其學僕之人。嘗聞閣下英邁卓識、磊落奇偉、超然脫俗，為教育竭盡心力，嗚呼先生，余苦心尋求者實乃先生也。

願先生不計吾之愚鈍，哀余不幸及可憐人之至誠之心，以余為學僕，不知先生應允與否？

余日前曾邂逅文學士赤沼氏，問及此事，赤沼氏云：為學僕之事幾乎不可能，余始慮此事，嘗上京拜謁諸賢門，然未得一次面謁。余初聞此事，失望欲止，後又自勉曰，精誠所至，金石為開，先哲不欺我。若未如吾願，亦即吾志誠不足也。吾所欠缺之處，乃身體力行之勤勉也。

先生豈有不許之理。至誠所動之處，唯恐褻瀆尊威。翹首屈指以待命下，若幸得回信，則無上榮光。頓首百拜

信州諏訪郡中洲村

岩波茂雄

日本中學校長

杉浦大先生

閣下

杉浦似乎也被岩波的志氣所感動，回信大意說雖不能收為學僕，但不管怎麼說先進京吧。

岩波就將自己的決定告知母親，乞求母親的應允。母親顧慮村人與親戚的意見，沒有輕易答應。但母親向來是愛他、理解他、信任他的，內心可能更不想讓他在村裏空老此生，就答應了他，並對外謊稱岩波未經同意便進京了。母親身處田舍，被一群說三道四的親戚和村人包圍着，能夠做出這樣的決定實屬不易。僅憑這一點，就知道他的母親非平庸之人。

就這樣，母親私下同意岩波從他的前輩兼朋友、住在上諏訪的伊藤長七家出發。關於伊

藤，前面已經談及，他同久保田俊彥（島木赤彥）、太田貞一（水穗）、岡村千馬太、矢島音次等或在中央詩壇稱雄，或在信州教育界佔一席之地的人一樣，是早年長野師範學校畢業生中出類拔萃的人物。岩波從上諏訪出發，於明治三十二年（一八九九），諏訪實科中學四年級結束那一年的三月下旬，在伊藤那高亢的「男兒立志出鄉關，學若不成死不還」的吟詩聲中，迎着湖畔略感寒意的曉風，踏上了旅途。岩波從上諏訪出發到下諏訪，翻過隘口，來到上田，在矢島音次處住了一宿，然後來到東京。

他到達東京時是三月。一到東京，首先來到一高的宿舍，尋找以前在旅途中結識的木山熊次郎，並在木山的帶領下去了由家鄉諏訪於東京設立的寄宿地長善館。關於進京之事，岩波事前已寫信給木山，並博得木山的贊同。據矢島說，進京的第二天，岩波就參拜了當時仍算是郊外的、世田谷的松陰神社，看來確有其事。在《呈給杉浦先生的信》中，也寫道：「余遠敬西鄉大先生，意欲請教；近親吉田大先生，冀為知己。」他感到西鄉的茫洋豪膽很難企及，而對松陰的熱情與氣概感到親近。

關於岩波進京之初以及在日本中學的情況，守矢真幸的記錄比較詳細。守矢生於岩波的鄰村宮川村，是諏訪中學小岩波二年的後輩，他是在岩波的勸導下，與岩波一同進入日本中學的。下面就是根據他的記錄寫的。

進入日本中學必須考試。守矢進京比岩波晚，到了長善館與岩波見面後，在第三天，即四月四日與岩波一同參加了考試，守矢考三年級，岩波考五年級。結果，守矢得以入學，而岩波卻不合格——杉浦校長曾親口說是由於英語分數低——岩波非常憤慨，連呼「不像話、不像話」，並固執地說：「我是如此仰慕杉浦先生而來，若不肯讓我入學，還不如去死呢，去死、去死。」即便到了晚年，岩波有時還會表現出這種纏人孩子似的、不理性的樣子。然後，他就直接去和杉浦校長談判。杉浦回答說，不合格也沒有辦法呀。岩波便哭訴道，自己從鄉下來，絲毫沒有進其他學校的意思，如果不讓進日本中學，除死之外沒有別的路，也不會厚着臉皮回家，請無論如何讓我入學吧。最後竟說，如果不讓入學，就不離開這裏。校長好像也被他的熱情所打動，就說我再考你一次吧。結果，作為特例中的特例，岩波竟然獲准入學了。但據守矢推測，恐怕那考試也只是形式上的。開始時是暫時入學，在第一學期內就正式入學了。第二年，明治三十三年（一九零零）三月，他與小坂順造、後來成為外務次官的小村欣一、成為警視總監的長谷川久一、成為醫學博士的鹽谷不二雄等各位才子，一同從日本中學畢業。鹽谷說，那時的岩波是個「集中了信州人最優秀品質的青年：純真善感、樸素、喜歡學問，正義感與上進心非同尋常地強，精力旺盛、振奮」。而他的鄰居宮坂春章也在暑假回鄉的岩波的勸說下進京，並進入日本中學。據宮坂說，當時岩波住在麴町平河町的幽靈宅第，那裏沒人租，所以租金便宜。但房子陰氣重，雖然岩波勸他也住在那裏，他還是拒絕了，並讓岩波幫他找別的房子。岩波事事照顧他，但令人吃驚的是，宮坂家裏寄來的學資，全部被岩波拿走並用掉，宮坂覺得這可不行，這才發現岩波自己的學資也同樣被花光了。也就是說，他完全不在乎是自己的錢還是別人的錢。岩波對金錢的觀念到後來也是這樣，但沒想到當時竟至如此。他始終認為，自己的錢如果能對他人、對社會有益，就是值得高興的事，並盡量如此去做。

據守矢的記錄記載，當時日本中學的老師對學生不做任何干涉，但如果被杉浦校長叫去，說「你被開除了」，那就是鶴鳴一聲，百鳥啞音。學校沒有固定座位，優等生和用功的學生早早來到學校，佔最前面的座位；留級生們坐最後面，上課時也在玩。後面坐着很多不良份子，天冷時，他們搗毀門窗，丟到唯一的火盆中焚燒，令髒亂的教室裏煙霧迷漫。守矢後悔自己怎麼進了這麼野蠻的學校，而岩波卻感到自由放任、無拘無束。他穿着鞋上講台，大聲喊叫也不在乎，就連把體育老師推到溝裏這樣粗野的行為，和諏訪中學的清一色規矩相比也令他高興。岩波後來也說，雖然在日本中學只是五年級一年，但他打破了地方的褊狹獨善，感受到了闊達自由的解放，感覺很好。此外，岩波將自己當初的不合格，歸結為即使是在當時的東京都，日本中學的英語水平也尤其高，與地方的實科中學相差懸殊。在當時的日本中學，既有無賴野蠻的學生，也有相當優秀的學生，進入一高的升學率正如岩波所說，雖不是都內第一，但也是相當高的，以岩波的英語水平，入學難也是事實吧。

守矢在日記中這樣寫道，入學後的四月二十二日，和岩波、金井清（前諏訪市長）一同參拜了松陰神社。但這並不能成為否認岩波進京第二天就參拜過的理由。岩波還帶守矢來到上野公園的西鄉銅像前，守矢後來憶述，「毫不介意眾人是否在看，『小西鄉』一定要向大西鄉的銅像致最高敬禮。僅僅如此還好，他還命令我也照做。周圍的人都在偷笑，真是不好意思，太為難了。岩波催促道，敬禮呀、敬禮呀，最後只好照做，對此我總是大傷腦筋。」而且，守矢還發牢騷說：「岩波對於自己所崇拜的人，不管別人是否崇拜，總要強迫別人。」這個有趣的事情也說明了岩波性格的一方面。

另外，還發生過這樣的事：守矢和岩波一起住在長善館時，夜深了，岩波卻突然提出馬上就遠足去橫濱，有七八個贊成的，就一起出發了。岩波走在前面，在黑暗中放開嗓門吟詩，同伴們也都應和着，亂成一團。馬上就遭到巡邏人的斥責，並問他們一邊走一邊嚷什麼，岩波回答說在吟詩，並說要遠足去橫濱，巡邏人聽了，又訓斥道，有深更半夜地去遠足的嗎？多方道歉，終於放過他們。可剛拐過第一個彎，岩波又活寶似的開始吟詩。天亮時，眾人筋疲力盡，總算到了橫濱。從這件事可以看出岩波是一個精力過剩的青年。其實，在高等學校時期，岩波、藤原和我三人也曾在半夜十二點離開東京，徒步去過市川的鴻之台，但那時也不至於像這次大喊大叫。他們到橫濱後解散，並相約在碼頭集合。岩波、守矢還有另外一名同屋的人一起去了牛肉鍋店。守矢擔心錢包丟掉，就將錢包寄放在岩波那裏。吃完飯後，岩波說要去朋友那裏，讓兩人在公園等他。可左等右等也不見他回來，錢包還在岩波那兒，無奈打算步行回去。終於想起同鄉的朋友，就從那兒借了三十錢，這才省去了通宵勞頓。之後，在開往芝浦的船站和同伴們會合，一起回到東京。此時，一直不見蹤影、讓人擔心的岩波卻先回來了。守矢就追問道，你讓人在公園等，自己去做什麼了？岩波卻若無其事地說，我也找了，沒找到你們，就乘火車回來了。岩波確實有不顧及他人、無動於衷的一面，但這也有些過於特別了。在守矢的日記中，還記載着和岩波一同去看高等學校的柔術比賽以及觀賞上野全景的事等。

同樣是上日本中學時發生的事。暑假回家後，岩波和親戚井上以及守矢三人在乘鞍山麓的白骨溫泉住了四五日。這次也是除去回去的旅費外，把所有的錢都放在岩波那兒了，還問他，這回不會發生像橫濱時的事了吧，他回答説不會、不會。然後在途中，他們進了一家有位老爺子的飯館吃午飯，岩波問有什麼好吃的嗎，回説有大麻哈魚，岩波就説儘管拿來。結果吃飽後一結帳，錢不夠！老爺子怒氣沖沖地説，沒錢説什麼大話。當時，岩波手裏拿住一本很難的書，他一個勁兒地解釋那本書的好處，並説要把書留下，可老爺子不答應，於是岩波拿出懷錶，總算用它結了帳。後來，又走了很遠的路，肚子餓了又沒錢，真是大傷腦筋。終於，進了一座寺廟，向裏面的人——可能是島木赤彥，他當時正在當老師——借了錢，給那個飯館匯去後，才把懷錶還回來。

岩波充滿生氣，一旦想到什麼，就不計後果也不和別人商量，立刻行動，這給同伴帶來很大麻煩。儘管如此，正如守矢所説：「他孝敬父母，是值得我們信任的好前輩。」這可能正是岩波的品行所在吧。

據守矢的日記記載，岩波於一八九九年進京，住在本鄉元町的長善館，與守矢同住。同年九月搬到麴町富士見町，十一月搬到神田猿樂町，第二年，即一九零零年搬到神田南甲賀町，輾轉遷移。上面宮坂春章説的麴町平河町的幽靈宅第，或許其實是富士見町，但這已不得而知。而在岩波的勸説下來到日本中學的宮坂春章和守矢真幸，在諏訪實科中學改為五年制的諏訪中學後，又回到原校。

岩波從日本中學畢業的時間是一九零零年三月。據同年四月的《日本中學學年考試優劣表》記載，岩波的成績在百餘人中位列第二十五名，可見成績並不壞。

岩波的深情厚意是對所有人的，即使是對僅入學一年的日本中學亦如此。同級會的事務所就設在岩波書店內；岩波書店發行的書都要捐贈給學校；互通消息，如有同窗進京，就組織聯誼會；歡送引退的校長等等，着實無微不至。

從日本中學畢業後，岩波的中學時代也隨之結束。後來，他是這樣回顧中學時代的：

殉師弟之死、與城山之露一同飄散的堂堂男兒南洲先生的心境，以及真實至誠的化身松陰先生的高風，是我少年時代的目標。對他們的尊崇之心至今絲毫未改，只是如今愈加痛感自己的夢散、魂衰、鈍根、凡骨以及學無止境。當年，曾因傾羡南洲翁，從故鄉信濃隻身前往鹿兒島拜謁其墓；十六七歲時，又讀蘇峰的《吉田松陰》，昂然自詡為吉田松陰第二。現如今，唯有徒然懷念這野心勃勃的中學時代。

二 一高生活

一年級　艄板狂人時代

在岩波的一生中，進入第一高等學校意義深遠。

如前所述，岩波於一九零零年三月從日本中學畢業。據岩波的備忘錄《惝恍錄》（一九零三年夏）記載，母親「於明治三十三年（一九零零）五月一日晚特意來京，她在神田駿河台的寄宿地含淚訓誡我的種種事情，至今仍不敢忘」。談話內容不詳，但我想可能是母親向岩波傾訴守寡的苦衷，並對他進行教誨。同年七月，岩波參加了一高的入學考試，但沒有合格。而岩波也因為備考學習，身心疲憊，便和宮坂一起去箱根休養。箱根環翠樓的鈴木英雄的弟弟（可能是弟弟）是岩波在日本中學的同級生。因此，當他們身無分文地徒步來到那裏，通報說是令郎的同級生，身上沒有錢，能否留宿時，主人就出來了，說是不巧兒子不在家，但請進來吧，便被引到了漂亮的房子和乾淨的浴室。宮坂深感不安，而岩波卻一副完全不在乎的樣子。宮坂先從浴室回到房間，吃驚地發現三個女傭正在整理他們的行李和衣物。但他們只住一夜就回去了，回去的車票錢可能也是從環翠樓借的。在來箱根的路上，二人在大磯的海岸游泳時被大浪沖走，便大聲呼救，但除了海浪聲什麼也聽不見，猛地站起來才發現，水只沒到大腿，二人慶幸自己的叫聲沒被聽到，落荒而逃。岩波雖已身心疲憊，但仍免不了冒失莽撞。

後來，在伊藤長七位於信州小諸的住處度夏時，岩波曾去上田聽內村鑑三的演講。在那裏，他第一次親聆內村的教誨，深受感動。但身體的疲憊並沒恢復，又感到神經衰弱，就於同年十月轉到伊東，在那裏住了三個月。他獨自住在一流旅館的單間，每月十日元五十錢，從早到晚吃鮮魚，身體漸漸地硬朗起來。因為想在東京度過二十世紀的第一個元旦，就在歲末的三十一日回到東京，在本鄉台町（？）的北辰館迎接新年。與內村鑑三的交往，始於他在伊東期間。正巧在溫泉旅館山田屋，他再次聆聽了內村的演講，非常感動，便為徒步去熱海的內村挑行李。到達熱海後，內村請他吃牛肉，岩波感到過意不去，內村便說：「就算請來往行人幫忙也要……」岩波對內村不理解自己的心情，把自己當作往來行人對待的態度十分憤慨，就寫信說從今往後不再以師相待。可看到內村誠懇的回信後，立刻解開心結，又出席了內村的星期日演講。

那年七月，岩波再次參加入學考試，終於進入夢寐以求的一高。在諏訪時低他一年的樋口長衛也和他一起入學。當時的一高，雖不如現在有眾多的報名者，但在全國的高中裏仍是最難跳的龍門。而且，當時幾乎沒有大學的入學考試，考入一高是當時青年學子的最大歡喜與自豪，岩波想必也非常得意吧。有意思的是，岩波除了讓自己曾經的老師前田元敏作保證人外，還讓他後來固執地排擠的同鄉小川平吉作副保證人。

還有記錄顯示，岩波在結束一高的入學考試後，於七月二十三日參加了長野佛教青年會的戶隱山之行，並登上飯綱山。

藉此機會，我想先提一下當時岩波入讀的一高的校風問題。一高的學生大多抱有一高匯集了天下人才的自豪，加之學校為鼓勵這種自豪感而為學生提供的宿舍生活，給予青年們集體切磋鑽研的機會，從而形成了一種校風，這是不可否認的。這種校風大致的傾向是以皇室為中心的國家主義、愛國主義精神，即以富國強兵為理想，對抗歐美列強，相應地就形成了恃運動競技的尚武精神傲世、排他自大的校風，這在至今仍為青年學生喜愛的宿舍歌《嗚呼玉杯》中明顯地體現出來。一高的各運動部，以宿舍為活動場所和組織，舢板、棒球、柔道、擊劍等項目大致都可稱霸天下。同時，其選手中有相當多能夠突破困難的入學關卡的才子，也不乏品行超群的學生，他們都陶醉於才俊的強烈自豪中。正如日本在明治二十七、二十八年（一八九四、九五）日清戰爭結束後，給軍人戴上光榮的桂冠一樣，一高以運動部為自豪，大多數一高學生都為運動部的勝利而喜悅，並頌揚運動員，一高的校風與當時日本樸素的愛國軍國主義步調一致。第一個對一高的這種校風提出批評的，可能就是岩波在諏訪中學時期、在京都的豐太閤廟前邂逅並結下終生之交的一高學生木山熊次郎。他在寄給《校友會雜誌》的文章《猜疑的自治宿舍》（一九零一年一月）中，感慨本應明朗率直的自治宿舍，卻盛行着懷疑猜忌之風。自此以後出現的疾呼自治宿舍危機、要求採取救治措施的文章，在一九零二年以後受高山樗牛的影響；再往前追溯，則受內村鑑三、北村透谷等的影響；再往後又受清澤滿之、近角常觀、綱島梁川等的影響，以一高文藝部為中心，潛心自我的個人主義傾向有所抬頭，它和籠城主義校風的論者相對立，中間也有折中立場。在反對舊校風時，阿部次郎思想深入，魚住影雄有熱情、有宗教情懷，筆者也是其中一份子。其中，魚住激越沉痛的名文

《自殺論》（一九零四年五月）明顯受藤村操自殺的影響，明確地肯定自殺，熱烈地讚美殉情。而他對校風的反抗與否定，到發表長標題論文《站在個人主義的立場上，闡釋現今的校風問題，進而論及全體寄宿制度的廢止》時（文章是在岩波離開一高的第二年，即一九零五年十月發表的）達到極致。這引起了與以運動部為中心的校風擁護論者的正面衝突，廢除文藝部和對魚住實施鐵拳制裁的主張在校內沸沸揚揚，但由於我們的反對，終歸不致如此。當時，一高辯論部恰好站在仲裁的立場上，召開校風問題討論會，阿部次郎、丸山鶴吉、前田多門等也從大學趕來參加討論，但岩波那時已不在學校了。在此風潮中，岩波於一九零一年入學，直至一九零四年夏在一高度過。

下面，我們言歸正傳。岩波進入在家鄉時就一直憧憬的第一高等學校後，就勇往直前地投身到這種校風中去，立刻成為熱烈的舢板部成員、精神抖擻的向陵（一高的別名。——譯註）健兒。但是，入學一年半後，以他那強健的體魄和不屈不撓的精神，卻放棄了狂熱的、拚命的舢板部，倦怠學業，丟棄世俗的野心，一心希望生活在友情和自然中。這種傾向本來只萌生在日俄戰爭前的部分青年學生，特別是部分一高學生中，但一九零三年五月二十二日，藤村操留下《巖頭之感》一文，躍入華嚴瀑布的事件，卻強烈地刺激了這種傾向，岩波也是被捲入此種風潮漩渦中的一人。但他雖然對人生的意義抱有疑問，性格上卻少有懷疑、虛無、嘲諷的情結，對真善美理想的憧憬、投入自然的懷抱、為愛和友情而生的願望依舊強烈，同時它們也時常慰藉、鼓舞着岩波。

這種友情，尤其在一高時代給予他很多優秀的朋友，更不料這些朋友對他日後的事業，特別是出版事業又給予了極大的幫助，為他的事業打下堅實的基礎。當然，他不是為了利用價值而交友的，而是他與生俱有的美好品行，使他能以無私的心為這些人當中的真、善、美所傾倒，從而自然而然地獲得友情。

如前所述，岩波的入學時間是明治三十四年（一九零一）九月。由於當時實行全體寄宿制度，他很快就進入了東宿舍十五號房間。同室十二人中，一直交往的有生於富農之家，後來從事無產階級運動的新潟人玉井潤次；擔任三菱要職的鄉古潔；進入名古屋的銀行工作，後來死於戰爭的入谷鉡之助；任職於宮內省，擅長書法的工藤壯平；在東大農學部主講獸醫學的島村虎豬等。廣部一是畢業於東大化學系的才子，為岩波所敬愛，可惜在歐洲留學結束後英年早逝。岩波屬於年級中的一部甲，俗稱英法文（英國法律文科。——譯註），以英語為第一外語，但因德語是初級，所以課時與英語基本相同。又分為一班和二班，岩波在二班，同班中有鳩山秀夫、阿部次郎、上野直昭、鈴木宗奕（後來的宗忠）、林久男、渡邊得男、白根竹介、工藤壯平、荻原藤吉（井泉水）等。一班中則有上述的鄉古潔、入谷鉡之助、石原謙等。

鳩山總是佔頭名，阿部考試的內容一點也不學，卻總是第二名，着實是位才子。二班中也穿插文科，哲學志願的學生一定被編入二班。一年級時，岩波很難決定學什麼。據岩波說，初到東京時，曾經想學農科的林學。有段時間他曾認為，森林荒廢則國家滅亡，要學林學，使青山常綠。正巧我本人在中學四五年級時也有這個想法，所以感到很有趣。

往年曾稱霸運動競技界的一高，由於入學考試的困難及其他原因，當時已萌生衰微態勢。岩波入學的第二年，即我入學當年的一九零二年秋，曾經天下無敵的棒球部首次敗給新興的慶應和早稻田。岩波首先沉迷的是舢板。他在開始入住的東宿舍十五號房，就得了舢板狂人的綽號。另外，工藤是習字狂人，入谷是柔道狂人，人稱「三狂」。岩波又因為他的臉形等特點，還得了「猙獰」的綽號。

儘管岩波在中學時還不懂划艇，但在入學當年就進入了舢板部。由於他的熱忱與勤奮，當年年末就早早地成為一部（後來的文科）的選手，還和渡邊得男、上野直昭、白根竹介、林久男等一起成為班級選手。岩波於一部選手中為第三艇，由高岩波一年的文科生吉田圭為協調，五號是岩波，三號是白根，二號是林，中心人物一號是渡邊。但一開始訓練，由於岩波的進步明顯，就將他和渡邊對調，渡邊對此並不拘泥，欣然同意，令整體實力增強。第三艇的實力有超越第二艇之勢，因此在隅田川上，第二艇經常忌避第三艇的挑戰。那時，一高畢業的工科大學選手漆野佐一郎是位勇猛的戰將，經常睥睨斥責隅田川的其他舢板選手。岩波的風采容貌和頑強拚搏酷似此人，因此又贏得了「漆野二世」、「新漆」或「漆」的綽號。岩波自己也曾驕傲地和我講過此事，我也記得漆野的長相，的確酷似岩波。一高舢板部規定，寒假（那年是從十二月二十四日到第二年一月三日）要划艇遠征利根川，這是在隅田川、中川、小利根、大利根上下七十里的遠征。在年末的遠征途中，他們住在佐原附近的大船津的旅館，工科大學的選手也住在那裏，人稱這是「真漆」和「新漆」的見面儀式。還聽說雙方亂闖對方的房間，結果互相扭打起來。在流山附近橫渡二里八町的運河，快到取手市上游的大利根時，岩波突然閉起眼睛划，問他為什麼閉眼，他說這是第一次見到大利根，想等進入河中後再看個夠，所以之前先閉眼感受，船上的人都大笑起來。在鬼怒川畔，岩波和吉田相撲比賽，結果被吉田拉倒，沾了一臉沙子。最後，在銚子的大新旅館，岩波奇怪為什麼向擺在玻璃簾上的鯉魚刺身猛倒醬油，醬油卻不留在上面。有關他們到達銚子時的情況，《校友會雜誌》上登載了「如漆者大聲歡呼，欣喜擊槳」的報道，而且還寫道：「十餘日遠征中，終朝終日、不倦不怠努力者實為面具、土佐小哥兒、漆，三人皆記功一等。」

那時，大家商議，要恢復與一橋高等商業學校（現在的一橋大學）的校際舢板競賽，岩波自身也反對狩野校長的禁令。一高的名選手們暗地裏在一部、二部（理工農科志願）、三部（醫科志願）中選人時，岩波是有力人選。大家都認為他雖然還不成熟，但只要加以指導就可成才。那時，後來成為公使並自殺的佐分利貞男仍然是大學生，是一高舢板部的元老，一直在為和高商的對抗賽斡旋，岩波和吉田還一起拜訪過佐分利。但是，由於狩野亨吉校長的斷然拒絕，對抗賽最終未能實現。

總而言之，進入一高的第一年，岩波全身心地投入到舢板中，每天都過得很充實。周六周日也總是在隅田川度過，每日每夜都在宿舍用划船練習台埋頭苦練。從隅田歸來的途中被狗咬，並往醫院跑了一個多月可能也是這時候的事。在東宿舍十五號房間時，他每夜大聲練習，也不管是否給別人添麻煩；還和吉田圭一起跑到高他一年的同鄉，即第一艇選手矢崎摠治的寢室，使用划船練習台練習，累得筋疲力盡也不肯停，那氣勢連充當教練的矢崎都受不了。雖然付出了這樣的努力，但是在一九零二年春的各部競賽中，岩波他們還是輸了。在比賽回來的途中，他們幾個第三艇選手順便來到一家茶館，商量說實在不好意思，不如剃和尚頭謝罪吧，但付諸行動的只有岩波一人。矢崎曾感慨道，在吉田和岩波二人的鼓勵下，在一九零三年春天的比賽中，一部的第一、第二、第三艇得以全勝，但那時岩波已不是選手了。在一九零二年春的舢板比賽前，岩波的母親於四月五日寫信給他，信中寫道：「聽聞近日有舢板比賽，勿靠近危險場所，萬事注意，留心勿出差錯。待人親切，切記勿做越分之事。考試將近，牢記用心學習，爭取佳績。」

岩波成為舢板選手是在一九零一年十二月，而在此之前的十月，足尾銅山的礦毒事件正輿論鼎沸。眾議院內有田中正造，外有內村鑑三、木下尚江等人，他們猛烈攻擊古河一方，都內的學生為此進行了共同考察。當時，年輕的前田多門還是立教中學學生，他在神田青年會館的報告演講等得到了很高的評價。支持弱者的岩波無論如何要和他們一起去渡良瀨川考察，就和渡邊、林一起懇請吉田，周六周日不參加舢板訓練。吉田出於協調的責任，開始時沒有答應，但聽他們說下周日會一大早就進行兩倍以上的訓練後，終於答應了。那時，報社記者攻擊當地豪族的主人古澤某，說他對這個問題十分冷淡，竟說古河是無償的等等，岩波還曾耐心地勸說過這個男子。從那時起，岩波開始密切關注社會，但這些活動和現在的學生運動的政治性、政黨性不同，是純粹的人道主義。

第二年，即一九零二年，日英同盟建立。在一高歷年的自治宿舍紀念祭時，學生們都要製作飾物。同年三月一日是岩波第一個宿舍紀念祭，在他的首倡下，東宿舍十五號房被收拾得乾乾淨淨，只留下兩條腿的大桌子，在上面貼上紙，製成一雙木屐，再從天花板垂下兩條腿，讓它們穿上木屐，題為「踩躪天下的自治木屐」。還用大字寫下「天柱摧地網缺」，掛在牆上作宣傳，創意非常新奇。繩子和稻草是趕到三河島收購，並用幾台板車運回來的，氣勢龐大。總之，岩波這時的精力旺盛得令人擔憂，甚至於常常靠在椅子上，一邊搖晃身子一邊讀書，一日元五十錢買來的椅子很快就被晃垮了。那時，宿舍經常舉行集會，和隔壁或對面房間一起，用不超過五錢的會費買來鹹豌豆、烤紅薯、糯米豆沙點心等開茶話會。岩波經常發起這樣的集會，還受理參加其他寢室集會的申請，聽說用功的學生對此有點兒厭煩。十五號房間前面的十六號房間是二部二年級，它的隔壁是一部二年級法國法律學生的房間，後來成為內務大臣的已故潮惠之輔，還有已故村上恭一、芝碩文等人都住在這個房間。聽說岩波曾邀室友到橫濱近郊的杉田的梅林賞月夜梅花（可能是在一九零二年冬天二月），回來的途中睏了，就在生麥的洋人遇害事件的石碑邊，蓋上旁邊的稻草睡下，感到冷了便又繼續趕路。還聽說他為了聽動物園裏獅子的咆哮，夜裏跑去不忍池畔；有時說半夜睡不着，便在月下的校園漫步。

但是，如此傾注熱情的舢板選手，卻在一年後放棄了。大家都說，如果他能堅持三年，可能就成為優秀選手了。還有件無聊的事：岩波一年級那年的五月十日，同班選手上野直昭作為棒球運動員，參加了一高和橫濱的美國人業餘俱樂部舉行的棒球比賽，一高學生前去助威。結果，一高棒球部沒送對手一分，獲得了全勝。岩波和林久男為此極其興奮，在回校的途中，二人從新橋到上野與鐵路馬車賽跑，並超過數十台馬車，大聲歡呼，精力之旺盛令人擔憂。但就是這兩個精力旺盛的人，卻雙雙在第二年的五月份成為幾乎要發瘋的煩惱人。岩波在署名為鐵雲生的遺作《漫錄》中有這樣的記載：學期考試結束後的六月二十日，他與平日關係密切的上野、白根、渡邊、林五人經青梅、冰川到日原。在日原住一晚後，遊覽鐘乳洞，登御岳。住在五日市，遊過高尾山後，結束了三天的旅行回來。遊覽鐘乳洞等地時他也是胡鬧，整個旅途精力充沛得驚人。

同室的工藤說，岩波在一高固然不是頭腦傑出的學生。他沉迷於舢板，不埋頭學業，給同室用功的學生添了不少麻煩，而且對反對自己的人毫不客氣地謾罵、諷刺。但他的本性篤厚、爽快，大家都喜歡他。只是一談到母親，他就像換了個人似的，變得很深沉。他經常在寂靜的夜晚想念母親，並多次流着淚說：「不能這樣無所事事。」還經常給家鄉的母親寫信。

二年級　煩悶時代的開始

可不管怎樣，岩波順利地通過了六月的升級考試，在九月份成為二年級學生。岩波於暑假時回到家鄉，八月初與矢崎一道出任諏訪中學的舢板教練。諏訪中學在這一年首次設立了舢板部，據說今井登志喜和小平權一等人在二位教練的指導下，完全成為了一高派划法。這時，校長説可不給酬勞喲，岩波還非常憤慨。然後，岩波去了房州岩井的橋場屋，每天在海裏游泳、讀書、午睡、靜養。這可能是他第一次去橋場屋，後來，他就經常光顧那裏了。

我是在一九零二年九月入學的，岩波剛上二年級。我的房間離他很近，他那臉上帶疤的猙獰容貌很搶眼。那時，他看起來對舢板還有熱情。在新生入住宿舍之初，各運動部夜裏提着燈籠來宿舍宣傳——這既是顯示運動部的威武，又是為發現新選手——我記得岩波也加入其中，執拗地勸我們加入舢板部。記得有一天，偶然發現他拄着粗粗的拐杖走在我前面，整個身體像孩子一樣不勻稱。沒想到他竟是溜肩，肩上歪着不勻稱的頭，人們常形容這樣的頭為火山塊。他晃着大屁股走着，非常滑稽，感覺並不那麼可怕。

一九零二年秋，即岩波二年級新學期時，他和阿部次郎、渡邊得男、工藤壯平、荻原藤吉（井泉水）等一起住在西宿舍六號房間。即使在那裏，他仍舊在划船練習台上練到深夜。對此，荻原是這樣描述的：

夜晚熄燈後，有人會點起蠟燭讀書（所謂的蠟燭派）。我也是其中之一，但不是讀教科書，而是寫俳句。在燭影下，我桌子的左側就是窗戶，右側隔着早已睡覺的人的椅子，蠟燭的燭影正好可以照到約一間（日本舊時的長度單位，約一點八二米。——譯註）的空間。在這個空間的地面上，放着形狀像小船一樣的箱子。一個男子雙腳踏在箱中，兩手向前伸出，一邊欸、欸地叫着，一邊反覆做着划船的動作。在淡淡的燭光下，那影子在走廊一側窗戶下面的牆板上搖曳。

同年秋天，在全宿舍晚餐會上，曾做過英國法講師的推事平山銓太郎説，法律制裁對人心的改善無效，並要求停止宿舍的制裁。對此，岩波在上述《漫錄》中抗議道，一高的鐵拳制裁不是因為憎恨對方，而是因為愛對方，這顯示了他身為校風發揚派的本色。

例年的空槍演習在十月舉行，那年是去銚子，我也是第一次參加。桑木嚴翼、原勝郎當時是一高的教授，在演習前又取得了文學博士學位，二人穿着全套的一年志願預備役少尉的軍裝，英姿颯爽地與我們同行。一高的這一活動也是為了在演習的同時觀光。當時，山區出身的岩波站在犬吠崎的峭壁上，被太平洋的大浪所驚呆，不知不覺地把帽子掉了下去，第二天只好頭纏白紮帶跟隨演習隊伍。這一事跡也很有名，在《校友會雜誌》上，還用六號鉛字刊登了題為《岩波的帽子被岩波沖走》的報道，岩波當時在一高的名氣是可想而知的。

荻原寫道，每年秋天，在駒場的農科大學都會舉行都內專門高等學校的田徑比賽。一高也會包下從飯田町到新宿附近的火車，全校學生都去助威，岩波是聲援隊隊長之一。當時，看到一高的選手（阿部彦郎、山內冬彦等）輸給了學習院的選手（三島彌彦），岩波像銅像一樣一動不動地站在昏暗中。這也是一九零二年秋天的事，我雖然是新生，也早早地跑去助威了。

岩波在其慷慨派、校風派時代的最後活動，是對本鄉龍岡町的日本女子學校校長西澤之介，以及女子美術學校校長藤田文藏中傷一高學生的嚴重抗議。一高是三年制，由二年級學生在宿舍內組織中堅會，主要是在風紀問題上對新生進行規誡，岩波與同室的已故清原德次郎是西宿舍中堅會的委員。當時，女學生的墮落問題引起公眾關注，在回答報社記者提問時，可能是為了替自己的立場辯護，西校長對《讀賣新聞》（一九零二年十月二十八日）說，大學及高校的學生給日本女子學校的學生送情書，這是導致女學生墮落的原因。第二天，女子美術學校的藤田校長對該報紙說，大學及高等學校中有很多墮落的學生。對此，西宿舍中堅會決定查出真相。二人迅速與校友會的文藝部委員野上俊夫、荒井恒雄一起——或者只有二人——拜訪藤田和西校長。可西或拖延約定的時間，或謊稱不在，如此行為多達十幾次。於是，他們就在大清早前去拜訪，堅持要求與二人見面。對於含糊其辭、徒勞辯解的西校長，二人最終使他同意在《讀賣新聞》上刊發更正錯誤和道歉的文章，並在屢次督促之後，終於使他踐約。而藤田面對岩波等人「如果有這樣的一高生就告訴我們」的進迫，終於將言責推給報社記者，說自己說的是沒有墮落的學生。然後，在事件結束後的十二月份，西宿舍中堅會為消除寄宿學生的誤解，向《日本新聞》寄送了告白書——據說文章是阿部寫的——這就是事件的始末，岩波的憤慨與奔走是顯而易見的。傳說當校長藉口不在時，岩波高聲斥責，聲音大得要震壞玻璃窗；還從窗戶跳進去，強行要求會面。但一起前去的清原的記錄應該是正確的，因此就採納他的記錄。

讓人稱舢板狂人的岩波離開舢板的，除了人生的煩悶和失戀的困擾，令父親死後他那立身揚名主義的理想為之崩塌以外，還因他發現，自中學時代就憧憬的、過於理想化的自治宿舍，和俗世沒有什麼區別，尊崇之情逐漸減弱。而且，熱衷舢板部的結果，卻使他不得不承認，在他所認定的明朗而純粹的一高運動部，也有與社會相同的陰影，這使他對運動的幻想破滅。有記錄顯示，岩波於明治三十五年（一九零二）十一月七日參加了第二十四屆舢板比賽。而且，在岩波的遺稿《漫錄》中，有一份《於三十五年秋季一部競賽聯誼晚會上的演講》的草稿，這可能就是七日晚上的演講草稿。岩波下定自稱為「一生一次」的決心，喝得爛醉如泥，然後哭着慨嘆運動部的腐敗，發表了傾訴平日滿腔不平的演說。最後，他被扶上了舢板部的一部第一艇選手同鄉矢崎摠治的車，終於回到宿舍，穿着鞋睡着了。岩波的泣酒之名一時在全校聞名。於是，如前所述，在一九零三年的春季各部舢板比賽中，岩波沒有上場。可以說，岩波的校風發揚時代和舢板迷戀時代，最終在一九零二年結束了。

岩波從荻原井泉水所謂的「慷慨悲憤派」向「冥想懷疑派」、從「發揚校風主義」向「潛心個人主義」的轉變，在一九零三年五月藤村投瀑自殺後格外明顯。但其實早在一九零二年九月，岩波升上二年級以後，在他對運動部感到幻滅的同時，對人生問題的關注亦已日漸高漲。二年級初期，如上所述，他對舢板還有餘熱，對校風的關心也很強烈，但卻因病——岩波說是因病，但不知何病——放棄了年末的期末考試，如他常說的那樣，「攜一卷聖經」，在房州度過寒假。那段時間，他的煩悶與日俱增。查其原因，我們不得不認為其主要原因是失戀了。岩波曾對我說過，自己愛戀的女子愛上了同級同鄉的、現早已成為故人的Y，而且那感情是在回鄉的途中產生的。據說，岩波的戀愛對象是諏訪的女性，也在東京上學。我第一次和岩波說話是在一九零三年九月，岩波留級和我成為同年級時。如果大膽想像的話，岩波的戀愛及失戀可能都是在一九零二年夏天。

岩波在入讀一高以前就尊敬內村鑑三，為內村所打動。他從自己敬畏的前輩木山熊次郎那裏借來內村的過期雜誌《聖經的研究》，倒着從第三十期讀到第一期。因此，和佛教相比，他對基督教更感親切。當時，近角常觀在本鄉森川町開辦求道學堂，講釋親鸞上人的信仰，網羅青年學子。岩波曾向近角傾吐自己的煩悶，近角深深地同情他，並將自著《信仰餘滴》借給了他。岩波雖然覺得這本書中少有能夠打動自己的地方，但他聽從近角的勸導，買來了托爾斯泰的著作《懺悔錄》閱讀。那時，在本鄉三丁目的十字路口附近，有間名叫文明堂的書店，店裏年輕漂亮的老闆娘和加藤直士翻譯的、托爾斯泰關於信仰書籍的傳單，至今還留在我的記憶裏。據岩波自己的記錄記載，明治三十五年（一九零二）十月十日夜，他在一高的宿舍開始讀此書，「熄燈後，藉着燭光讀書時的感動，彷彿這本書就是為自己寫的」，當讀到托爾斯泰的「沒有信仰就沒有生存」時欣喜若狂。他告白道：「可以說，這是我思想上的一大轉機。我懂得了，人生問題不應該用五十年解決，而應靠永遠的信仰才能解決。我感到從這裏找到了解決煩悶問題的頭緒，感到自己從以往的黑暗世界來到一個光明閃耀的世界。」第二天早晨，大家驚訝地看到岩波的臉上閃耀着喜悅。但是，「儘管它給了我通向信仰的線索，我卻並沒獲得信仰。此後的一段時間裏，我放棄學業，只對自然感到眷戀，毫無目的地走來走去。那時，可能是因為沉迷於米勒的畫，竟決定去南美放羊，還和前輩木山熊次郎照了離別照，並辦理了去美國的手續。但當時由於移民問題，出國非常嚴格，我被叫到東京府政府，並被告知不批准，這一籌劃才沒能成功。攜一卷聖經去房州也是這個時候；來到野尾湖上的孤島，在昔日神官所住的主殿旁邊的房間裏，鋪上涼席，自炊度過整個夏天，也是在這個時候。」

自那以後，岩波放棄學業長達兩年之久。岩波在記錄中寫下的心境是真實的，但時間有些混淆，這點我們稍後再論。

在第二年，一九零三年的第十三屆紀念祭上，岩波的西宿舍六號房間還是利用大桌子，貼上黑紙，裝飾成書的形狀，並用金字寫上「Holy Bible」黏在書脊上。窗外懸掛着用大字書寫的大型傳單，那是工藤壯平拿手的毛筆字，內容是聖經中的語句「負重擔的人到我這裏來」。這不知是否岩波的創意，恐怕是阿部的提議吧。

西宿舍六號房間有自己的寢室記錄，大家都可在上面隨便寫，也可以此增強鬥志。其中有荻原的《小豆湯評判記》等，還有不知是誰寫的眾生預言記，寫岩波漫遊歐洲，在耶穌墓前小便。還寫岩波身為慷慨之士周遊天下，在失意的生涯中，於下關邂逅同室的清原，相擁而泣。據工藤說，那時在隅田川和岩波熟識起來的藤村操，有時也來到六號房間，在窗下讀這些記錄。

關於藤村投華嚴瀑布事件帶來的巨大衝擊，岩波自己是這樣寫的：

那個時代，以憂國志士自居的書生，承繼了「吾輩不出而如蒼生何」的慷慨悲憤，又為「人生為何物」、「我從何處來，又向何處去」等問題而內省、煩惱。那個時代，男子以說立身揚名、功名富貴為恥；為獲得永恒的生命、堅守人生的本意而赴死不辭。而現實中，是年五月二十二日，同學（低一年）藤村操君留下《巖頭之感》投身華嚴瀑布，結束了十八歲的年輕生命。

悠悠哉天壤，遼遼哉古今，欲以五尺微軀謀求偌大之物，赫雷修的哲學竟值何權威？萬物之真相唯一言以蔽之，曰「不可解」。我懷此恨，煩悶終至決死。立於此巖頭，心中並無些許不安，始知大悲與大樂一致矣。

猶如晴天霹靂的、莊嚴的大字震撼了我一世之魂。當時，我與阿部次郎、安倍能成、藤原正三三位可尊敬的朋友交往——（與安倍、藤原的接觸是在此四個月以後）——常為人生問題煩惱，以致旁人擔心我們會自殺。而藤原君卻作為先驅者，投身華嚴結束生命，這是我們憧憬的目標。《巖頭之感》至今不忘，當時讀此文章，更曾幾度哭泣。正是那時，朋友把我的住處稱為悲鳴窟。雖知世上除死之外別無安居之處，但我沒有自殺，是因為認真不足、勇氣不足。我甚至還產生了厭世的念頭，認為世人被授予自殺的特權便是「神即是愛」的證據。

（遺作《野尾湖回憶》）

在那個時代，雖不是人盡如此，但藤村的自殺給我們帶來的衝擊確實是巨大的。以未成熟之身，苦思冥想人生「是一切還是皆無」，最終走向自殺，這種傾向存在於我們身上確是事實。我入學時，與藤村、藤原是同級，藤原與藤村尤為親密。紅顏美少年的藤村死時年僅十八歲，而周歲僅十六歲零十個月，比岩波小五歲。當時及之後，低我一級的魚住影雄在每一期《校友會雜誌》中，都要痛切地論述人生和宗教問題，這在前面已經提及。魚住與藤村相知，是最為藤村的死感動的人之一。

岩波受到藤村自殺的刺激，在東片町的寓所讀《巖頭之感》，與林、渡邊一起慟哭。而給岩波打先鋒的卻是去年夏天從橫濱回校的途中，與岩波一起和鐵道馬車賽跑的、同為信州人的林久男。林不上課，搬出宿舍，獨自一人住在雜司谷的田裏的一間房子裏，閉門不出。在雲雀鳴叫的晚春（一九零三年）、麥色濃郁的季節，連白天也閉門苦悶。為了安慰林，同樣悲傷的岩波和渡邊得男一起去了林的住處，悲鳴窟指的好像就是這間房子。但林的樣子又漸漸亢奮，以致到了要發瘋或自殺的程度。這次輪到岩波非常擔心，他和當時一高的教授桑木嚴翼，以及精神病博士吳秀三商量，並聽從他們的勸告，把林交給可信賴的老師。在和當時長野高等女校校長、著名的教育者渡邊敏商量後，岩波和渡邊得男即刻趕往長野，祈求渡邊敏進京。他進京後不費一句訓喻或勸説，便把林帶回信州，不久便恢復到平日的狀態。説句題外話，林後來和渡邊敏的女兒結婚了。

通過岩波的備忘錄《惝怳錄》可知，前一年，即一九零二年末，岩波因病（不知何病）沒有參加期末考試，攜一卷聖經前往房州，在房州過了十幾日，第二年六月的學年考試也中途放棄，為此留級。在岩波如此為人生問題煩惱時，能夠使他感動的書便是博文館出版的《北村透谷全集》。他說，他當時想，有和自己的心情如此一樣的傢伙嗎？但同為我們二人朋友的北島葭江說，那時看到岩波在讀草村北星的《露子》等無聊的戀愛小說，還為此流淚，就笑話岩波的藝術眼光之低。這本小說我也讀了，確實低級。岩波那難以忍住的淚水，很容易就被這種無聊的小說勾引出來。上野直昭說，他在少年時聽化學老師說，人吸入臭氧後，心緒會變得異常，信州臭氧多，所以瘋子也多。他平時還以此嘲笑岩波他們，但看到信州人的林和岩波都開始煩悶後，反倒為他們擔心起來。

前面之所以說岩波的記憶可能有出入，是因為岩波在藤村事件後住在東片町，讀《巖頭之感》並慟哭的多半是在這裏。後來，岩波搬到千馱木，這從伊藤長七寄到野尾湖的信中可知。信中寫道：你自六月十日以後就沒給母親寫過信，也不知道你已搬到千馱木，你母親非常擔心。關於悲鳴窟，在當時同年級的朋友中有各種各樣的傳說，但這裏採納當時悲鳴同伴之一的渡邊所言，將它定為林在雜司谷的寓所。

獨居野尾湖

在靠近越後邊界的信州野尾湖中，有個小島叫弁天島（因其形狀，也稱琵琶島）。是年暑假，從七月十三日到八月二十日，岩波獨自一人在這個島上生活了約四十天。而在此之前，如前所述，岩波已從宿舍搬出，又從東片町搬到千馱木。在島上的住所，據岩波講是與主殿一體的右側房間，是原天台宗僧人、名叫雲井的神官住過的地方。這是由於他希望遠離世俗和家人，獨自一人將苦悶的心投入自然的懷抱。岩波自己將此心境稱為「不是簡單地熱愛自然，而是感到被自然同化，十分幸福」（《教我誠實的母親》）。糧食是由一個他稱為牧童的少年（石田才吉）偶爾運來的。如果有事，他就游到對岸——聽說一八八九年之前還有橋——去村子裏辦。為此，他把浴衣寄存在島對岸一家名叫風景館的旅館。夜裏，他在月光下游到對岸，登上小船，划着船在湖中四處轉，然後再把小船繫在對岸游回來。朋友（可能是林）來時，有天夜裏，二人游到對岸，驚動了牧童家，頭上頂着芋頭游回來。「風雨交加的夜晚，躺在神殿的木板間，凝神靜氣地聽着大自然的憤怒。突然，防雨門的縫隙亮了一下，進來一個黑影。我吃驚地坐起來一看，竟是渾身濕透的母親。她不顧一切地請求船夫開船，頂着暴風雨來了。」（同上）

可能是母親擔心岩波會荒廢學業並自殺，便親自趕來。「一看到母親，我便被母親的愛所打動，被迫決定離開我深愛的小島。……離開小島時，我伏地號哭。」（同上）

我在一兩年後，從岩波那裏聽到這個小島的事，非常羨慕，就在一九零五年的整個八月（日俄戰爭結束前），一個人在島上度過。聽説村子裏的人説，「這次住的書生沒游泳出來」。

最近（一九五六年末），在庫房裏發現了岩波在島上寫的備忘錄《惝恍錄》（附記為一九零三年夏，暑期）。讀後，我對岩波當時的心境有了詳細的瞭解，其中也有與岩波的記憶不符、需要訂正的地方。它是我們瞭解岩波其人的重要文獻，更重要的是，岩波日後的性格本質已在那時充分地體現出來了。在這個意義上，我相信通過該備忘錄，既可以説明當時的岩波，也可以説明岩波的性格。

那麼，關於岩波上島的動機，第一是因為他放棄了學年考試，升級無望，沒有顏面與被親戚近鄰的閒言碎語包圍的母親見面；其次是因為失戀。通過他對我的講述，失戀這一事實是顯而易見的，但在他的備忘錄中並未具體說明。不難推測，他離開朋友來到這裏的主要原因，是失戀帶來的對人生的絕望。在來到島上的夜裏，他告白道，「寂寞難耐，呼喚友名，朋友不來，徒增淒愴。恐怖之情和對死的恐懼向我襲來。渴求寂寥卻呼喚友名，厭生又懼死，人真是矛盾的動物啊！最弱是人心。」（《惝怳錄》）這是他的真情流露吧。在島上期間，與當初遠離朋友的期待相反，他還和伊藤長七、上野直昭、樋口長衛、吉崎淳成（同室的一高學生）、林久男、阿部次郎等通信，他們的來信也抄錄在該備忘錄上。伊藤由於和岩波家的關係密切，故勸他體諒母親的苦衷，早日修完學業走上社會，讓母親早日放心。阿部也勸他考入法科大學。他自問為何來到島上，一言以蔽之，是因為要知「我」，是為獲得安慰，為遠離眼目、自由哭泣。實際上，他在島上確實晝夜痛哭。

首先，母親上島是在岩波上島的第十天，即七月二十三日，他的文章容易讓人誤解為他為了母親立刻離開小島。而且，當時的情況也被他詩化，比如說將早晨寫為半夜等。他離開小島是一個月後，而母親的到來則是早晨。由於母親的到來，他決定繼續一度要放棄的學校生活。據他所說，總之決心繼續讀一高，同時摒棄一直誘惑他的自殺念頭。在母親看來，她不顧周圍人的反對與白眼，硬撐着忍受困難送岩波上學，如果中途夭折，就更無法忍受了，岩波十二分地理解母親的這種心情。

他寫道，母親上島的一九零三年七月二十三日，與他的生日一八八一年八月二十七日、父親的死一八九六年一月五日、東都遊學一八九九年三月二十六日一樣，是值得紀念的重要日子。自六月十日以後，岩波就沒給母親寫信，母親也不知道他的住所。岩波來到島上之後，在伊藤的勸説下，才寫信給母親。而母親是從回娘家的妹妹世志野那裏得知他的住處，由於過份擔心，便親自找來了。母親從早上九點多開始和岩波談話，一直到下午兩點半才離開。岩波把她送到柏原車站後回到島上，寫道：「是夜躺在床上，思前想後，想的不是母親的深情厚愛，而是追憶我的罪孽深重，思緒紛亂，輾轉不寐。情緒高潮之時斷下決心：『我的理性提示我生是何等的無意義，我的感性告訴我死是何等的安慰，但是，只要我唯一的母親尚存命於天地間，我就斷不可、斷不可自絕生命。』」（《惝恍錄》）接着，他還寫道：「即使知道萬物之不可解，亦不可學藤村君，從如花之絕命中獲得安慰；即使在擺脱人生憂苦的道路上失敗，亦不能追隨維特。啊！一旦下定決心，本應歡喜的我，卻立刻陷入莫大的悲傷中。啊！淚流滿面的一夜。這是得到了母愛的日子，是失去死之自由的日子，是在人生的荒野上不知走向何方的我，僅得一活路的日子，難忘的明治三十六年七月二十三日！」當夜，他將同樣的心情，寫在了給母親的信中：

小生無論如何厭世，如何不信神佛，即使事業失敗，失愛於天下，只要母親大人尚在，只要妹世志野尚在，決不、決不尋死。……

母親對岩波發自內心的愛、岩波對這種愛的感激，以及無法回報的痛苦和悔恨，貫穿岩波一生。在岩波從島上寄給母親的信中，他為自己的不學習、不健康、不節儉、事事讓母親煩惱而道歉。母親在貧困生活之中，以守寡之身，忍受着小村裏親戚近鄰的冷眼，送他去東都求學，事實上，岩波辜負了母親的這種厚意。他學業不上進、不愛惜身體、不計後果地浪費都是事實。他自己也慨然道：「追求高處之理想，卻忘記近處母親的愛，我是不孝之子。」並反省道：「我遙望天上的星星，卻不知腳下踏着的土地。」但必須承認，他的志向所在，終違背了母親的意願。他設問該依靠人、依靠神，還是依靠自然？並感嘆道：「做神子嗎，可又如何向母親隱藏憂愁；做世人嗎，可又不得不放棄信念；那麼，做自然之子嗎，奈何非母親期待之所在。我不知該走向何方，嗚呼！」

岩波沒有詳細講述失戀的事情，但《惝恍錄》處處都有零散的、傳達失戀信息的內容。他說：「懷疑信仰，不相信宇宙的靈魂……我實在是厭世、厭生，失去所有的希望，然後終於，我厭自己。」「失去愛的我，除宗教之外沒有安心之所。而宗教果真能給我安慰嗎？這還是個大大的疑問。」他還說：「我雖知生存之無意義卻尚未死，唯因母親的愛啊，讓我無法赴死。而母親的愛並非我所求，我既知母愛的珍貴，亦知除此之外，還有應親近之愛，我願為之奉獻我一半生命的，正是此愛。」岩波又將妹妹加入其中，「悲哀啊！此兩者之愛成為我的慰藉，更轉化成我莫大的痛苦，我不能安於此兩者之愛。」正如他所說，天下得一知己足矣，無論男女老幼。也可以認為，這間接體現了他對可愛的如花少女的眷戀之情。他還說：「男女相愛實是人間之至情，濁世之光明。」進而又說：「我不忍失去曾經所愛，她欺我而我不可欺她，她怨我而我不能怨她，她頤使我而我不能不追隨她，縱然終不能得她的心，罪不在她，我只能恨我，只能獨自哭泣。」他還寫道：「為與她的靈魂合二為一，水火不辭，生命不惜，唯全力不懈求之。我雖如此追求她，卻不敢視她為神，她的缺點我認之。縱不知如何撼動這靈妙之力，我的靈魂將不懈地追求她的靈魂。若終無法得到她，我將速絕此無望之生命而無憾。反之，如若最終得到她的心，縱然她的肉體即刻消亡，我的心靈也不會飢渴，因她的靈魂不會與她共死。我縱然孤獨一生，亦會因她靈魂的慰藉而歡喜地、潔淨地、真誠地度過此生。此乃余之戀愛觀也。」這是粗糙的、柏拉圖式的戀愛告白。在岩波抒發理想之愛的深處，或許存在着拋棄他，不，冷待他的異性的身影。我聽說，這個女性是位快活的、世俗的女人。

而且，他還寫道：「余今之心底密事，之所以欲言又止，並非因余心膽怯。想起過去之罪，終不能對人隱瞞。」這似乎是有關情事的講述，但真實情況無法確認。結果，他對他的戀愛或者說是失戀，並未具體講述表達，只是抽象地、理想地加以描述。但是，他哭呀、哭呀、不停地哭確是事實。讓我們對岩波失戀的詮釋到此為止吧。

岩波要知「我」，甚至寫道：「應知者我，應求者信仰。」岩波按照自己的方式，十分認真地探求自己，從這裏可以看到這種印跡：自己徒然嘆世，卻忘記責問自己；追求理想卻忘記現實；盡解人生意義之後選擇職業之人，竟一生無為而終。停止這些無用的思索，首先應清掃書齋，若雙親尚在就侍奉雙親，若有妻子就愛妻子；停止思考宇宙的本義，首先應盡當下的應盡之責，人生的價值不是授予的，而是自己創造的等等。他在嘗試嚴肅地自我反省的同時，對自己的性格也作了種種思考：要做神子，卻慨嘆沒有信仰；要做世人，卻不允許有自己的理想；雖願成為自然之子，親自耕種於富士山麓的土地上，得一愛人，享受和睦的家庭生活，但又茫然道：「我有不穩的精神和狂野的根性，內心潛藏着同情精神和憂國至情。此種境況之於如今煩悶的我，無疑可給予安慰，但我能停止一切社會活動，終生避世生活嗎？此乃極大的疑問。」

前面曾經寫過，他於前一年十月讀了托爾斯泰的作品，看到「沒有信仰就沒有生存」的語句，感受到巨大的光明。此後，他為從基督教中獲得信仰，輾轉各處教會聽教，但不久就認為無論是牧師的說教還是祈禱，都無法從中獲得真正的信仰，便遠離教會，直接接觸聖經。在他自己的記錄中顯示：當年（一九零二年）年末起，他與聖經日漸親密。島上生活期間，他不停地尋求信仰，有時還喊道「信仰是愛」。但作為自己生存根據的信仰的匱乏，是他反覆痛苦的根源，並幾次險些給他帶來絕望。他雖懷疑道德，但他懷疑的是俗世的道德，而並不否定道德本身，這源於他原本的合乎道德的性格。就這樣，他在反覆失望之間，不停地尋求信仰，他下面的話非常痛切地表現了這一點：

余雖知信仰之必要，卻仍無信仰。若不信復活，則不能信仰基督救世主；如不鑽研佛教，則不知解脱為何物。然而，我有我的神，我的神是真理？是擁有人格？是萬物本身？我不得而知。我只想說，我的神賜予我渴望自由、正義、博愛、純潔之信念。我的神在我心中？還是在心之外？其又為何物？我分毫不知。我唯知此物之存在，亦可欣然為此物而就死，此乃余之神也。

以至於他還寫道：「余知社會之冷酷、人生之悲慘。我乃避世、厭人之厭世者。余不知何故應為此殘酷之社會盡義務，亦不知何故有救悲慘人生之責任，然余不能視社會趨勢之卑污而旁觀，亦不能任人生之墮落而自若。啊！此為何故！宇宙有靈妙之力，卻不能支配我。」岩波對道義的宗教——基督教有同感，亦知其所以。而事實上，他一直未受佛教的感化，沒有佛教的知識，也沒研究過。他視基督教為適合自己性情的宗教，並列舉以下自己最喜好的六點：

一　積極、進步、有活力
二　聖經中道德的崇高、熱烈
三　正義觀念尤其敏鋭
四　與佛教的超然脱世不同，與世抗爭、救世
五　作為宗教的純粹（即哲學性道理少，直入人心）

六　不使世人失望，給世人以希望

他的這些見地並未超出世人肯定基督教的一般見解，但足以顯示他當時所達到的水平。他不相信基督復活和救世主，但他視基督為自有人類以來最偉大的存在，視基督為人類犧牲、流淌在十字架上的血是世上最寶貴之物，由此也可以說，岩波信仰基督的十字架。為此，他吶喊道：「我從此聖者學到為愛犧牲的寶貴。『殺身成仁』自幼便是我的理想所在，不，是我本來的性情。」他那粗糙的歷史觀，即視歷史為正義與權勢的鬥爭，也與基督教的歷史觀、世界觀相通。

看到他在野尾湖四十多天的多淚、多情、多恨的痕跡，更不得不承認他求生的意志與體力的堅強。岩波說自己終生未獲得一確實的信仰，但他憑藉自己的性格、信念與本能，不斷地肯定生命，並積極地生活。比起思考，他更多地靠直覺行動，按照自己的信念，積極地從事社會性活動。我們必須意識到島上這段生活的重要性，是成就他這種本色的一個時期、一個契機。

岩波在他的《離島之辭》中寫道：「啊！縱使世上看不到光明，縱使不知生的意義，我不得不暫時成為母愛的俘虜，繼續痛苦地生存。不得不上學，無望地努力學習，不得不再次踏入痛苦的向陵之地。」他又懷疑道：「芙蓉湖上月餘的閒散生活，使我知道愛、信仰、希望的寶貴，我想唯得到此三者，始知人生真趣。而陷入絕望深淵的我，是否還有追求此三者之氣力？」而且，他還感嘆道：「啊！不知何時才得光明永駐？淚谷之外，今世可有他所？」

進而，在十月後寫的《秋風錄》中，他告白道：「目下所求非解決人生問題，亦非探求人生真義，唯欲使我得以慰藉，使感情治癒。」由此我們足可窺見，岩波並未完全失去希望，只是光明和安心還未降臨。

我一直忙於剖析岩波的心境，其實，從島上還可以望見黑姬、飯綱、妙高三峰。特別是妙高峰，身姿峻秀，雲煙奇妙。島上老杉茂盛，岩波每日遠眺高山煙雲，近聆鳥鳴，夜裏靜聽魚躍之聲。從岩波的房間到島上碼頭的神社牌坊僅兩三町遠，但他完全沉浸於自然之中，在中間往返兩次便日落了。據説，即便聽到同鄉前輩矢澤米三郎來到島上，他也避而不見。

野尾湖幽居還有後續。岩波離開野尾後，正好是八月下旬，一高同往年一樣要進行最後的遠泳。就在遠泳前一天，岩波來到位於房州北條的一高游泳部，説明天的遠泳一定要讓他游。那時，曾在水澤的緯度觀測所工作的橋原昌矣，以及像黑金剛一樣的田徑運動員阿部彥郎——上大學後，他從一高時的文學部轉到法律部，大學時代尋歡作樂，竟和吉原的拉皮條茶館的姑娘結婚，後來成為律師——舢板朋友吉田圭、白根竹介等人異口同聲地反對道：「岩波，很難啊，明天清晨開始游的沖之島、鷹之島三里（快的要游四個半小時，最慢的要游七八個小時）是整個夏天的最後衝刺，腿沒勁兒的人根本不行，你到底能行嗎？」岩波並不屈服，説無論如何都要游，結果拚命地游畢全程，一躍成為最高級的一級，那是一九零三年八月二十三日。他對游泳部的神傳流、水府流游法一概不知，完全是村舍的「胡亂流」。腿的動作既不是剪式打腿，又不像蛙腿開叉，毫無章法。儘管如此，他硬是憑藉體力和氣力堅持到了最後。當時，參加遠泳的七十人中，全游下來的只有四十人。

在島上幽居的四十日裏，除了哭泣，他還經常游到對岸，找來一條船再來回划，這些行動非比尋常。一九零五年夏的七月份，上野和岩波一起來到野尾湖時，曾聽岩波說「白天游時，身體漂浮狀態不好，感到有點兒恐懼」。他對岩波的舉止感到吃驚，說岩波「可能在煩悶之餘，身心得到了鍛煉吧」。這就是岩波後來跑到房州的原委，愈發讓人瞠目結舌。這可能都應歸結於岩波天生旺盛頑強的生命欲和生命力。岩波經常對我說：「一想到死，我就感到厭煩。」岩波在《惝恍錄》中，講述了這樣的回憶：可能是在高等小學時代，擔心睡着的時候死會降臨，便不睡覺以避死。死的恐怖、生的欲望、殺身成仁的願望，三者交織在岩波心中，相互對抗，相互矛盾。

從北條回來的途中，岩波和吉田圭走在外房的海邊，要去大原探望吉田的同級土屋幸正。剛完成遠泳、還有些氣喘的岩波，一看到水便又要游泳，吉田制止說不能在不瞭解的海上隨便游，可岩波根本不聽，終於在小湊誕生寺旁邊風平浪靜的妙之浦游起來。可岩波沒有意識到，有一股海流正向岸外湧去，自己正不知不覺地被沖離岸邊。在吉田的提醒下，才總算橫穿海流，保住性命，游上岸來。岩波在家鄉自家屋後的小河宮川游泳時，就不十分擅長，到進京的第二年夏天，在大磯游泳時也沒成功，這在前面已經記述了。很久以後，已經開書店的岩波為拜訪作者高橋誠一郎，去了他在大磯的住所，又提出要一起游泳。據說，在擅長游泳的高橋眼中，岩波游泳的技術實在太差，但高橋看到岩波那總要淩於波濤之上的樣子，不禁欽佩地想：他的處世之術應該也是這樣吧。

從房州回來時，他在東京參拜了淺草觀音，然後和吉田二人鑽進路邊小店，包括關東煮店、天婦羅店、丸子店，打算左一個右一個地全部吃光，終於在吃到第七八家時吃飽了，二人你看我、我看你，哈哈大笑起來，那光景實在可怕。順便説一下，岩波飯量大，住宿舍時，就吃遍了梅月、青木堂、澱見軒、門前的蕎麥麵館等店子。從以前起，宮坂和守矢就經常被岩波領着去湯島的梅月（糕點店）和江知勝（牛肉店）等。宮坂説，岩波曾在梅月吃光了一木箱栗子點心。那種木箱不是很大，就像硯台盒大小，但他有足夠的資格當「向岡吃將」，確是事實。直到晚年，岩波的飯量都很大，而且還隨着年齡的增長，向請人吃的方向擴大、發展。

兩度落第與一高生活的結束

岩波於一九零三年九月從房州回京，不久就避開宿舍的喧囂，來到當時還是閒靜鄉村的田端，在旭館寄宿。那時，學校雖實行全體寄宿制，但也有相當多的學生拿着醫務室開具的、神經衰弱的診斷書在外寄宿。這樣，田端便成為離開宿舍尋求孤獨者的巢穴，阿部次郎、魚住影雄、藤原正等都在那裏住過。

九月九日，岩波還作為游泳部成員在隅田川游泳，又列席上野公園的大型聯誼會，並作為遠泳參加者之一受獎。儘管岩波由於母親的熱切期望，決心繼續在一高學習，但心中的不安並未平息，仍無法安心學習學校的課程。

我和岩波第一次說話是在一九零三年九月，岩波留級到我所在的班級。他在教室中昂然站立的身姿，彷彿仍在眼前。之後，我倆不知不覺地開始交談，關係逐漸親密。也是由於藤村的緣故，在整個年級中，岩波和藤原正及我的關係尤為密切。另外，山田又吉是後來的，但關係也很好。岩波與中勘助的結交也是由於我和山田等的關係。而和岩波一同留級的還有荻原井泉水等。

是年秋，岩波懷念藤村，帶着同鄉好友宮坂春章來到日光的華嚴瀑布。他一會兒從瀑底向上看，一會兒又從瀑口向下看，不肯離去，還對宮坂說，死在瀑布也在所不惜，……只是想到家鄉的母親，便無法赴死。他還在五郎兵衛茶館塗鴉，寫的是德語教授岩元禎教的、據說是席勒的話「大地愈加美麗，為人亦是歡喜」。這是岩波喜愛的詩句，他在寄給我們的明信片的邊緣等處經常寫這句話，這也說明他從自然中發現了安慰的心境。一九零三年九月至翌年六月，我沒怎麼上課，岩波也幾乎不去上課，可能也沒有好好地參加考試，這些都沒有確切的記憶。我不記得有缺席考試，但在六月的學年考試中落第了，岩波的第二次落第和我在同一時期。除一九零三年秋遊覽日光外，沒有關於岩波的記錄，我也沒有記憶。雖然按照慣例，連續兩次落第便要被開除，但據我們的老師岩元禎說，由於岩波連學習的意願都沒有，因此被排除在特例之外。岩波感到對不起母親，又不願再上學，他寫道：「這時，可能由於沉迷於米勒的畫，想去南美放羊，還和前輩木山熊次郎君拍了離別照。」這在前面已經引用過。岩波可能真的和木山拍過離別照，事實上，我們，即阿部次郎、藤原正、北島葭江、已故椎名純一郎也和岩波一起拍了離別照，阿部次郎還保留着這張照片，照片背面寫的正是明治三十七年（一九零四）初夏。岩波很喜愛當時在美術學校的同鄉友人宮坂春章送給他的《米勒畫集》，例如《晚鐘》、《拾穗者》、《播種者》等——那時，這些畫作的照片印刷品逐漸進口了——特別將表情悲痛的米勒自畫像視為珍寶。去美國、在南美做牧羊人等的空想可能以前便有，但去美國的動機確是由於兩度落第，無路可走。「攜一卷聖經去房州也是這個時候；來到野尾湖上的孤島，……自炊度過整個夏天也是在這個時候。」這是岩波的記憶錯誤。根據當時岩波的記錄，去房州是一九零二年年末，去野尾湖是一九零三年七月至八月。感於母親來島，決心繼續學業，據岩波的備忘錄記載，也是一高學生生活時期，而對去美國以及又放棄之事隻字未提。決心進入大學專科是一年後的一九零四年夏天以後的事，在此之前，他首先是決定去美國。這些記憶隨着時間的流逝而混淆，先後發生的事有的變為同時發生。

但有一點很有趣，也可以說很奇怪，那就是岩波以落第為恥，連夫人也沒有告訴過，夫人也是偶然聽到我們的談話才知道的。我原本認為，在落第之初感到羞愧可能是人之常情，但那兩次落第，卻是日後形成岩波的性格和生活的重要因素。時到今日，這應該是既不致羞恥，也不必誇耀的事實，於是我便提起此事並嘲笑岩波，結果他立即反擊道：「你把落第當招牌了。」岩波店裏的夥計和他談及此事時，某個店員問他：「結果您兩次落第啊？」岩波說：「可能是吧，安倍總堅持說是兩次，一次應該是不會錯的。」看到這些，我想岩波不可能忘記這件對自己來說打擊極大的事，總感覺有些滑稽。但如果他真的忘記了，那就不得不把他作為一個「愚不可及」的大人物來尊敬了。

岩波曾認為「一技傍身，以絕世交」的生活穩定，就決定進音樂學校。結果，被阿部次郎等人阻止，不記得這是第一次還是第二次落第時的事了。

就這樣，一九零四年六月，岩波的一高生活結束了，但岩波和他在一高時結下的友情卻愈加深厚。當時的校長狩野亨吉好像還不到四十歲，着實是個堅定的人。由於他不允許一高和高商的舢板比賽，岩波開始時對此反抗，並抗議說校長萬事消極、不積極，但不知不覺地就被降服了。後來，岩波一直親聆狩野教誨，並在狩野晚年給予了極大的關懷。岩波終生留戀一高的生活，對於自治宿舍，對於他度過一年級、二年級的東西舊宿舍，他這樣寫道：

> 難忘的是屹立於向丘的東西舊自治宿舍。它不如現今的新宿舍清潔、正規、明朗，但我從心底喜歡舊宿舍。它如城郭般堅實，結構粗獷，它那高大、陡峭、直沖天際的身姿是那麼尖銳、雄大、莊嚴，使仰視者感到一種迫力、威力、魅力。散步時，從上野隔着不忍池，看暮色下聳立的舊宿舍，是無比的莊嚴肅穆，亮燈時景象尤為壯觀。它雖然陰鬱、不清潔，但比起新宿舍，我的興趣使我毫無疑問地選擇舊宿舍。想來，從新宿舍可能會誕生幹練的事務主義者，但按照德國幽深的森林產生偉大的哲人這一推理，身負國難而奮起的卓越人物會從舊宿舍而不是新宿舍誕生。我就是這樣看舊宿舍的。

而且，他還懷念那天晴的日子，登上三樓遠眺富士山，以及「明月夜，自宿舍三樓下雨（小便）的快感」。

三　專科入學、結婚及母親的死

專科入學與結婚

岩波聽從母親的勸誡，而且旅行簽證又沒簽下來，故放棄了去美國的念頭，決心進入東京帝國大學文學部哲學科的專科學習。後來，當店員問岩波為什麼讀專科時，他說他對文學士的頭銜等沒有特別的執着，無論是本科還是專科，實質上都是一樣的，而且讀本科就必須參加高等學校的考試。這都是真的，為進入本科就必須參加高等學校所有學科的考試，這並不是一件容易的事情。毫無置疑，這對於當時的岩波來說，是無論如何無法做到的。我記得，那時他可能正住在小石川水道端的、有很多樹蔭的寺院裏。

我曾去這座寺院看過岩波一兩次，在那裏，經岩波的介紹認識了同縣的兒玉八代（Yayo）。我想八代當時已經超過三十歲了，但身材小巧，看起來很年輕。她獨身，是基督徒，又是植村正久的信徒。後來，她和幸田露伴結婚時，就是在富士見町教會由植村主持婚禮的，我由於岩波的緣故，也被邀請參加了儀式。八代在岩波煩悶時給予他同情，對他很好，可當後來岩波有了戀人並生活得很幸福時，就突然對他冷淡起來，這是岩波對我說的。

岩波從這以後到第二年的情況，我也忘記了，又缺少記錄。但一九零四年秋，他從寺院搬到第六天町一戶普通人家寄宿，我也去過一兩次。可能是在那時候，岩波和來自伊予並在某女醫學校上學的種坂章江（後更名為綾井）相識，並介紹我認識。從那時到第二年，我記得他可能就住在那裏，但已記不清楚了。岩波是個愛搬家的人，就連他母親在寫給他的信中都說，沒有人像你那樣熟悉租房子了。據章江說，岩波那時帶妹妹去了房州和伊東。我只見過岩波的妹妹世志野一次，可能就是在那時。世志野患有嚴重的神經衰弱，房州橋場屋的女主人忍足堰（Seki）後來曾敬佩地對我說，當時的岩波對病妹完全順從，沒有任何違背。確實，岩波這種貫徹始終的樣子是他人無法企及的。

總而言之，岩波在夏天回到家鄉，然後又進京，並在上午和下午分別去小石川的德意志協會學校和神田的正則英語學校上課。當時，德意志協會學校有大村仁太郎、山口小太郎、谷口秀太郎三位教授，三位「太郎」的德語語法書在社會上廣泛使用。其中一人的《查拉圖斯特拉》講義，說當時大力倡導尼采本能主義的登張竹風根本就沒有好好地讀這本書，岩波聽了，對三位「太郎」充滿敬意。岩波還經常和我講起正則的齋藤秀三郎。岩波可能在進入一高前，就已經上過他的課，但和我講的應該是這時的經歷。岩波說，上課鈴聲一響，齋藤便以驚人的速度跑上樓梯，腳步聲很大。一進教室，便拿起粉筆在黑板上寫字，中途好像想到什麼事，突然撕下筆記本，用鉛筆作記錄，然後塞進口袋裏。上課時沒有一分鐘的空閒，但鈴聲一響，不管是講到一半還是什麼地方，他都會立刻離開教室，跑下樓梯。此等舉動有些酷似岩波，岩波可能在感到和齋藤有所共鳴的同時，也被齋藤的態度所激勵。後來，岩波書店出版了齋藤的遺著《英和中辭典》，可能在很大程度上是基於對齋藤的感激。

岩波到後來成為他夫人的赤石吉（Yoshi）家寄宿，據說是在一九零五年七月。那年七月上旬，上野、白根、石原（謙）在大屋與從家鄉翻山趕來的岩波會合，在野尾湖畔住了一宿。然後來到飯山，探望了在當地中學任職的林久男，並一起來到澀溫泉。在長野和林分別後，上野、石原、白根翻過鹽尾山口，來到諏訪湖，住在岩波家裏。結束了十餘日的旅行後，三人返回東京。由此我推測，岩波尋找寄宿是為此後專心準備專科入學。岩波於是年九月入學。很難判斷，岩波是以前就在德意志協會學校和正則英語學校學習，還是只參加了夏季講習。他從一九零四到零五年都做了什麼，我既沒有記憶也沒有記錄。但從岩波將朋友帶回家這件事看，岩波和母親的心情當時可能都稍稍穩定了。

然而從當時寄宿的牛込出發，每天上、下午跑兩所學校確實不便，所以岩波便在神田附近找房子，正巧在北神保町十六番地找到了打出租房告示的赤石家，便決定在那裏寄宿。這一決定將岩波帶入了和戀人結婚的命運中，和高等學校時代的失戀、鬱悶、彷徨相反，專科時代成為岩波訂婚及建立新家庭的幸福時代。

赤石吉生於北海道石狩町，父三次郎和母利差（Risa），都來自靠近青森縣的舊南部領地。父親在一處漁場工作，是赤石與一的手下。他為與一所器重，並從南部娶妻，以赤石為姓組建了新家。吉被與一家收養了做孫女，所以她在與一家還有一位終身未嫁的養母良久。與一家以經營旅館為業，但吉討厭在客人面前伺候和被戲謔，就離家來到東京。與一的遺孀，即吉的祖母堰（Seki）非常擔心，便追到東京，在北神保町買下房子，和吉住在一起。吉在現在的共立學園前身——共立女子職業學校上學。家裏有三間屋子，二樓的一間空着，剛打出租房的告示牌，岩波就出現了。那是明治三十八年（一九零五）九月，日俄戰爭達成和解，對此不滿的人還引發了日比谷打燒事件。

關於岩波搬來後的情況，就按照吉的講述來描寫。

吉曾告白道，某天，她剛從學校回來，就聽到二樓傳來非常爽朗的男子聲音。她感到這聲音有説不出的美，很有魅力，自那以後就再也沒有忘記。吉還從聲音想像，其人該是何等的美男子啊。可見面後才吃驚地發現，岩波和想像的正好相反，長着一張可怕的臉。

在吉見到岩波之前，祖母就對她講了各種各樣關於岩波的事情，並感嘆説，一見岩波就覺得很滿意，覺得他真是一個好人、出色的人，二話不説便將二樓租給了他。漸漸地，吉也和祖母有了同感。我不覺得岩波有那麼美的聲音，但自從吉聽到樓上岩波的聲音起，二人的緣分就已經結下了。

那時，吉除了打掃之外，就沒有進過岩波的房間。岩波每天早上一起床，就朗讀聖經摘錄集《每日的力量》，桌子上也總放着那本書。他穿的和服裙褲破爛不堪，就像被墨水沾污了的裙帶菜一樣。雖然樣子不好看，也很邋遢，但吉仍然認為他是一個非常出色的人，心地善良、誠實。老派的祖母也像口頭禪一樣，一遍一遍地説岩波是個出色的、不簡單的人，將來一定能成為了不起的大人物。岩波不分男女還是老人，都親切對待，吉對此非常感動。我有時也去岩波的寄宿處，從現在的岩波書店銷售部所在的神保町十字路口，向高架水渠方向走不遠，再向左拐便是。鄰居們對岩波的印象很好，說岩波一走進小巷，就知道是他回來了，他就像燃燒的燭火被風煽動一樣，發出啪啪的聲音，大搖大擺地走來。吉也說，一聽就知道是岩波。岩波搖擺着屁股，很有氣勢地晃着左右肩膀，從狹窄的小巷中走來，那樣子用燭火來形容，其實是被準確地美化了。即使這只是鄰人的言辭，但如果說有誰會為這腳步聲而心跳，那就自不待言了。據說那時，除上述兩所學校外，岩波還要在每個星期日出席內村鑑三的聖經講座。可能就在這時，我在岩波的介紹下，也去聽了內村的講座一段時間，但年代不確切。時值夏季，角筈的橡樹林也綠了，小山內薰在浴衣外穿着和服裙褲，戴着角帽，志賀直哉以及黑木大將的兒子，即已故的黑木三次也一起來聽講座。

就這樣，在岩波租下赤石家的房子後，岩波的母親從信州趕來，住了一晚就回去了。岩波偏離了母親的立身處世的理想，是母親不停操勞的根源，所以當母親聽岩波說起吉，便來看看吉本人和她的家人。我想，在母親來看，要是對方人好，也有意讓已到結婚年齡的岩波穩定下來，而吉基本上也被母親看中。但這只不過是我的想像，並沒向岩波證實過。

一九零五年九月，岩波通過考試，進入東大文學部的專科。同鄉宮坂春章那時在上野的美術學校學習，據他說，岩波有時會在晚上找他陪自己，到大學內僻靜的地方去。他看到岩波眺望着黑暗的天空，好像在思考人生的問題，並自言自語，就想岩波是不是精神異常。那時，岩波可能仍在為戀愛的事猶豫吧。年末，岩波回到家鄉，在給工藤的信中寫道：一家和樂，迎接新年。由此可見，母親也為岩波入學而暫時放心。一九零六年春，岩波入學半年後的一天，他問吉去不去浮間原摘櫻草。渡過荒川的河口便是戶田，戶田原這個名稱至今還在，但不知道戶田原和浮間原是同一個地方，還是後者是前者的一部分，總之在交通不便、缺少遊玩之地的年代，此處為東京人所熟悉的踏春地。吉說要和祖母商量，便問祖母：「岩波君問我要不要一起去浮間原摘櫻草，我可以去嗎？」祖母馬上回答：「可以呀，只要是和岩波君，去哪都行。」祖母的這番回答，吉後來一直清晰記得，念念不忘。祖母尊信岩波，似乎認為他像神一樣完美。

二人來到浮間原遊玩後，在空地上吃便當。這時，岩波非常害羞，難為情地問：「赤石小姐，有點難以開口……你不會去別人家吧？」吉回答說自己是赤石家的養女，不會再去別人家了。岩波便問：「那我把家讓給妹妹，做你們家的女婿可以嗎？……怎麼樣？」由於事發突然，吉的心撲通撲通地亂跳，回答道：「不管怎麼說，必須和祖母商量。」岩波又追問：「那你的意思呢？」吉說：「我可以。」岩波說：「那作為表示，我們握握手吧。」鄉村出身的女孩吉，即使在荒野上也擔心會被人看見，忐忑不安，無論如何也不肯握手，最後堅決地說：「那種事絕對不行。」岩波確認道：「那總而言之，你願意做我的妻子吧？」吉回答說：「嗯。」岩波的求婚就此成功。吉說，後來兩人去浦和還是什麼地方喝茶時，自己都像做了什麼壞事似的，激動得手抖個不停。

岩波也非常高興地將求婚成功一事告訴了我。但四五天後又說：「那件事不行了。」過了一兩天，岩波又更正說：「我誤解了，赤石小姐已哭着和我解釋了。」原來是岩波看見吉和年輕男子親密地談話，嫉妒了。

就這樣，二人歡天喜地地訂婚了。那時，儘管養祖母在九段的郵局有七百日元的存款，但祖母沒有動它，而是命令吉讓養母寄錢。吉為此憂慮，便一直用打工的錢上學。岩波覺得吉還有一年就畢業了，決定和母親商量幫助她。二人商量後，為節約費用，決定讓祖母回家鄉，吉則暫時住在前輩伊藤長七家，養祖母便賣了房子安心回去了。但是，吉實際上沒有住在伊藤那裏，而是住在岩波母親的哥哥，即前述在神田佐久間町做薪炭生意的井上善次郎家。吉從那裏上了一年的學，然後從職業學校畢業。

我也去過一次佐久間町的家。那是因為我要給一直關照我的那家的女兒買些什麼，就花三十日元買下岩波原來為吉買的風琴。當然，也是因為二人當時需要錢。

岩波在北神保町的家解散前，即一九零六年春的三四月份，搬到上野櫻木町的東漸院自炊。同住一處的還有一高以來的友人並升上了法科大學的已故山本唯次，以及太平洋畫會的畫家莊野宗之助（號伊甫）。之後的十二月，岩波又搬到本鄉春木町的綠春館，館主人叫淺賀。岩波只住了半年，但和那裏的夫人及兒子關係很好，後來，那家的兒子正美還在岩波書店工作了一段時間。吉住在井上家時，有時會去看望岩波。那年年末的聖誕節，岩波邀請吉的朋友，還有阿部次郎及我聚在一起。吉還記得，次郎讀了馬太福音三章，吉唱了聖歌。那時，岩波和吉都有些基督徒的味道。後來，淺賀的父親經營寄宿生意失敗，隱居在弓町，岩波特意去看望，還送了中村敬宇翻譯的《西國立志編》給正美，正美對此非常感激。

明治四十年（一九零七），吉從職業學校畢業的同時，雙方父母進京。三月二十五日，二人在神田佐久間町的井上宅舉行婚禮後，立刻就去房州岩井的橋場屋度蜜月了。旅館的女人們對吉的評價很好，都説長相粗陋的岩波從哪兒搶來這麼漂亮的太太。據大森祥太郎説，弟弟大森忠三作為信州的小學教育者被寄予很大期望，但當時患肺病，而患有同樣疾病的同鄉小池元武在橋場屋住宿，一邊養病一邊在小學工作，便拜托小池讓自己的弟弟也住進來，那是一九零七年。我想，這可能就是在岩波度蜜月的時候，但時間不確切。岩波由於這個緣故，直到大森病死為止，一直對他周到備至；和小池也一直交往，盛情關懷。那年夏天，岩波還去了房州。八九月份，我通過岩波將表弟堤常轉到岩井的附近，托橋場屋的老闆娘照顧，也是同一年的事情。

吉畢業了，可岩波還是學生。所以婚後，吉暫時回鄉，岩波則住在本鄉某個窮人家二樓一個六張榻榻米的房間裏。同年十月四日，吉離開石狩回到東京，不久便在本鄉彌生町三番地的大學後門對面，租下二樓的六張榻榻米和四張榻榻米兩間房，營建愛巢。二人商定，不依靠家裏的幫助獨立生活，吉掛出請藤原正寫下的「裁縫店」的牌子；岩波每周去木山家兩三次，幫忙編輯《內外教育評論》，每月可得七日元的酬勞。可能也是在此前後，岩波還去神田的私立中學或什麼地方教書，賺取零用錢。另外，時間倒回去一點，可能是在一高退學時吧，岩波看到開成館月薪三十日元的招人廣告，就去報名，可人家看他寫的字後，便徹底落第了。在彌生町同一所房子裏，還住着新婚的梅室純三夫婦，兩家缺什麼就互相借，關係親密。據説，岩波每周日都會和妻子去展覽會或美術館。那時，岩波還忙於畢業論文，題目應該是《柏拉圖的倫理説》。

第二年，一九零八年二月，岩波搬到木山附近的出租屋，房租六日元五十錢。這期間有一件事，就是堤常受到了岩波的關照。堤是我在母親家鄉的表弟，他父親是落魄的舊士族，和父母及妹妹都被東京的姐夫收留。堤稍早前曾患呼吸系統疾病，臥床在家，由於不忍看他這樣，便將他轉到房州，在橋場屋的老闆娘等好心人的溫情照顧下，身體漸漸康復。可他沉迷於釣魚，終於又着了涼，舊病復發。沒辦法，我又把他接到東京，在和我有遠親關係的岩井禎三醫生的關照下，住進東京紅十字社醫院。出院後無處可去，我就請求岩波安頓在他家裏，費用自理。那時，堤才十九歲。我過去一看，岩波夫婦早已點起了被爐迎接堤了，我不禁為他們的熱情流下了眼淚。堤後來又在岩井的關照下，去美國人惠特尼任院長的赤坂醫院的藥局幫忙，曾立志成為藥劑師，但岩波開書店後便去了幫忙，和岩波結下終生之緣，不得不承認緣分的不可思議。

那時，吉已經懷孕，可房子地勢高，汲水等有諸多不便，於是就在四月份搬到大久保百人町的新房子裏，租金八日元五十錢。六張榻榻米的房間兩間，還有兩張榻榻米和三張榻榻米的房間各一，這對當時的岩波來説，可是了不起的房子。六月，岩波的徵兵檢查為丙種合格，無需入伍。據説二人曾商量，如果岩波入伍，吉就在營門前開個小店，既可時而見面，又可維持生計，為此還大笑不止。在關係親密的夥伴中，唯獨岩波有住處，自一九零八年二月，新婚的藤原正也和他們同住了一段時間。因此，作為二人共同的朋友，我、阿部次郎、石原謙、上野直昭、山田又吉、吉田圭、北島葭江等絡繹不絕地跑到岩波家裏，也不體察人家家計的艱辛，常在那裏吃飯。據説妻子頗費苦心，人多時就做咖喱飯，人少時就做豬肉火鍋。

岩波在專科學習期間，沒有上過漱石的英國文學講座。至於凱比爾的哲學講座，雖然聽不懂但還是出席了，並為自己接觸到他的高尚人格而感動。

母親的死

岩波畢業前夕，正巧和徵兵檢查結果的通知擦肩而過，明治四十一年（一九零八）六月二十五日，母親因腦溢血長逝，享年四十六歲，這對岩波來説是何等的遺憾啊！岩波在十五歲中學一年級時失去父親，曾坦言一時茫然，不知所措。可決定岩波一生的力量在於母親，岩波與母親生命的羈絆更深一層，這是無法否認的。前面也已經寫過，岩波在一高時期熱衷於運動時，在為人生苦惱時，一想起母親，便無法無所事事，覺得自己必須學習。這種焦慮常縈繞在他的心中，有時也會向朋友傾吐。他説：

把我從深深的絕望和自殺念頭中拯救出來的，是母親無言的愛，是在故鄉寂寞地等待我歸來的母親的身影。

母親沒有學問，但非常活躍，有女丈夫的氣概，一個人幫忙處理村子的糾紛等，不辭勞苦創立愛國婦女會支部，為村子盡心盡力。她還是個誠實的人，正確的事情一定要堅持到底。在一次進京時，我帶母親去上野公園，她首先來到西鄉的銅像前恭恭敬敬地鞠躬，然後對我說：「要常來參拜西鄉先生呀。」母親愛正義。

想到母親難得進京，至少要帶她去看看歌舞伎，但剛一提出來便遭到了訓斥：「在你從學校畢業之前，我是不會去看歌舞伎的。」然後只去了「銀世界」賞梅，那是代代木儲氣罐遺址上的梅林。

我一直將誠實作為信條。我不會做無聊的妥協，也不會隨即應變，唯時刻提醒自己以誠實面對任何事情。雖然沒有什麼價值，可我能有今日，全因母親無言的教誨。我想，母親在地下，也會因我誠實地活着而感到滿足吧。

母親待人親切善良，並有愛哭的一面。她經常照顧窮人，對佃農們也很和善。（載於一九四零年二月《新興婦人》）

他在《惝怳錄》中這樣記載母親的訓誡：「走正路、待人親切、正直、決不妄下虛言、努力學習、為身體健康而養生、勿做越分之事。」雖說岩波沒有完全按此訓誡去做，但如此看來，岩波大部分性格還是像母親：堅強的意志、親切、俠義、正義、對世間積極的態度等，皆是如此。母子致命的病都是腦溢血，這也説明二人體質相似。她在風雨的早晨，來到野尾湖哭勸岩波回到學校；在第二次落第後，阻止岩波去美國；而且，她還是岩波婚姻的理解者。訓斥説在岩波畢業之前不看戲的母親，在岩波畢業十幾天前去世，這是何等悲哀之事！

是年七月，岩波從東京帝國大學文學部哲學科專科畢業。至此，岩波的學生生活結束了。

第三章／女校教師時代

岩波自明治四十一年（一九零八）七月從專科畢業後，到翌年三月在神田高等女校任教頭前的這段期間，仍繼續幫助木山熊次郎編輯《內外教育評論》。木山出生於岡山縣的富豪之家，容貌出眾、意氣風發，從東京帝國大學文學部社會學科畢業後，開始經營這本雜誌。當時，帝大的畢業生主要在官場求職，文科生多當教員，像木山這樣獨立經營雜誌的人很少，人們都評價該雜誌在教育雜誌中很新穎、獨具一格。我也是在岩波的介紹下認識木山的，並在雜誌上登載過譯稿等。木山後來還兼任《讀賣》的記者，可不幸的是，他於一九一一年九月七日英年早逝，年僅三十二歲。那時，三宅雪嶺也讚賞木山在帝大畢業生中獨具特色。木山和明石照男是同縣人，是長明石一兩年的前輩，岩波經木山介紹認識了明石，後來明石對書店的經營給予了很多幫助和忠告。關於岩波和木山的初會則已在前面講過了。

在進入神田高等女校前，岩波曾在今天的河田町邊的奎文女校工作過一段時間，為賺取零用錢，還在女子體操學校工作過。神田高等女校在神田橋畔，校長竹澤里，她的女兒恒後來成為阿部次郎的夫人，岩波能在這裏任職就是阿部介紹的。月俸三十五日元，獎金五日元，職務是教頭。岩波依舊不辭勞苦，全力投身於學生的教育中。岩波基於平素的見識，明白日本教育中女子教育最落後，雖自身也有矛盾，但出於作為女性尊重論者的熱情，他仍積極地投入到這份工作中。他在這裏工作僅四年多，可這段時間可能是岩波一生中最貧困的時期。

如前所述，我們清閒自在，幾乎每天都去他家，他也依舊和我們一起吃飯，對遠道而來的朋友還盛情款待。和岩波一同兩次落第的椎名純一郎從家鄉秋田縣角館進京探望岩波時，我正巧也在，便一起來到四谷荒木町的「色葉」（Iroha）牛肉店吃晚飯。中途，岩波說稍等一下便出去了，後來才聽說他去當舖將父母留下的短外褂當掉，籌了四日元。就用這四日元，我們在「色葉」的內廳張狂地飽餐了一頓牛肉。岩波還為節約通勤的電車費步行上班，可又發現鞋子愛壞，還是不划算。有一次沒錢坐電車，便去住在附近的同鄉兼同窗的樋口長衛家借，但樋口也是一文不名，沒辦法只好走到學校。當時的電車費開始是五錢，後來漲到七錢，如果在七點前乘車，用單程的錢可以買往返的票。岩波說那時是五錢，但我記得當時已經漲到七錢了。據岩波說，當時乘電車從新宿到日比谷，再在日比谷換車到神田橋。另外，為節省郵資，岩波大都用明信片。

在岩波當教師的前一年，明治四十一年（一九零八），也就是岩波二十七歲那年的八月十四日，長女百合在百人町的家裏出生，岩波初為人父。孩子出生後，家裏變得窄了，藤原夫婦便於同年秋天離開，搬到柏木。岩波亦為節約八日元五十錢的房租，於翌年二三月份，在兒玉八代的介紹下，搬到同是基督徒的那須利三郎在千駄谷住宅的附屬建築裏，租金五日元五十錢。那須原是木匠，和內村鑑三也認識。說是附屬建築，但下面是放醬菜的地方，登上搖晃的樓梯，上面是六張榻榻米和三張榻榻米的兩個房間，還算乾淨。岩波說他把這個地方稱為「巢」，在這裏慶祝了百合的第一個女兒節，阿部、山田和我還送了女兒節人偶。岩波想為百合買輛嬰兒車，據說當時還沒有橡膠輪的，岩波便找遍整個東京，終於在京橋的後街找到了。他把在松屋花二十五日元新買的外套當掉，籌到八日元，買下了十日元的嬰兒車，並一直拖回千駄谷。我們也經常去那個有醬菜味兒的「巢」去玩。但六月份，環境又有所改善，搬到關龍一在西大久保的二層出租房，樓上還讓朋友山田又吉住着。關家開始時害怕岩波的容貌，有些猶豫，後經再三懇求，才答應租看，但他們的關係很快親密起來，兒子關龍一等非常傾慕岩波。第二年，一九一零年一月，岩波家又搬到麴町富士見町二丁目，靖國神社馬場北側的南部伯爵家，和我一起居住。我兄妹二人住二樓，岩波一家住樓下。一九一一年春，我們結束共同生活，岩波又搬回原來百人町的房子，八月十一日，次女小百合在那裏出生。是年七月二十幾日到八月，岩波、我、田部重治、市河三喜及我的義兄藤村蓋帶着帳篷，以信州大町為基點進行登山旅行。從高瀨的溪谷經烏帽子岳、野口五郎岳、赤牛岳，又從黑岳經立山溫泉登立山，越過粗（Zara）山口、針木山口再回到大町，歷時七八天。當時，登山嚮導曾對市河說：「大爺，讓年輕人先登吧。」他說的年輕人指的竟是長市河五歲的岩波，可以想像岩波是多麼精力旺盛。之後，我和岩波去了二人的舊地——野尾湖，又來到高田。前一年夏天，夏目漱石在修善寺患重病時，胃腸醫院的醫生森成麟造曾長期照看漱石——那時岩波還不認識漱石——因此，我們來到森成的家鄉越後高田拜訪他。在高田住了一兩日後離開，途中遇到信濃川發洪水，遂向小千谷方向逆流而上，過橋後經過長岡，到達新潟。在信濃川橋邊的旅店裏，我們住在一個陰暗的房間。然後，乘船從新潟到羽前的酒田，拜訪了伊藤吉之助，住了一兩日後，坐馬車沿海邊來到秋田縣的本莊，拜訪在當地中學工作的藤原正，三人通宵徒步走到秋田。當三人到達位於大曲附近角館的椎名純一郎家時，岩波接到次女出生的電報，便和我們分手了。

記得是在百合出生不久後，阿部、我和岩波曾在戶山原散步。當時，上野直昭好像在又好像不在。當阿部提起對一個女人的純粹的愛能否持久感到不安時，我記得岩波否定了他。上野也有同樣的記憶：阿部、岩波和上野三人在戶山原散步，次郎說婚後如果互相厭煩了可以分開，岩波卻堅持己見，認為一旦結婚就不可能厭煩。上野說不記得當時有我，但我認為這可能是同一時期的同一段話。我清楚地記得，當時的問題不是能不能分開，而是阿部提的，即對一個女人的純粹的愛情能否持久。而且，上野說這事可能是在岩波結婚前，但岩波是在一九零七年三月末結婚，這事不可能在那以前。

我記得是一九零九年秋，岩波一家住在西大久保，二樓住着山田，附近的柏木住着阿部次郎，就在那時，夫人曾背着年幼的百合離家出走了。她心煩意亂地走到大川端，又回心轉意回來。岩波的解釋也頗具岩波特色，大意是說「內人是由於過於信任我才這樣的」，聽起來好像是因為過於信任，才將他的玩笑話想得很嚴重。具體情況不明，但可能是岩波強烈地斥責了吉吧。岩波的老婆崇拜時代、呵護時代已經過去，之後的嘮叨時代漸漸開始萌芽。當然，這也是很自然的事情，還沒達到和岩波理想的戀愛感情相矛盾的程度。但從夫人的立場考慮，妊娠對女人來說是身心半病的時期，要照顧嬰兒，還要想方設法維持家計；而在這樣的情況下，又擠進新婚的朋友夫婦，二樓也住着朋友，那是非同尋常的疲勞和艱苦。特別是岩波超乎尋常的好客，雖然夫人也非常積極地配合，但想到岩波的急性子和剛烈，從結果來看，這種配合做起來非常困難，這都是完全能夠想像的。

在神田高等女校的四年裏，岩波的確竭盡全力，用愛引領學生。他為那些來自地方、不會英語的學生，在早晨上課前講英語；作為特別講義，他講授論語、聖經等，為此放學後還留在學校印資料；寒冷的早晨也不休息，做課外講義；如有教師休息，岩波還主動代課。一次，他講得入迷，竟從講台上掉下來。他曾說：「我希望教你們的時間愈多愈好。」據他當時的學生，即後來的堤（當時姓坪田）久子說，他講的英語、國語、西洋史及漢文等是任選科目，但他還給學生們講赤壁賦、東湖的詩等等。總之，岩波對教育的熱情熾烈地燃燒，為此，這所不很起眼的小小私立女校，其學業和成績都有很大提高。

中午，岩波和學生們一起吃便當。他吃的是夾着梅乾的特大飯團，學生們覺得他十分樸實，可這是因為岩波覺得女學生們遮掩着便當吃飯不好，就特意握着大飯團吃。

關於考試，當時的學生，後來成為吉田圭夫人的靜江這樣寫道：

長着大大的眼睛、一字大嘴、稜角很深的老師咚咚地走進教室，拿起粉筆用力寫下考試題，長長的粉筆啪啪地折了幾根。然後，他大聲、非常快地讀一遍，又用教鞭邊指邊快速讀，然後離開教室，不知去哪兒了。不久，時間到了，他又咚咚地回到教室，問寫完了嗎？便整理試卷拿走了。老師那時的表情充滿了無以言狀的慈愛。

女高師（女子高等師範学校。——編註）畢業的優秀同事都讚嘆道：「岩波君的那種態度實在了不起，我們怎麼也模仿不了。」

為了啓發學生們的知識和興趣，岩波還帶她們去校外聽講座，參觀大學，拖她們去看展覽會等，一點兒也不感到難為情或嫌麻煩。當時，同岩波一樣在私立學校做教師的、開成中學的田邊元説，他曾在某個秋天的下午，遇見岩波帶領很多女學生去參觀文展（文部省美術展覽會的簡稱。——譯註），他不禁敬佩岩波那專注的教育態度，並為自己彷徨於鑽研學問和教育者兩條道路的態度而羞愧，這件事他一直銘記在心。

岩波和學生的親密也是非同尋常的，他生性的女權主義可能也加深了這種親密。秋天遠足去相模的神武寺時，他和五六個學生鑽進深山，手牽手唱着、説着，過於興奮，竟忘記了時間，急急忙忙跑向車站，終於在發車二分鐘前趕到。從車窗裏探出頭、一直等待他們的竹澤校長，對上來的岩波訓斥道：如果遲到了怎麼辦？岩波輕輕地低頭致歉：「哎，不好意思。」學生們都忍不住偷笑起來。據説一起遲到的學生向他道歉時，他只是輕鬆地説「校長當時大發脾氣啊」，便不再提起了。一個關係親密的學生失去了父親，對岩波説「老師就像我的父親一樣」，岩波聽了笑道：「像父親呀，也行，可哥哥怎麼樣？」還有兩個學生去岩波家拜訪，臨走時拿出了裝着雞蛋的盒子，岩波大喝道：這是幹什麼啊！二人手忙腳亂地放在玄關就走了。岩波從後面抱着盒子追，站在傍晚的大久保街道中間，大聲喊道：就放這兒啦，便頭也不回地走了。二人都要哭出來了，沒辦法，只好又把盒子拿回了家。這是由於岩波的潔癖，或許也是他那只給予別人而不要別人給予的、一種個人主義的體現。

但是，岩波和學生過於親密、無任何顧忌，也不是沒使學校的校長和同事為難。總的來說，岩波在這一點上無法處理得恰到好處。他和同學們的這種親密關係，不僅是在畢業後，更幾乎持續終生。當時的學生中，有後來成為岩波的朋友吉田圭的夫人的；有成為書店經理堤常的妻子的；也有在岩波的關照下結婚的。而且，這種親密交往還涉及到她們的丈夫、孩子和父母等家人。有紅白二事或有人生病時，他也非常掛心，殷勤探望，有時還操心人家家人的工作。同窗會他是務必出席的，還會負擔全部會費。她們終生都對岩波滿懷敬愛。岩波還嚴守交往的禮儀，一次，在千葉的本橋信（Nobu）家舉行同級會，岩波竟罕見地沒有到場，大家正在擔心時，收到了他的電報，說突然肚子痛，不能來了。第三天，岩波特意來到千葉的家中道歉，本橋對此既感動又感到過意不去。

據說岩波將同級會命名為鈴蘭會，這和他給長女起名叫百合、次女起名叫小百合一樣，顯示了岩波的文學青年式的情調。

岩波的教師生涯僅四年多，之後再未從教。總之，作為一名教育者，他也是一位有特色的、無與倫比的老師。

岩波通過岩波書店，極大地推動了日本的社會和文化，而在這一時代來臨之前的岩波的前半生，和他所尊敬的明治天皇的時代一起，就這樣結束了。

岩波出生的明治十四年（一八八一），正是天皇下詔設立國會的、明治的黎明時期，它歷經一八九四、九五年，即從岩波高等小學四年到中學的日清戰爭，以及一九零四、零五年，即岩波高等學校時期的日俄戰爭，從日本的崛起時期，一直持續到明治四十三年（一九一零），日本通過吞併朝鮮獲取進軍大陸根據地的時期。岩波在小學結束時讀《東方策》，為英國人蠻橫的擴張而憤慨。他崇拜南洲、松陰，將明治日本的富國強兵的國策理想化，一心要為立身揚名而生存。而在日俄戰爭時期，他和我們一樣，不顧及戰爭等事，埋頭於自己的煩悶，為托爾斯泰感動，從聖經中尋求救贖而不得。不久，他獲得了愛情和婚姻，以樸素、謙虛的態度投身於女子教育。但結果，他仍未在這段生涯中找到安身之所。

第二部——岩波書店

大正二年【一九一三】——昭和二十一年【一九四六】

於神保町的書店前　1917 年 1 月

第四章／舊書店開業

——舊書按標價出售

首先是成為商人的動機，這還是讓岩波自己說吧：

當時，為理想而奔忙的我不滿學校的經營方針，也曾想過開辦私塾，可左思右想之後，還是認為像我這個連信仰也沒有的人，應離開除誤人子弟之外別無他能的教育界。而對當時三十元的月俸（實際上是三十五元），我沒有絲毫的不滿。我還記得，為節約往返十四錢的電車費，我從大久保走到神田，但吃驚地發現鞋子破損嚴重，便選在早晨打折時間乘車，以往返五錢的電車費解決問題。

岩波的確有「誤人子弟」的意識，他雖然也痛感教育之難，但他喜歡這個詞，前後曾反覆使用。但放棄教職的根本原因，是他內省之後，自覺沒有信仰的自己沒有資格教人子弟。這正如岩波自己的告白，他說，其他的比如教育上的理想呀、主義呀、感動呀、獨立等理由與此相比都不充分。實際上，在教育者當中，可能很少有人能像神田高等女校時代的岩波那樣熱情、勤奮、不計報酬地投身到教育事業中。但這種緊張和專注慢慢鬆懈，激情日漸淡薄，使岩波希望改變生活，他在開店致詞中也闡述了這種心境。而且，他不滿於校長的做法，周圍的人又對他那不顧前後、勇往直前的態度感到不知所措等等，這些可能都使他感到厭煩。

當時的神田高等女校校長竹澤里，和鳩山春子等一樣，都是舊東京女子師範——東京女子高等師範的前身——的畢業生。她從經營私立學校的觀點出發，其營利傾向比教育傾向更明顯。例如，在新學年開始前，學校會款待市內的小學校長等，諸如此類的做法是每個私立學校都會嘗試的招生策略。而岩波的心情則不平靜：不配備學生教育和教師參考所需的書籍和教具，竟將錢花在這些地方！岩波對挽留他的一位女教師同事也曾說過自己的想法：不要戴着教育者的面具賺錢，如果想賺錢，就打着牌子、堂堂正正地賺錢。總而言之，岩波對教育工作的激情再也無法持續了。

離開教職之後，我拿定主意，要在富士山麓過從前就憧憬的晴耕雨讀的生活，連地方都想好了。可又想，自己還年輕，不到三十歲，便暫且將田園生活珍藏起來，想先過一段市民生活。眾所周知，自封建時代以來，就有士農工商之說，商人被認為是社會最低等級，但在盡社會義務方面，商人的做法未必就是卑賤的。如果盡力以廉價為人們提供必要的商品，那麼，既可滿足人們的需要，又可以維持自己的生活。如若這樣，經商也未必卑賤，它和官吏、教師不同，商人自由獨立，又沒有誤人子弟的擔憂，這樣想來，我便選擇了市民生活。我作為一介市民，決心開始經商，就是緣於這種心境。什麼生意都可以，還拜訪了當時在新宿經營中村屋的同鄉前輩相馬夫婦，徵求他們的意見。實際上，在相馬的指導下，我還去待售的乾貨店看了一下。

在能夠看到富士山的地方農耕，是岩波長久以來的夢想，當時以及後來，岩波也曾多次和我講起。但他還在猶豫做什麼生意，開點心舖？還是經營飯店，讓人吃得既美味又便宜？如果開點心舖，要作為手藝人實習兩三年，妻子説，如若那樣，還是做裁縫吧，等等。相馬激勵他説：「根據我自己十幾年的經驗，在這個時代，經商也需要新知識，所以要打破舊習慣，採用全新的方法，反倒是學校出來的外行更有利，你一定要發奮一搏。」還説岩波將來一定能成為新宿有前途的人。

還有一件事很具有岩波特色。在終於決定開舊書店後，岩波以商量或宣佈的形式將此事告訴了很多前輩、朋友和後輩。即使在後來，岩波和別人商量事情時，大多是自己已經決定要做，即便別人勸他別做了，他也很少有就此放棄的。但他態度認真，使對方感到他是只和自己商量，非常感動。這不是策略性的，實際上，無論男女老幼，岩波非常尊重熟人的人格，對方也總被他的真情所打動，這的確是岩波重要的品德體現。話雖如此，當他説「只對你説」時，有時並不真的是「只對你」。但除少數人之外，誰都會無意識地這麼説，不值得對此過於指責。據説岩波在神田高等女校的學生們都拚命勸阻他不要辭職，只有一個人説：「如果老師無論如何都要做，那就做好了。」岩波高興地説：「你説得太好了！」但被岩波找來商量過，或聽岩波宣佈過這件事情的大部分朋友熟人，雖然沒有説出口，但都因為岩波正直、莽撞的性格而對這個生意感到不安或危險。可我記得，當岩波到我這兒和我商量時，我立刻就説好了。

其實，岩波開舊書店也是機緣巧合。書店開業那年，即大正二年（一九一三）的二月二十日，發生了神田大火。在火災中被燒的舊書店尚文堂，在自家店的旁邊新建了一個舖位出租。與岩波同縣出身的伊東三郎是當時尚文堂的特定代理，經常出入神田高等女校，可能以前聽岩波説要做生意，便向岩波推薦租這個舖位。地點靠近神保町的十字路口，位置極佳，房子是新建的兩層樓。換成現在的話，新手不可能租到這樣好的位置。原本舊書店就不需要太大的資本，也無需長期鍛煉，而且經營的還是和自己以往的生活密切相關的書籍，容易上手。

就這樣，是年暑假，一家人放棄了旅行的計劃，七月二十二日從大久保百人町租借的房子，搬到神田區南神保町十六番地的租借店舖裏。二十九日，神田高等女校的送別儀式結束後，岩波就徑直拉着車去書市了。那時，岩波在給自己的學生、後來成為堤經理妻子的坪田久子的信中也寫道：「今天，學校的送別儀式結束後，徑直去了舊書市，採購了很多書籍，用車拉了回來。無限感慨。」終於，八月五日迎來了書店開業，岩波年方三十二歲。在百人町商量店名時，夫人説不喜歡只知商號而不知店主是誰，不如直接將姓作為店名，起名岩波書店吧，岩波也贊成道：「嗯，這樣反倒好。」便定為「岩波書店」。

開業的資金，來自賣掉信州諏訪中洲村的田地所得。岩波以前就討厭做所謂的「不在地主」收取佃租，田地一直委托叔父岩波音藏管理，而叔父後來也辭退了這份工作，岩波就決定賣掉了。據夫人說，開店前一年偶然豐收，因此田地賣價較高，賣了八千五百日元，只留下宅地。岩波在回鄉處理此事時，周圍的人都說，動用祖上留下的田地真是荒唐。當着這些人的面，音藏雖嘴上反對，但內心還是同情岩波並同意他這麼做。據音藏的女兒小山常代說，離開村子到上諏訪開米店、並成為有錢人的伯父源吉，喝了酒像紅臉關公一樣滿臉通紅，揮舞着大刀，怒喊道：「我要殺了音藏和茂，賣掉祖上的田地，這是怎樣的報應啊！」二人藏在倉房裏，源吉面對音藏妻子一個人的辯解，不斷叫嚷：「讓音藏出來，讓茂出來！」當時，周圍滿是圍觀的人。從未聽岩波說過這位源吉伯父平素待他好，而夾在他們中間、同情岩波並為他擔心的音藏，多年之後，他對岩波成功的喜悅之情是可想而知的。

書店開業前，神田警察署遲遲不下批准。為此，朋友吉田圭找到時任警視廳保安科科長的長谷川久一（日本中學及一高的同窗，後成為警視總監），向他介紹岩波的為人。第二天一大早，神田警察署的巡查就專程送來許可證，說了一番恭維的話後回去了。八千日元的資本，在用於室內裝修等花銷後，還剩不到七千日元。開店伊始，為填滿書架，花了二千日元購買書籍。第二年也花了二千日元，第三年又花了二千日元，漸漸地變得心中沒底了。

正如岩波在告白中說的那樣，開書店源於他非常樸素的心願，即作為一名自由的善良市民，獨立經營生活，至於後來立志為日本文化做貢獻等等，並不是當初所預期的。他在「回顧三十年感謝晚宴」上也說：「我開始做生意，是源於一種極為消極的情緒，即隱身市井，謀求一個家，過一種責任輕、內心沒有痛苦、稱心如意的生活。開始時，並沒有為日本文化多少做些貢獻，或為振興學術稍盡綿力等等的抱負。自青年時代便為之苦惱的人生問題，歸根結底是生死的問題，即便到這個年紀，我仍沒有可以與人言的信念。但是，只要不否定生命，那麼，沒有他人的照顧就一天也生活不下去。因此我想，應盡量不麻煩別人，即使是身邊的小義務，也應盡力忠實地履行。無論是做零售業還是出版業，我唯留心不忘此事。是這種生活態度帶來了今天的成果。」這是他的謙遜，但也是他毫不虛偽的告白。

他向大家寄去如下致詞，作為開業通知：

肅啓　秋風涼冷之時，謹祝健康平安。野生為擺脫無激情生活之束縛，且為免誤人子弟之不安與苦痛，辭去教職，自一介市民之生活，求早已冀望之獨立自營之境地，創辦下列書店，經營新刊圖書雜誌及舊書買賣。

借鑑以往身為買主之諸多不快經歷，以誠實真摯之態度，盡力為大家謀求便利。

希望作為獨立市民，度少偽之生活。欲以不才之身及貧弱之資，步入艱險世路，披荊斬棘，在自己之領域開拓出一片新天地。深知必會遭遇諸多困難，為實現野生新生活中極少之理想，懇請給予同情、幫助，幸甚之至。敬具

大正二年九月

東京市神田區南神保町十六番地（電車站前）

岩　波　茂　雄

（電話　總機　四二五四）

（轉帳東京弍六弍四〇）

又及　若有事來此地，敬請順便光臨。

致詞中還附上下面的語句：

桃李不言，下自成蹊。

生活要樸素，情操要高尚。

天上星空燦爛，我心道念盤橫。

大地愈加美麗，為人亦是歡喜。

正直之人多磨難。

邪不壓正。

正義是最後的勝者。

這些是岩波平日喜愛的格言，在「回顧三十年晚宴」的致詞中，他也附在裏面朗讀。

開店致詞迅速引起反響。首先為此感動的是奈良農夫也，他在北海道日高國沙流郡長知內教育所，從事阿伊努族的教育工作。當時，他正要在《讀書之友》上發表《讀書論》，旨在作為地方讀書人向中央書店提出要求，但他看到岩波的開店致詞後，覺得與自己提出的要求一致，便中止了那份草稿。自那以後，他成為岩波書店在地方銷售的有力顧客，並成為理解書店的店友。此人在《蘆花全集》出版時，應德富蘆花的邀請，辭去教職來到東京，幫助編纂全集，並擔任德富家的出版顧問。後來書店出版《岩波文庫》時，德富家無償贈送了《自然與人生》作為創刊賀禮，也是緣於他的關照。他住在淺草的小旅店，也教孩子們英語，據説在東京的時候留着長髮。他去世稍早於岩波，和岩波一直來往密切。

岩波當然是個缺點很多的粗人，但他也是少見的、了不起的傢伙，這種感覺在他死後愈加強烈。這種了不起的最大的表現，便是舊書按標價出售一事。這當然需要勇氣、果敢，但究其根源，如果沒有極度討厭虛偽和討價還價的性格，以及頑固的道德信念，是無法做到這一點的；而且，還需要決不妥協的勇往直前、將這種勇往直前貫徹始終的耐力，以及經得住由此產生的各種麻煩的堅強。我們可能會嗤之以鼻，認為舊書按標價出售何足掛齒，可這一行動在當時是對整個東京、乃至整個日本的商業習慣的完全叛逆。儘管如此，岩波還是果敢地在自己的店裏實行，並逐漸將其作為原則普及。

岩波實行舊書按標價出售基於一種信念，即對於人來説，無偽的生活或許是不可能的，可對無偽、真實的生活的欲求，是儼然潛存於我們意識裏的事實，是盤橫在我們心中至深至高的訴求。岩波厭惡虛偽，因此辭去教職成為商人。無奸不商是世間的常識，可岩波認為那是迷信，他已做好思想準備：如若誠實地經商不能成功，那麼，即使放棄也沒有任何留戀。因此，他徹底拋開開始時的稍許不安，告訴自己，只要誠實地做就沒問題、一定能成功。然後，他拿出康德的話——我沒有發現康德說過相同的話，後經人指教，在康德的《宗教哲學》一書中發現了與此意思基本相同的話——Du kannst, denn du sollst.（你能夠，因為你應該），來詮釋這一信念。這是他通過水深火熱的實踐而獲得的信念，裏面有足可羞辱白面學者和知識份子的偉大。

舊書店與舊衣店一樣，其性質最惡劣之處便是討價還價，將價錢殺到要價一半以下的也很常見。在舊書店的巢穴——神田的正中央，這樣的舊書店左鄰右舍地圍着岩波書店，而岩波一分一厘也不讓。因此，同行嘲笑說，這無謀、不懂生意、什麼都不懂的教員開的店，也就只能持續三個月或半年吧。這種嘲笑也不是沒道理，但岩波對此毫不介意，還將「嚴格執行標籤價格」、「如標籤價高，敬請提醒」兩份告示，啪噠啪噠地貼滿在店裏每根柱子上。當時日本有很多中國留學生，因此，書店還將「言無二價」及英語「one price shop」的標籤貼在書上，以貫徹到底。

但是，岩波不懂書籍及書籍採購的技巧，當中也出了不少差錯。雖然岩波也經歷過學生生活，可他並不是和書本親近的人，有時只是感動於作者的名字或書名，就高價買入。他曾在櫃檯上聽一位教授客人冗長地講解書的價值（value）和市價（market price）的區別。如果客人說他的書比別的店貴，他就不賣這本書，立刻將書撤下來，讓店員去附近同行的店裏調查價格，然後標上比別的書店低的價格。且為避免打折的誤解，第二天才擺出來。他認為不應讓客人承擔自己無知的責任，為此，對於這樣的書，他會不顧損失，更換價格標籤。當時，和岩波書店相隔一家店的進省堂主人已故鴨志田要藏、店員吉田三五郎，以及持有西方書籍最多的東條書店等，經常充當岩波的顧問。岩波開始買書時，經常去進省堂商量。他一個人採購時，價格有時比新書還貴；但買得便宜時，他會真心地說「真對不起賣主，買得太便宜了」，沒有為買到便宜貨高興的樣子。

開業伊始，由於貨品不足，店裏的書架出現很多空缺，岩波便將從朋友那裏借來的書和自己的書，偷偷地擺到書架的最高處，盡量不被客人買走。每當客人去拿這些書時，他都提心吊膽。經濟學家福田德三還曾為不賣這樣的書而憤慨。

但是，如此賣力地實行按標價銷售，仍然不被客人理解。每個來店的人都說，舊書還有不讓價的道理？店員也不做讓步，解釋說按標價銷售是書店為客人付出犧牲。開店當初，每天都和客人進行這樣的爭吵，過了兩年，植村道治進入岩波書店時，也是每天如此，可見這是一場長期的戰鬥。一次，岩波尊敬的學校老師——岩波曾和我說，那是寫過《路德傳》等的已故村田勤——從店裏拿走了三省堂的百科辭典。後來，他來店裏問：「那本書多少錢賣給我？」店裏回答說：「按價格標籤，一分錢也不打折。」他也說，賣舊書哪有不打折的道理，便回去了。岩波對此非常憤慨，如果是偶然路過的客人就不計較了，原以為會理解自己的態度和心情的人竟也這麼說，便說「如果對價格不滿意，我一本也不想賣，除非願意買，否則請將書還回來」，竟叫人拉車去取了。沒想到，那個人為自己的態度道歉，並說書就這麼賣給我吧，岩波也非常高興。後來，二人的友誼一直持續。

有的人質疑，舊書還有定價？然後轉了幾家店又回來買；還有的人，即便連進價都坦誠相告，可還是冷笑相迎。對於這樣的人，岩波終於生起氣來，下逐客令說：「無論多少錢我都不賣給你了，請到別的店去買吧。」因此，有很多客人因為不讓價、不打折就不買了。

每天，從早上六點到晚上十一點，可以接觸很多進進出出的人，坐在櫃檯裏看此等客人詢問的樣子、買書的樣子也非常有趣。有的人風采堂堂，乍一看像紳士，可對只賺一錢的雜誌竟要求降三錢，遭到拒絕後更拂袖而去；還有穿着短外褂、讓人看了就想把書白送給他的壯工，卻毫不猶豫地按標價付款。有人來找書時恭敬地鞠躬，禮貌得讓人覺得麻煩；也有人儀表堂堂，開口卻張狂傲慢：「喂，你店裏有如此這般的書嗎？」除扒手外，客人大都會討價還價，但講價的方法多種多樣：即使說明按標價銷售，也有可憐人為降一兩錢而糾纏十多二十分鐘；《少年漢文叢書》從以前的三十五錢漲到三十七錢後，也有細心的人為了降那二錢，兩天內來三四次，結果還是以標價三十七錢買走。也有穿着禮服、戴着禮帽的紳士，兩三錢的教科書也讓書店專門給他送去，還訓斥送書的小孩兒為什麼不打折。當時，講價最甚的是中國人，這可能也和國民性有關，但據岩波觀察，也可能因為在中國人看來，舊書店尤其缺乏誠信。岩波驚奇地發現，來買書的女人很少，更吃驚於她們講價方法的精細。帝大、一高中有些人講起價來很過份，但總的來說買得也最乾脆。其中，還有人有着可怕的習慣惰性，無論多便宜的書，都認為不打折就買是種恥辱。每當聽到有人滿不在乎地要求把價錢降到進貨價的一半時，岩波都氣憤得想反問：您以為我是騙子嗎？

以上是岩波在櫃檯裏的觀察，僅看到這些，就知道舊書按標價銷售需要何等繁雜的程序，以及會帶來何等的不快。而它竟源自於簡單生活這一基本方針，即以誠實為宗旨，排斥無用的周折，簡單率直地生活。可是，想始終堅持簡單生活並不簡單，這不僅需要勇氣，還需要忍耐。岩波在整個生活中大體堅持了這一方針，而在書籍的銷售和出版事業中，更可以說，他幾乎完全執行了這一方針。在高山樗牛的文章中，有句大意是這樣的話：天才將事物簡單化，常人將簡單的事物複雜化。炫耀複雜的人常為毫無價值的複雜自高自大。實現簡單化、單純化需要信念、忍耐和努力，岩波按照自己堅定的信念，實行舊書按標價出售的簡單化，完成了常人無法完成之事，在這點上，可以説他是天才。僅此一點，我認為岩波也是應該流傳後世的、了不起的人。

岩波的經商方法在於盡可能地高價買入、盡可能地低價賣出。岩波説，在一高同寢室或是同年級的投票中，自己當選為最不適合經商的人，如果説這樣的人有什麼經商秘訣，那就僅此一點。岩波堅信並能夠力行這一經商方法，雖然我一再重複，但仍要説他是個了不起的人。

按標價銷售好像也沒有好結果。當時，岩波書店的銷售額僅十五日元，而其他書店一般為三十日元。如同下面我要講述的郵購事務一樣，對讀者愈懇切反而愈費力不討好。

幾年後，岩波的舊書按標價出售，在舊俗頗深的舊書商中開始實行，如今幾乎普及。後來，岩波開始出版事業後，又廢除了新書按定價九折或八折出售的商業習慣，斷然按定價銷售，這都基於他上述的簡單和誠實主義：如果能打折，那定價時就打折豈不更好。這最終也使天下仿效。那些不喜歡岩波的人，也應該敬佩他作為人的力量和根本的信念吧。

為讀者忠誠地服務，是岩波在書籍行業一貫的精神和實踐。在開舊書店時，他也十分注意缺頁——其他的舊書店也大致如此——讓店員和來幫忙的女學生們一本一本地察看買來的書籍，如發現缺頁的書便毫不客氣地退給賣主；若不小心賣出去了，便重新收購回來，嚴格執行。在開始出版事業後也是如此，每賣一冊書籍，店員都會事先和客人説明如有缺頁就拿回來換。

開舊書店時的緊張和學習非常辛苦，岩波終於感到，開書店必須學會騎自行車，便買來自行車，提着燈籠到九段下的牛淵練了一個晚上，第二天便會騎了。據説，店員鈴木峰吉當時和岩波一同去練習，可岩波沒讓他動一下自行車，只請他喝了冰水，自行車一直被岩波獨自佔用。這樣，岩波騎着自行車或去舊書市買書，或給顧客送書；清晨五點起床，穿上藏青色的細筒褲，在早飯前去客人那裏買舊書。當時，舊書市每周開三四次，再加上原版書市，幾乎每天都有。沒有書市的日子，岩波穿着草鞋，從早上開始轉本鄉、早稻田、青山、三田的舊書店，訂貨或買些似乎能在神田賣得不錯的書回來。有時，他累得一上二樓——當初二樓是岩波一家的房間——便躺下，長出一口氣；有時，他大汗淋漓地回來，對妻子感嘆道：「啊！勞動是多麼神聖啊！」開始時，他是把書放到包袱裏背着，後來才買了帶貨箱的車子拉着出去。曾經玉石混淆、貧乏寒酸的書架也漸漸地充實了起來，但是，岩波對往來舊書市場的熱情並沒持續太久。

除銷售舊書外，岩波書店特別標榜的是銷售聖經，讓橫濱的聖經公司直接寄來。這正如岩波自己所說，其原因是由於內村鑑三的教誨，使他非常尊重聖經。當時的一個插曲：去書店時，一度經常看見一個吊眼角、高顴骨，乍一看長相與眾不同的男子在店裏，他就是聖經銷售的經紀人島倉儀平，後來成為震動報界的殺人狂。在新刊雜誌中，內村的《聖經的研究》很早期就擺在店裏賣了。對於自己特別敬愛的作者、特別想賣的其他新刊，岩波便讓出版商寄來。除《聖經的研究》外，當時岩波愛讀的還有《婦人之友》和同鄉島木赤彥（久保田俊彥）編輯的《ARARAGI》——一九一四年五月為經銷商，翌年三月成為發售商——每月都在店前打出廣告牌宣傳。當時，內村為感謝岩波的厚意，曾說要在岩波書店前就讀書的必要性舉行演講。一九一五年時，岩波就從名叫良明堂的經銷店購入新刊雜誌，而從一九一七年起，也有為日比谷圖書館進書，所以可能在此之前，岩波書店基本上也銷售新刊了。

岩波還開創了面向地方的郵購，那是開店一兩年後的事情了。郵購建立在相互信任的基礎上，自己店裏的書自不必說，還代理郵送其他書店的書，薄利或是無利，更經常自掏腰包，為讀書人迅速、周到、低廉地提供便利，是一件奉獻性的工作。儘管如此，有地方上的人仍然因書沒到而喊他們是賊。對於這樣的人，岩波曾爽快地說，您也是從事教職的人，卻不辨真偽，說別人是賊，今後，我們拒絕和不信任他人的人做交易。岩波也像口頭禪一樣常對妻子說，書店的根本不應該是金錢，首先必須要信任。這種郵購業務，其中本店發行的書由於第二次世界大戰時紙張匱乏、無法出版而中斷；其他書店的書，尤其是舊書，則於一九二零、二一年停止。

開店當初，雜誌習慣打折銷售，但有個店員不熟練，而將旅遊指南也按定價出售了。由於不知道對方是誰，岩波還曾考慮在報紙上登廣告道歉。岩波的這種態度，雖然容易被人說是小題大做、偽善，但岩波確曾這樣認真地考慮過。

當時，早稻田大學哲學系畢業、曾擔任小學老師的房州人鈴木峰吉等四個小夥計在店裏做店員，還有神田高等女校的畢業生及吉田圭等熟人幫忙。一般在晚上十一二點關店，完成一天的帳目核算後，岩波或叫來砂鍋麵條，或去路邊小店和大家一起吃關東煮。店裏沒有盈餘，無法支付像樣的工資，令岩波覺得很過意不去，店員們卻沒有牢騷，忠實地工作着。當然，其中也有一個人由於不滿而離店。

但是，在斷然實行這些售書方法的短時期內，岩波仍屬「士族經商，賠個精光」，書店的效益始終無法提高。為此，岩波請來以前寄宿那家的兒子淺賀正美做郵購主任，認為他是個認真踏實的人。淺賀對書店這種清高的方針感到不安，便引用熊澤蕃山的話「武士就要像個武士，商人就要像個商人」，建議岩波改變書店的做法，但岩波並沒同意，他便辭職了。

儘管遇到這些困難，岩波書店還是漸漸地得到世間的認可，博得了信任。雖說郵購業務也是苦勞多功勞少，但它使地方認識了岩波書店，對打造岩波書店的基礎，出乎意料地起到極大的間接作用。

就這樣，原來預計岩波書店早晚會倒閉的以往的舊書商們，都驚訝地睜大了眼睛。而這期間，岩波作為商人還做了件世間的舊書商，或從教員轉行的商人絕對做不到的事。一九一三年，同文館在神田大火中局部燒毀後，將那些被水澆過或被煙薰過的書集中到書市，岩波沒通過投標，而是通過直接交涉，全部高價買下。當時，同文館出版了幾種哲學、商業、教育等百科大辭典。岩波的膽大無謀使同行震驚，但岩波將這些書拿到書市上賣，又掛上大大的牌子在店裏賣，總之將它們都賣出去了。那時，舊書店串通要以一冊五日元買下的書籍，岩波以八日元八十錢購得，經過修繕等處理後，以十五日元賣掉。他還買入《大英百科全書》三十五冊，這在當時也是大膽的做法。但岩波購買的書並不都是完整一套的，也有零散書籍，雖然這些零散書籍也拿到書市上去賣，但由於缺失過多，據說並沒賺到錢。另外，當時很便宜的《古事類苑》，他以二百多日元中標，創下高價紀錄，令行家們震驚。

開店第二年的一九一四年九月，即開店一年多後，岩波出版了夏目漱石的《心》。但實際上，在此之前的開店當年年末，他還受人委托，關照過蘆野敬三郎編《宇宙的進化》的自費出版。就這樣，書籍銷售和出版並行或交錯，但首先，讓我從書籍，特別是舊書的銷售開始整理吧。

開店後的重大事件，便是從大正三年（一九一四）末到第二年年初，岩波書店一手代辦台灣總督府立圖書館一萬日元的圖書採購。那時，前帝國圖書館司書長，兼日本圖書館協會會長太田為三郎是那裏的館長，後來他也從岩波書店出版了《日本隨筆索引》，但當時，他與岩波無一面之交，卻在和日比谷圖書館館長今澤慈海商量後，選擇了岩波書店，可見當時岩波書店的信用在有心人當中已經存在。那時，官廳規定採購一千日元以上的貨品時必須招標，太田在預先取得長官的諒解後，借用附近書店或個人的名字，準備好手續後，才提交了付款申請書。岩波盡最大可能提供了方便，當時，書雖然便宜，但岩波可能收集了九段下書店街所有有價值的書。據説每次交貨時，對方都吃驚地問：「書這麼便宜就能買到嗎？」實際上，岩波的價格比其他書店便宜兩成以上。以後，岩波書店繼續被指定為該圖書館的圖書供貨書店。但是，當時的一萬日元是個大數目，恐怕相當於現在的六七百萬日元，岩波的購書資金不夠，便請求在出版《心》時得到知遇的夏目漱石籌措三千日元，沒想到漱石即刻答應，將所持股票借給他，岩波將股票作為抵押，從銀行借到了錢。漱石並不介意，可漱石夫人主張必須要文契或其他手續，這本是理所當然的事，岩波卻覺得意外，可見他那時還缺乏普通的商業常識。從那以後，岩波也經常從漱石那裏借錢。

之後，岩波書店就一直為圖書館供貨。一九一七年，應岩波所願，開始為今澤任館長的日比谷圖書館提供新刊書籍。如前所述，岩波書店認真查找書籍缺頁，圖書館方面免去了一本一本查找缺頁的繁雜，得到了極大的方便。但一兩年後，岩波以東京市拖延付款，書店為利息所苦為由，謝絕了供貨。這可能真是由於為利息所困，也可能是因為憤慨於官廳該付的錢不早些付的態度，這也是具有岩波特色的商業類型。不過，據説在奧田義人擔任市長的時期，由於支付速度快，岩波還曾非常感激。後來，岩波書店又為山口圖書館供書，該館館長是經常翻譯左翼書籍的佐野文夫的父親。大約在一九一六、一七年，岩波書店由於報價單及付款申請書中每本書的價格與總價不符，經常出現過多或過少的情況，因此遭到該館的訓斥。這也說明強將手下無弱兵，店員和店主同樣疏於計算。

再插一段當時的軼聞：開店不到一年的一天早晨，岩波帶着店員淺賀，騎着自行車去了三田四國町的小宮豐隆的家。回來的路上，在下御成門的坡路時，淺賀不小心和人力車相撞，將乘客摔出去，車夫也摔倒了。車上的乘客名叫須田信次，是高田商會的要員，他的頭後部跌傷，牙齒也折了兩顆。當時，走在前面的岩波已不見了蹤影。淺賀被叫到了愛宕署接受訊問，這時，不知道什麼時候，岩波已換上長禮服、戴着圓禮帽突然出現，並誠意道歉，說是自己讓自行車騎得還不熟練的店員出去辦事，是自己的錯。警察讓雙方協商，結果雙方無條件達成了和解。後來，岩波買來漂亮的桐木火盆送到須田府上，並表示了歉意。他偷偷地離開現場，回到店裏穿上長禮服，可能也是為了不讓警察將責任推到自己身上，其機敏可想而知。但岩波穿着長禮服，一個勁兒地向警察認真道歉的樣子，又是多麼滑稽啊！

第五章／出版事業

一　創業時期

——處女出版《心》、《哲學叢書》及《漱石全集》

很難斷定，岩波在開辦舊書店之初，是否已打算從事出版，可能是在開舊書店的過程中，逐漸產生了這樣的想法吧。據進省堂店員吉田三五郎說，岩波常說開舊書店後，對出版界的情況有了詳細的瞭解，他還說，來舊書店的客人比新書店的客人眼界高，開舊書店為從事出版業提供了參考等等。由此看來，岩波從事出版業的意志可能是自然而然產生的。

這樣，岩波在開舊書店不到一年後，便開始了出版事業。出版和舊書銷售一度並行，但舊書銷售日漸衰退，其最活躍時期大約持續到一九一八、一九年，只有新書銷售持續到現在。

夏目漱石自費出版《心》，為岩波的事業成功打下了基礎，這是不可否認的。在此之前，可能是在開店之初吧，岩波想請漱石為自己的書店寫招牌，便要我一起去漱石家，這是岩波第一次拜訪漱石的書齋。漱石當即應允，寫下大字「岩波書店」。這時寫的字用於店內的匾額，而屋頂的招牌是用金字模仿的。可無論是匾額還是招牌，均在一九二三年的關東大地震中燒毀了。

《心》是漱石自費出版，同時岩波說這是書店的處女出版，外界也是這樣說的，時間是大正三年（一九一四）九月。同年八月，日本向德國宣戰。而在此之前的一九一三年末，如前所述，在岩波的關照下，蘆野敬三郎自費出版了《宇宙的進化》。蘆野是我妻子的叔父，後來成為了田邊元的岳父。他是研究天文學的物理學學士，時任海軍大學教授，也是一個與眾不同的人。《宇宙的進化》是他根據芝加哥大學教授喬治・海爾的原著編撰而成的。如果説漱石的自費出版是岩波的處女出版，那麼《宇宙的進化》或許就是前處女出版。本來，在岩波請求出版漱石作品的時候，其他人已在沒完沒了地請求漱石了，漱石也想嘗試自費出版一個作品，便出版了《心》。不管怎麼説，初出茅廬的書店出版了當時一流的流行作家的作品，獲得了世間的信任，後來又繼續出版了《玻璃門內》和《路邊草》，為日後出版漱石全集打下基礎。相比而言，蘆野作品的出版只是受人之托、公事公辦，並未對日後的岩波書店產生影響，二者的差異非常明顯。但是，《宇宙的進化》在印刷時，在詞與詞之間留出間隔，也顯示了蘆野一流的構思。

岩波非常感激《心》的出版，全部使用好材料，盡力做得出色。對此，漱石勸誡他不要做過頭，經常教訓他。但看起來漱石也對自費出版很感興趣，在裝幀方面還嘗試採用中國古代石刻文的拓本。漱石死後出版全集時，經種種評議，最終也沿用了這種裝幀。順便説一下，漱石自己裝幀的只有《心》和《玻璃門內》。根據雙方的合同，初期費用都由漱石負擔，岩波對此進行償還，還清後，每半期計算收益，雙方平分，因此也可以説這是岩波和漱石的共同出版。兩年後漱石去世，為擺脱共同出版的繁雜，《心》也成為岩波書店的普通出版。剛出版《心》時，作為心意，岩波送來一張三尺見方的桌子。漱石毫不客氣地說桌子不好，岩波就爽快地說，不好的話我就拿回去了，拿着便要走的時候，漱石又一本正經地說還不至如此，周圍的人都笑了。

一九一五年二月初，堤常在岩波的誠邀之下進店工作。自此三十餘年間，他作為岩波書店的經理人和支柱，彌補了岩波的缺點，雖缺少積極的才幹，卻不求個人的功名、權力、利益，至始至終地、誠實地甘做一個無名英雄。後來，他的妻子久子也成為會計主管，夫婦二人共同增強了客戶及作者對岩波書店的信任。久子擔任會計是在五年後的一九二零年七月五日，受岩波之托保管的包括郵政儲蓄和銀行存款，金額共計一萬八千日元，據說岩波還讓她寫了保管憑證。

在早期的出版中，其重要性不在《心》之下的還有《哲學叢書》。岩波書店被冠以哲學書「肆」，其根本原因也在於該叢書。而在關東大地震後，也是由於該叢書的銷路，書店才有能力捱過昭和初期的經濟蕭條。叢書的出版資金來自村井銀行的融資，岩波申請了一千日元，最後借到七百。如果從銀行一分錢也借不到，就打算放棄這次出版，當時他就是帶着這樣的思想準備向銀行借款的。該叢書的裝幀採用灰色木棉，開創了裝幀界的新紀元。叢書的完成狀況雖良莠不齊，十二卷的銷路也甚有差異，但它給日本的思想界，尤其是年輕學生帶來的影響，可以說和它的銷路一樣大。在此之前，哲學一向不被注意，可就是該叢書，竟一時間開創了哲學，或者說哲學書的流行時代。該叢書出版於大正四年（一九一五）十月，正值第一次世界大戰爆發的第二年。據岩波自己說：「正值我國思想界的混亂時期，我想這種混亂來自於哲學的貧乏，出版叢書的目的正是為普及一般哲學知識。」當時，德國的倭鏗、法國的柏格森，還有印度詩人泰戈爾的書籍等廣為誦讀，在我當時寫的有關發行宗旨的宣傳中，也寫道：「倭鏗、柏格森、泰戈爾，思想界的送迎亦極繁忙。」——開店匆匆兩年多，岩波還經常讓我寫其他的宣傳資料——總之，在日本的讀書界，開始興起了對文化和哲學的興趣。針對十九世紀後期蔑視哲學、偏重科學的情況，「回歸康德」的新康德派，即西南學派的文德爾班、李凱爾特，馬堡學派的柯亨、那托爾卜等的哲學，立足於康德的批判主義，在大力倡導其認識論要素的同時，促進了作為文化自我批判的文化尊重哲學，以及尊重認識主觀的觀念論哲學在日本哲學界的流行，沒料到岩波恰好抓住了這一機遇。

叢書的編輯是岩波自一高以來的摯友阿部次郎、上野直昭及安倍能成，參與商議的教授有西田幾多郎、朝永三十郎、桑木嚴翼等。原本我們沒打算得到教授們的幫助，編輯三人皆為「布衣」。由前輩編寫的只有紀平正美的《認識論》、速水滉的《邏輯學》。以一九一五年九月出版的《邏輯學》為開端，田邊元的《最近的自然科學》、宮本和吉的《哲學概論》、安倍能成的《西洋古代中世哲學史》、速水滉的《邏輯學》、石原謙的《宗教哲學》、阿部次郎的《倫理學的根本問題》、上野直昭的《精神科學的基本問題》、阿部次郎的《美學》、安倍能成的《西洋近世哲學史》、高橋穰的《心理學》，最後是高橋里美的《現代哲學》，於一九一七年八月出版，兩年間完成了全部十二卷。作者幾乎都是明治末期二、三年間東京帝國大學的畢業生，在當時都是新鋭。此等書籍大多是對西洋著作的解釋或講述，但它們對滿足時代對哲學的要求起到了作用。其中，稱得上自著的可能只有紀平正美、田邊元、高橋穰、速水滉等人的著作吧。嚴密地説，該叢書才是岩波書店的處女出版，岩波還有我們這些編輯都擔心叢書的銷路，希望哪怕能賣一千部就行。正如進省堂的吉田也説，岩波最傾注心血的就是《哲學叢書》。沒想到，它大受社會的歡迎，為全部十二卷準備的紙張，在發行第二、三卷時就用完了。它在二十幾年間廣為誦讀，在重複了幾百版的書中，該叢書可能佔了大半。其中，銷量最大的是速水滉的《邏輯學》，至一九二六年賣了七萬五千冊，至一九四一年賣了九萬冊，在岩波在世期間，銷量達十八萬冊之多。

繼《哲學叢書》之後，大規模出版的還有大正六年（一九一七）末的《漱石全集》。而在此期間，還出版了龐加萊的《科學的價值》、李凱爾特的《認識的對象》等當時有問題的哲學譯著（一九一六），又出版了辭去內務省官吏、步入基督教信仰之途的藤井武的《新生》（一九一六）。除此之外，比較重要的還有倉田百三的處女作《出家人及其弟子》（一九一七）、西田幾多郎的《自覺中的直觀與反省》（一九一七）、鳩山秀夫的《日本債券法總論》（一九一六）等。鳩山的這部著作至一九四一年賣了九萬三千冊。齋藤茂吉、和辻哲郎、野上八重子的著作也已在此期間問世，較大的書還有學士院藏版的《伊能忠敬》（一九一七）等。當時，倉田還是無名青年，臥病於鄉村，他將書寄給素不相識的岩波，請求予以出版，並因這本書一躍成為文壇寵兒，但開始的八百部是自費出版，後來才由岩波出版。另外，一九二一年倉田的評論感想集《愛與認識的出發》和一九一八年阿部次郎的《合本三太郎的日記》，深受廣大青年學生的喜愛。《出家人及其弟子》在後來被收入岩波文庫之前，銷售近十五萬冊。西田在此之前已出版了《善的研究》、《思索與體驗》等短篇著作，而這部《自覺中的直觀與反省》是成為他體系性著述之始的大作。恰逢他在京都帝國大學得到職位，為他提供了便於思索與研究的生活，這部著作也是他過上這種生活後的第一部著述。自此，在西田哲學確立及普及的同時，他的著述也源源不斷地全部由岩波書店出版，直到他去世。鳩山和岩波自一高時代便建立了友情，當時他是新銳中一流的民法學者，頭腦清晰、說明敘述達意，後來還出版了《日本債權法各論》上中下（一九一八、一九、二零）。幾乎與此同時，還出版了當時的新銳法律學者穗積重遠的《親族法大意》，為社會所用。此後，岩波書店還出版了松本烝治、中田薰、田中耕太郎、我妻榮等人的佳作和大作，又出版了基於新法案而編的《六法全書》。岩波書店作為既有的法律專業書肆以外的法律書籍出版商，在業界佔據重要地位，其開端可以說就在這一時期。

但是，岩波書店獲得成功的最重要的契機，無疑是《漱石全集》的出版。大正五年（一九一六）末漱石去世後，全集的出版由弟子們策劃。但在出版《心》以前，漱石的大部分著作是由春陽堂出版的；《我是貓》、《行人》和短篇集《漾虛集》及《文學論》則由大倉書店出版；此外，漱石的選集《色鳥》一冊由新潮社出版，這是新潮社的創辦人佐藤義亮（橘香）親自讀過漱石全部作品後嘗試出版的選集，漱石曾高興地向岩波談及此事，岩波卻不服氣地說：「那種事我也能做到。」我對此倒有些懷疑。《色鳥》原本就沒有競爭力，可捨棄春陽堂、大倉書店而讓岩波做出版商，還是相當困難的。當時，森田草平和鈴木三重吉由於以前的私人關係，想讓春陽堂出版，但岩波堅信，由自己出版無論是為日本還是為夏目家都是最好的。漱石的遺孀和小宮也贊成，因此，岩波以「漱石全集出版會」的名義，在事實上承擔了出版工作。在當時，這是罕見的大型出版業務，春陽堂和大倉書店缺乏敢於冒險的膽量，也是岩波最終成為出版商的理由之一。那時，我也清楚地看到，當岩波的道義感和立功揚名的本能相吻合時，他是不顧一切的。名列全集編者的有寺田寅彥、松根東洋城、森田草平、鈴木三重吉、小宮豐隆、野上豐一郎、阿部次郎、安倍能成八人。能夠完成如此迄今為止最為完善的全集，還因為小宮豐隆對漱石的喜愛，以及由此付出的真摯、細緻的努力。除了森田兼為生計從事校對，內田榮造（百閒）等人協助校對外，其他的人實際上沒起到太大的作用。但是我在這些任性的編輯中，倒做了一點斡旋工作。森田當時承擔了校對工作，這樣的全集的編輯和校對是非常龐大的工作，而岩波對此仍然缺乏理解。對於全集在預定時間內沒能出版，岩波對印刷公司和校對者深感不滿，這種不滿有時就反映到對方，特別是感性的森田身上。作為當時最好的活版印刷所，岩波選擇了築地活版所，那裏的社長野村宗十郎常說岩波神經質，這確實也是岩波的一面。可在其他方面，例如《書簡集》及其他書遠超預定頁數等等，岩波卻毫不介意，並沒改變預訂價格（在出版圖書前，先徵集購讀者，圖書出版後，只將出版物賣給申請預訂者。預約出版制多用於全集、全書等大部頭書籍，可以預測準確印數，減少製作大型作品時的成本浪費。——譯註），這也是岩波式的做法。

第一次全集的預訂超過四千部，第三年，即大正八年（一九一九）十月的第二次預訂達到六千五百部，這在當時是出乎意料的好行情。關東大地震的第二年，即大正十三年（一九二四）六月，又進行了第三次預訂出版。上述三次都以出版會的名義出版，而一九二八年三月出版的普及四六開本的《漱石全集》二十卷，則以岩波書店的名義出版。關於大倉書店起訴此次出版的始末，將在後面講述。

如果將一九一七年末發行《漱石全集》之前視為岩波書店的創業時期，那麼，其創業時代幾乎貫穿整個第一次世界大戰期間。在此期間，一九一四年有《心》等三種自費出版，除《心》以外，還有魚住影雄《折蘆遺稿》和島木赤彥詩集《切火》的委托出版。一九一五年是五種；一六年是十八種；一七年除《漱石全集》外，還有二十一種。一九一七年一月，還閃電出版了前一年十二月份去世的漱石未完成作品《明暗》。如前所述，這期間最重要的出版是《哲學叢書》，而繼漱石的《心》之後，還出版了其作品《路邊草》和隨筆集《玻璃門內》，都給書店帶來很大的益處。另外，除哲學、法學外，還出版了田村寬貞（東京音樂學校教授）的《樂聖華格納》等當時非常奢侈的書。在哲學書方面，出版了紀平正美論述自家體系的著作《哲學概論》、《無門關解釋》、《行的哲學》等數種。自然科學也有兩三種，但作者大多是岩波的熟人及其他相關人等。作者大多是朋友，這一岩波出版的特色持續了很長時間，但也不要忘記，其朋友的範圍一直在穩步擴大。這裏應當附註的是，岩波書店從一九一四年初開始承擔《哲學雜誌》的發售，一直持續到關東大地震時。還有以阿部次郎為核心的雜誌《思潮》，於一九一七年五月出版。《哲學雜誌》的編輯是宮本和吉與伊藤吉之助，岩波只負責發售，但這對岩波書店和哲學的密切關係起到了很大的作用。《思潮》在一九一九年初停刊，該雜誌最受歡迎的作品，是和辻哲郎傾注了自己對奈良藝術的感動而寫下的《古寺巡禮》，以及凱比爾的隨筆。請凱比爾撰稿出自岩波的提議，和我商量時，我說恐怕不行吧，沒想到博士欣然允諾，正巧還有合適的翻譯久保勉在身邊，因此，從東京帝國大學退職後，博士仍高興地為雜誌撰稿。這些作品不僅為日本有修養的人們所喜愛，更加深了博士留給日本的印象。此事由於岩波對博士本人純粹的敬愛得以實現，在這種意義上，不僅在出版業，岩波在其他方面也做了各種好事。可岩波後來說，他是為了出版凱比爾先生的文章才出版《思潮》，這卻是以結果取代原因的誇張之辭了。一九一七年一月，岩波購買了與南神保町十六番地的零售部相連的一棟建築，承鳩山秀夫和太田水穗的好意，賣價約二千日元。

另外需要説明的是，《漱石全集》的第一次預訂始於一九一七年末，在一九一九年六月結束。

二　關東大地震前後

由於發行了《漱石全集》等原因，書店的資金流通有所好轉。從那時到地震期間，岩波以新銳的氣勢向出版界挺進。正巧在一九一八年六月，德國發生了革命；十一月，德國與協約國簽訂了停戰條約，接着締結了和約。這時岩波表示，和深受苦難的法國、比利時兩國人民同喜是我們的義務，便掛起了日本國旗和這兩個國家的國旗，以表慶祝之意，這也完全是岩波式做法。

大正七年（一九一八）的出版僅十四種，這可能是因為《漱石全集》而忙翻天了吧。但當時煞費功夫出版的，也有由畫家橋口五葉任主編、歌川廣重的保永堂版《東海道五十三次》的複製品，還有正岡子規的《仰臥漫錄》，都是從封面到插圖完全按照原物複製的珍本，當時的定價是十二日元。我曾勸阻岩波，像「五十三次」那樣花錢多的書，可等到積累一定的資金後再出版，可岩波沒聽。當然，他後來也沒遭受損失就完成了出版。據說蘇格拉底常常聆聽神靈的聲音作為行動的依據，而那大多是諫止的聲音；我也對岩波大放禁令，但我不如神靈，很多都沒應驗，這也沒有辦法。在引人注目的出版物中，有內村鑑三的《基督再臨問題講演集》。這一年，還出版了波多野精一和宮本和吉翻譯的《康德實踐理性批判》。第二年，即一九一九年，出版了藤原正和安倍能成翻譯的《康德道德哲學原論》。一九二一年，出版了天野貞祐翻譯的《康德純粹理性批判》。再向前追溯，一九一七年出版了非翻譯作品、桑木嚴翼著的《康德與現代哲學》。這些作品都顯示了受新康德派刺激的日本哲學界對康德哲學的關注，不久後為紀念康德誕生二百年，又推動了一九二三年末《康德著作集》十八卷的策劃。一九二四年，雜誌《思想》推出了「康德紀念專刊」，而在諸家的康德及康德哲學論中，又出版了田邊元的《康德的目的論》。

此外，哲學書方面還出版了田邊元的《科學概論》（一九一八）、西田幾多郎的《意識的問題》（一九二零）、波多野精一的力作《西洋宗教思想史》（一九二一）、左右田喜一郎的《經濟哲學諸問題》、《文化價值與極限概念》（一九二二）。左右田的著作甚至一度使經濟學出現了哲學化的趨勢。在古典哲學方面，出版了久保勉和阿部次郎合作，按希臘原典翻譯的柏拉圖《蘇格拉底的申辯·克力同篇》（一九二一）。一九二二年，宮本和吉、高橋穰、上野直昭、小熊虎之助編輯的《岩波哲學辭典》問世，令岩波書店作為哲學書肆的聲譽為萬人所認可。一時間，作為《哲學雜誌》發行商並出版了較多哲學書籍的弘道館等，其影響力也薄弱了。

在第一次世界大戰中，日本「勞少功高」，在資本主義經濟極大發展的同時，勞資對立也日漸激化，以經濟生活為中心的社會問題，無論在實際上、理論上都成為了問題。關東大地震前岩波出版的作品，也反映了這一現象。社會學著作方面，源源不斷地出版了當時在京都帝國大學任職的高田保馬的著述；另外，除森戶辰男翻譯的布倫坦諾的《勞動者問題》（一九一九）外，還出版了小泉信三的《社會問題研究》（一九二零）、河上肇的《近世經濟思想史論》（一九二零），以及河合榮治郎、堀經夫等的關於勞動、經濟及社會問題的著述。河上的著述在促進了日本經濟學界的社會主義傾向一點上，具有劃時代的意義。一九二零年五月，普通選舉的輿論盛行，岩波出版了京都帝國大學教授佐佐木惣一的小冊子《普通選舉》，大大的宣傳牌掛在店前，可以視為展示出岩波的政治及社會熱情的一個例子。一九二一年，出版了普列漢諾夫著、恒藤恭譯的《馬克思主義的根本問題》。和對待其他問題一樣，在社會、經濟、勞動，乃至馬克思主義問題上，岩波也認為，首先要有正確的認識，並通過自家的出版響應這種要求。這些都基於他的社會公正的理想，以及喜好學問的精神。他不是學者，也不精通學問，但他不僅相信學問的意義與價值，還通過出版實現了這一信念。在這一點上，他是一個正面意義上的進步主義者。

從一九一八到一九二三年的出版情況可以看到，岩波書店後來出版的各門類的書籍，大都在此期間初次亮相了。在德國的文化哲學（新康德派、倭鏗等）的影響下，當時出現了很多文化和修養的標語，以文化住宅為首，文化公寓、文化洗滌的標語在街頭巷尾泛濫。而在西方的音樂及美術方面，不僅出現了唱片和照相版書籍，人們還要親自去聽世界名家——他們去美國時途經日本——演奏西洋名曲。人們漸漸地可以直接看到，由《白樺》等積極地介紹的近代美術巨匠的原著。總之，西方文化不僅是思想和觀念，還通過感觀直接進入日本。可以說，日本人在財力增強的同時，將西方文化日常生活化的程度也日漸提高。為順應這種趨勢，田村寬貞和上野直昭等在一九一六年初就已策劃《音樂叢書》，但由於程度過高、內容生硬等原因，只出版了三四卷，未被社會廣泛接受。在美術方面，矢代幸雄和板垣鷹穗關於西方美術史的講義和概論也出版了兩三卷，但在當時這方面的著述還很少。在與西方文化的親近與日俱增的同時，對西方的古典修養身體力行的凱比爾在雜誌《思潮》、《思想》（以和辻哲郎為主編，一九二一年創刊）上發表的隨筆，也博得了很多有修養的人的喜愛。匯集了此等文章的德語及日語版的《凱比爾博士小品集》，在這一時期出版了正文與續文各二冊。凱比爾在大地震前去世，據說在他去世後，《思想》立刻推出了「凱比爾先生追悼專刊」。至此為止，岩波書店雖然也出版了很多文藝書籍，卻沒有被評價為文藝書肆，這是因為大多數作家只限於岩波的朋友或有特殊關係的人，像哲學、社會科學、自然科學的書那樣，由岩波主動請求出版的人很少，這可能也由於岩波和所謂的文人性情不投合吧。或許也是因為《漱石全集》繼第一次預訂後，很快開始了第二次預訂，除漱石以外的作者，大概只有倉田百三的諸作及他推薦的作品等；後來由岩波出版了《一個叫竹澤先生的人》的長與善郎，在這一時期也推出了《三戲曲》；此外，還有岩波的朋友中勘助的處女出版《銀匙》吧。而與眾不同的著作，就有出於對羅馬字運動的關注而出版的《羅馬字哥兒》（一九二二）。至於翻譯文學，以德國的近代古典佔大多數。當時，日本哲學的大趨勢是向德國哲學一邊倒，同時在文藝方面，岩波可能也稱得上是德國文化的輸入者。至一九二五年，這些作品幾乎都被收入京都帝國大學教授藤代禎輔主編的《德意志文學叢書》，後來又編入《岩波文庫》中。岩波喜歡叢書，後來也策劃了很多叢書，這可以說，岩波作為出版商還殘存着外行的做法。另外，在當時的文學理論或者是評論方面，還出版了土居光知的《文學序說》和阿部次郎的《地獄的征服》（一九二二）。

此外，一九二二年還新出版了以京都帝國大學教授坂口昂為中心的《史學叢書》，共出版了四五卷，這些也是對蘭普雷希特等德國史學思想的介紹及翻譯。在史學方面，這一時期的優秀著述要數和辻哲郎的《日本古代文化》（一九二零）吧。

作為學問，岩波自己接觸的是哲學，但作為出版商，他希望哲學和自然科學的知識共同得到全面普及，這是他當初就有的想法。大正十年（一九二一），愛因斯坦提出相對論原理，令連不懂科學的人也感到，牛頓以來的物理學及世界觀將被徹底推翻。當相對論給世界帶來如此巨大的衝擊時，岩波書店也出版了少許相關的著述。但一九二二年秋，岩波內心視為競爭對手的、改造社的山本實彥，竟邀請到愛因斯坦於十一月來東京帝國大學召開講座。或許岩波為此感到極大的焦躁，便想通過對自然科學的實質貢獻與他對抗。這時，他邀請長岡半太郎、寺田寅彥、石原純等二十餘名自然科學學者或數學家到築地的精養軒，就科學著作的出版，請求他們助一臂之力。在此之前的一九二一年末，岩波策劃了以寺田寅彥和石原純為編輯，出版《科學叢書》及《通俗科學叢書》。在出版《漱石全集》以後，岩波和寺田漸漸熟稔，繼一九二三年出版了《冬彥集》、《藪柑子集》後，寺田的隨筆幾乎全由岩波書店出版。他不僅是有獨創性的科學家、有個性的文章家，對於信任他的人來說，他還是一個絕好的顧問。岩波之所以能夠稱雄科學書肆，在很大程度上有賴於寺田，這也是岩波本人深深感激寺田的原因。寺田死後，他的遺像也一直掛在岩波書店中岩波的房間裏。石原純作為科學界的傑出人物廣為人知，自一九二一年由於戀愛事件離開東北帝國大學之後，主要在岩波書店工作，但是他仰仗岩波的地方可能要比岩波仰仗他的地方多。他是石原謙的哥哥。

下面，我試着列舉一九一八年後到關東大地震前，岩波書店關於自然科學和數學的著述：田中阿歌麿《從湖沼學上看諏訪湖的研究》（一九一八），中澤毅一《人類與動物的比較》（一九二零），楊格著、柳原吉次譯《代數學及幾何學的基礎概念》，莊司彥六《力學》，阿部余四男《動物學講義》，桑木彧雄、池田芳郎譯《愛因斯坦相對論原理講話》，石原純《相對論原理》、《以太與相對論原理》（一九二一），池邊常刀《特殊一般相對論原理》，東北帝國大學鋼鐵研究所《金屬材料的研究》（一九二二），石原純《物理學的各基礎問題》，愛知敬一《法拉第傳》，藤村信次《熱電子管》（一九二三）等。

另外，這段期間發生的重要事情，就是後來成為岩波書店中心的長田幹雄及小林勇，相繼於一九一九、二零年進店工作。長田是由岩波的朋友兼長田的老師小尾喜作推薦的。岩波寫給小尾的對理想店員的標準是這樣的：一、堅持認真的人、良心敏感的人；二、健康的人、儀容端正的人；三、有頭腦的人、理解力強的人；四、奮鬥型的人、不服輸的人。

藉此機會，就新書的銷售價格簡單説幾句。當時，新書的發行商批發給經銷商的批發價格，一般穩健的書籍打八五折到八折；但僅在初版發售時，特稱為「入銀」，還要再打五分的折扣批發給經銷商。經銷商從中收取三分到五分的手續費後批發給零售商，零售商從自己兩成左右的佣金中，打若干折出售，一般是九折。岩波的意見是：如果零售商要打九折賣給讀者，那一開始就將打九折後的價格作為定價就好，不應決定定價後再以更低的價格出售。因此，他要求在自家出版物的版權頁上寫明按定價銷售，對於不執行的地方就終止交易。

一九一七年，由於這一主張違反以往的習慣，出現了反對的意見。開始時，學生即使到出版商的岩波書店來買書，書店也不打折銷售，但如果在別處買到打折的書，就視而不見，稍作妥協。結果，岩波一直堅持該主張，這一主張也漸漸得到認可。但該主張最終被採納作為書商聯會的規定，新書開始按定價銷售，則是從一九一九年十二月一日開始。

應該支付的錢一定要按約定日期支付，岩波本人在徹底執行這一方針的同時，也執行着該收取的錢就要嚴正地收取這一方針。他也想在自己的生意中執行這樣的方針，但困難很大。可像《哲學叢書》那樣銷路好的書經常缺貨，因此，也有零售商甚至會將僅僅一錢二厘的利潤降到一錢。由於出版了很多穩定的、銷路好的作品，同行們也逐漸對岩波的理想表示敬意。面對如此盛況，岩波説出了這樣的豪言壯語：並不是覺得這樣做會賺錢，只是認為日本需要新的哲學修養，才斷然出版哲學書籍，不料卻受到歡迎。

可能是這一時期的事，岩波從博文館出資的洋紙店博進社買紙，對方考慮岩波是初出茅廬的出版商，明明其他出版商都兩個月付一次款，卻要求岩波書店一個月付一次。在準確付完款之後，岩波説，在你肯和我進行正常交易前，我是不會和你聯繫的，等你能夠信任我時再來。就此斷絕了和博進社的交易。面對那些對自己的承諾沒有誠意的人，岩波表現出極大的憤慨。

一九二二年，日本的股市危機引發了全面危機，但出版界在第一次世界大戰的影響下，繼續保持繁榮。岩波書店發行的書籍全部受到好評，書店狀況日漸繁盛。同年十一月，岩波在小石川購買住宅，這也是顯示書店繁榮的一個事例。

一九二二年正月，石本惠吉創辦大同洋行。針對當時一手承辦外文書籍、以專橫著稱的丸善，他宣揚要提供廉價、便利的外文書籍。岩波立即對此產生共鳴，聲援石本。但後來，岩波看出他的宣揚只是利己主義的手段，便發表聲明，取消了聲援。這是岩波看錯人的一個例子。

在大正十二年（一九二三）九月一日發生的關東大地震中，岩波書店位於神田神保町十字路口附近的兩棟書店、今川小路的三棟自家倉庫、有樂町的印刷廠等全部燒毀，加上燒毀的書籍，據說損失高達八十萬日元。但是，重要文件在店員們忘我的努力下得以全部搶救出來，原稿也安然無恙，深受作者感激。這時，岩波書店的支持者、北海道的奈良農夫也寄來了整套《漱石全集》以及若干匯票，說道：赤身露體沒法幹活，用這些錢買條兜襠布什麼的吧。這部全集成為大地震後搶先問世的《漱石全集》的原本。我當時正好住在小石川小日向水道町的房子中，這棟房子原本是朋友中勘助的，後轉為岩波所有，它同岩波的住宅都在大火中殘存下來。災後，我馬上見到了岩波，在岩波當時的激動情緒中，我甚至感到了異常。二十多名店員及家人均沒有生命危險，岩波對此非常激動、感激，重新振作的情緒高漲。這時，我也感到，岩波的生活的確需要這種強烈的刺激，並深感他在這時最能體會到生存的價值。那時，我打算作為作者，通過降低版稅來挽回岩波的部分損失，便着手和一些重要的作者商量，首先找了波多野精一，並徵得了他的贊同，可岩波對此不屑一顧。在震後出版的《思想》十一月期刊中，他發表了「謹告」，表達了要赤手空拳走向復興的信念。他還對小熊虎之助說：「這下更精彩了，從頭做起，一定能幹大事。」他又對中村白葉說：「就想成再次回到起點，沒什麼了不起的。」據說他邊說邊下意識地拭着自己的光頭。岩波後來也坦白，「事實上，我從未體味過如此強烈的感激之情。」

靠着這種精神，在災後的十一月，岩波率先在南神保町為新建的岩波書店舉行上樑儀式。在此之前，他將小石川的住宅作為臨時事務所，復蘇的出版活動有：十月，除鳩山秀夫的《日本民法總論》上卷、高柳賢三《新法學的基調》、西晉一郎《倫理學的根本問題》、河合榮治郎《社會思想史研究》第一卷、土方成美《財政學的基本概念》外，還出版了津田左右吉的《神代史的研究》，這部著作在太平洋戰爭後引起人們的關注。年末，岩波書店還着手出版《斯特林堡全集》及《康德著作集》（全十八卷）。之後，一九二四年出版了六十餘種；一九二五年出版了近七十種；一九二六年出版了超過八十種的書籍。但是，其中多少混雜着「砂石」，這也是不可避免的。推動這些出版的原因，當然是因為在地震中，東京書店的書籍幾乎全部燒毀，讀者在精神上、感情上渴求着書籍。在那時眾多的出版物中，讓我們看一下災後大正年間整個三年的出版情況：一九二四年中期，與初版同型制的《漱石全集》第三次預訂出版；然後是《德意志文學叢書》、《美術叢書》、《音樂叢書》、《史學叢書》、《科學叢書》、《通俗科學叢書》、《科學普及叢書》、《營養學全書》、《哲學古典叢書》、《哲人叢書》、《佐藤信淵家學全集》。另外，除以前的《托爾斯泰全集》外，還有《契訶夫戲曲全集》和《斯特林堡全集》。然後又出版了鄰近遭受了震災的東京商科大學（今天的一橋大學）的《復興叢書》等。儘管岩波書店接連不斷地出版叢書，但其中也有銷售額不理想的，如《哲人叢書》，只出版了朝永三十郎的《笛卡兒》一冊；《哲學古典叢書》也於大正年間，只出版了松浦嘉一譯《亞里士多德詩學》、河野與一譯《萊布尼茨形而上學叙說》二冊後便中止了。原本，這也是因為岩波信任作者的學問良心，不厭其煩地給他們時間。然而，所謂作者就是雖討厭催促，可你若不催促，他又會覺得你對他置之不理。出版商的義務是向社會出版優秀作品，而適當、巧妙地催促作者，可以說是附加在這一義務上的義務。岩波雖然制定了計劃，但很快就忘記，又去盯住新東西；而且，當時的岩波和店員又缺少這方面的訓練和技巧，這些都是無法否認的事實。而且，這種叢書和全集的選擇需要慎重，可岩波一感到要為悠久的文化作貢獻，或是日本現狀所迫切需要的，便馬上付諸實施。無論什麼事，只要覺得好，就要自己獨佔——儘管如此，另一方面，他也説過，盼望所有人都能做出好東西，這也不是謊言——由於這種貪婪，再加上他堅信，只要創意好，就一定能成功，以及他那被大地震煽動起來的激情與暫時的繁榮，都助長他勢頭過猛。在此類叢書和全集的出版中，編輯工作及編輯是何等重要，其準備是何等不容易，這些心理準備都是當時的岩波所欠缺的。

我試着將震後到大正末年以前的書籍數量粗略分類，其中涉及社會問題、經濟問題的書籍最多，達四十種；其次是外國文學的翻譯、研究、評論，三十八種；科學，二十八種；音樂、美術、考古、建築，共二十五種；哲學，二十三種；政治法律，十九種；現代小說、戲曲、和歌，十七種；日本的古典及其研究，十種；隨筆及其他，九種；史學，六種；宗教，五種；語言學，二種（田中秀央的拉丁語法）；以及《日本隨筆索引》。當然有些書無法進行明確分類，以上僅供瞭解概況而已。災後，經濟及社會問題逐漸變得迫切，這類書籍的數量之多便是對這種傾向的肯定。哲學和科學書籍的數量多，是由於岩波書店的特色是哲學書肆，也顯示他尊重作為文化根底的哲學，同時也可看出他致力於科學的進步及科學知識的普及。

在外國文學中，德國和俄羅斯較多，法國可以說幾乎沒有。在經濟及社會方面，有實踐家井上準之助的《我國際金融之現狀及改善策略》，及小泉信三明快簡潔的佳作《近世社會思想史大要》。在法律及史學門類中，有中田薰和三浦周行關於日本法制史的研究，上田整次的遺著、特殊的專業研究《沙翁舞台及其變遷》，及津田左右吉的著作、後來引發訴訟問題的《古事記及日本書紀的研究》。在哲學方面，有田邊元的力作《數理哲學的研究》及三木清的處女作《帕斯卡的人類研究》。在科學方面，有石原純關於物理學及自然科學的理論著述，以及由本多光太郎主持、東北帝國大學金屬材料研究所所員的關於實驗研究的著述等。另外，關根秀雄翻譯的《伯呂納吉埃爾法蘭西文學史緒論》出現了問題，由於林達夫激烈地指出其中的誤譯，在和譯者協商後，決定毀掉七百部，重新翻譯的譯作被收入《岩波文庫》。雖然這和更換缺頁書籍一樣，可顯示岩波作為出版商的良心，但同時，要完全沒有誤譯幾乎是不可能的，而且必須考慮到一些解釋會因人而異，因此，這樣的處理就多少顯得有些簡單化了。同時，這樣的處置可能也給岩波出版的譯作招來了嚴厲的批評和指責：說得那麼嚴厲，結果又怎樣？另外，還有三四種是對其他出版商的出版物進行的改版。當時，由於在學界嶄露頭角的小泉及高橋（誠一郎）等人的關係，也出版了慶應義塾大學教授們關於政治經濟的著述。以上所述，便是震後三年間的狀況。

此外，當時出版界還發生了一件事，《凱比爾博士小品集》的德語原文在德國製版，加上紙型費用等共計四一八馬克（當時一日元相當於一點八七馬克）送到了德國大使館。另外，一九二四年七月，岩波通過他的朋友、中華民國要人蔣方震，向北京松坡圖書館寄送了一九二三年後出版的所有哲學、歷史、文學、社會、心理圖書，收取貨款四百日元。

從一九二六年三月起，岩波書店改變以往記流水帳的外行做法，採用複式計帳。這樣，店裏的經濟動向一目了然，為業務的運營帶來了方便。這樣繁雜的工作之所以能在短時間內完成，有賴於當時第一銀行的要員、岩波的朋友明石照男推薦的該行行員曾志崎誠二（後成為該行要員，現任第一信託銀行行長）的指導，還由於岩波書店的會計負責人，即堤常的妻子堤久子的極大努力。自一九一七年末，岩波書店在丸之內設立支店起，便和第一銀行有業務往來，後來還從第一銀行融資。岩波將明石和曾志崎視為岩波書店的財政顧問，遇事經常與二人商量，二人也為他提出建議，這種關係後來也一直持續下去。明石於去年過身，曾志崎在岩波去世、公司成立以後，擔任公司的監察人，直至今日。

讓我再回到前面。遭遇大地震後，岩波勇氣倍增，同時，他斷然否定地震當中朝鮮人發起暴動及非法入室的傳聞（震後一片混亂中，朝鮮人放火搶掠的流言甚囂塵上，激發了日本人對朝鮮人的不信任和衝突——編註），也顯示出他的偉大之處。龜井高孝説，在當時遇到的熟人中，岩波是唯一持否定態度的人。後來，發生了朴烈事件，朝鮮人朴烈和他的妻子金子文子二人，在地震後的九月二日被拘捕，岩波對二人隨後的失蹤深感憂慮，這些都是他同普通的民眾或學者截然不同之處。

自昭和四年，即一九二九年起，全球爆發經濟大蕭條，而日本在大正末年至昭和初年就已出現了前兆。經濟界多事多難，而面對這種狀況，國民的決心和政府的對策也很薄弱，各種混亂接連發生。一九二七年四月二十二日，田中內閣發出了全國性延期償付的公告，中國各地強烈排斥日貨。從當年年末到第二年一月中旬，岩波和三木清一起去北京旅行，也順便去了我所在的京城（日韓合併後首爾當時的名稱。——譯註）。

震後不久，彷彿響應了岩波那種異常的興奮，書籍的銷路相當好。其原因如前所述，由於集中了日本大部分出版商的東京被燒成廢墟，出版活動中斷，令讀者深感對書籍的飢渴，而地方又在翹首企盼新的出版。雖然災後重建如火如荼，可大地震畢竟給日本經濟帶來了沉重的打擊和巨大的損害。就連對日本及世界經濟狀況不太介意的外行、要將「你能夠，因為你應該」的信念堅持到底的岩波，都在災後的第三年，一九二五的下半年，為這空前的蕭條悲嘆。一九二四、二五年，退貨嚴重，設在今川小路的大倉庫也塞滿了書。加之岩波買下了所有由震災預防調查委員會出版的各部門災害調查報告書（四六開本共六冊），並承擔發售業務，由於其專業性很強，銷路不振，使岩波蒙受了相當大的損失。上面提到的複式計帳，也是在這時採用的。據曾志崎講，震後不久進帳的二十萬日元存入了第一銀行，並以此為抵押貸款十萬日元，可到一九二五年時，已減少到三萬日元。岩波又通過無抵押方式借了十五萬日元，開始時被銀行拒絕，岩波還氣憤地說，要做好的事業卻得不到幫助，太不像話了。但是，岩波並沒有因為不景氣而給作者、紙商、印刷商添麻煩，也盡量不改變出好書裨益社會的方針，就像他後來也經常説的那樣，不是出版對方請求出版的書，而是只出版自己請求對方出版的書。在昭和初期的經濟蕭條中，支撐着岩波書店的是銷量龐大的《哲學叢書》和《漱石全集》，還有西田、田邊、紀平等人的哲學書，以及鳩山、穗積、松本等人的法律書在社會上廣為滲透。特別是《哲學叢書》，在很長一段時間裏，成為了岩波書店的「米箱子」。

三　岩波文庫與罷工

——昭和初期

關於昭和初期，首先應該提及的是《岩波文庫》的發行。如前所述，受大正末期到昭和初期的經濟蕭條的影響，日本的經濟界、進而出版界也出現蕭條。不可否認，《岩波文庫》是岩波為打出一片新天地而策劃的。在此之前的大正末年，同樣為經濟蕭條而苦惱的改造社山本實彥，為擺脱過度鋪張後的經營困境，孤注一擲地決定了一個大膽的策劃，出版一日元一冊的《現代日本文學全集》，結果大獲成功。對此，岩波立志要出版世界文學全集，可搶在岩波的策劃之前，新潮社出版了《世界文學全集》，獲得了超過前者的巨大成功。岩波的心情無法平靜，他意識到要摒棄預訂對讀者的束縛，出版讀者可自由選擇、自由購買的廉價版書籍，於是決定效仿自學生時代起就喜愛的德國雷克拉姆文庫和英國卡塞爾文庫，出版《岩波文庫》。關於出版前、出版之初以及出版後的經過，當事者小林勇和長田幹雄在雜誌《文庫》上刊載的《岩波文庫略史》中已詳盡説明，寫得非常有趣。然而岩波的作者們，特別是有實力的東北帝國大學教授們及其他人等，以無系統性、經濟上有擔憂以及廉價書會削減作者的版税等理由，反對這一策劃。而且，岩波還遭到了當時正因病休息的堤大掌櫃的反對，一時間熱情也開始冷下來。可由於年少氣盛的小林勇和長田幹雄的熱衷，以及當時恰好從京都搬到東京的、年輕的三木清等的協助，岩波乘坐的船終於帆鼓風滿地啓航了。説是小林協助岩波，實際上是小林主要奔走於作者之間，長田則守在店裏，埋頭於事務工作。時任京都帝國大學教授的波多野精一欣賞三木出眾的才華，曾經在波多野的斡旋下，由岩波出資供三木留學德法，兩三年後回國。三木的才學也為西田幾多郎所欣賞，但他由於才氣奔放和性格上的缺點，樹敵頗多，在他畢業的京都大學不得志，便來到東京，在法政大學執教。但從昭和初期起，三木作為出版的策劃人、作者選定的建言者、廣告宣傳的作者及岩波的顧問，一直為岩波書店工作。雖不能説岩波終生都喜愛三木，但他器重三木的才學，聽他的話，從結果看，可以説充分利用了他。這時，書店創立初期的建言者、顧問阿部次郎，以及《漱石全集》

出版後和岩波關係密切的小宮，都去了仙台的東北帝國大學任教；安倍去了京城帝國大學；後一輩的和辻去了京都帝國大學；作為年長者留在東京的只有茅野儀太郎（蕭蕭）和高橋穰，雖然岩波也能和他們商量，但二人都比較消極，對岩波很客氣。在這一點上，三木和意氣相投的小林，都有推動岩波的力量，勝過前二者。當然，這在很大程度上，也由於岩波意欲推動新時代發展的性格傾向吧。而店內則有堤坐鎮，相對於岩波的積極性，他基本上代表消極性，他成為鞏固書店、博得作者信任的力量，但也不能説這一定就是有益的，在岩波文庫的例子中就能看到這一點。雖不是因為同情三木，但我等都贊成文庫的發行。文庫的裝幀採納平福百穗的方案，使用了正倉院御用古鏡的圖紋。

在《岩波文庫》出版前，市面也有《AKAGI 叢書》等類似的便宜書籍，但壽命都短。而《岩波文庫》的發刊辭雖然以「真理自身願意被千萬人所追求，藝術自身希望被千萬人所愛戴」的壯大文句開始，但這部「橫亘古今東西，無論文藝·哲學·社會科學·自然科學任何種類，萬人必讀的、真正有古典價值的書」，如按每賣一萬冊只能獲利二百日元計算，一百頁的書（一個星）就必須按二十錢的市價銷售（岩波文庫的書價，按照星數分類，一個星代表多少錢，愈多星愈貴。星的數量則和頁數篇幅成比例。——編註）。而且，岩波以前慎重的計劃都被其他出版商靠「快而粗」搶先，從這一教訓來看，不能只炫耀「慢而巧」，因此特別是在現代日本「有古典價值的書」的選擇上，不免招來各種非議。但是，弓已拉開，必須快速放箭，一九二七年七月，文庫出版了第一回，這裏僅列出第一回的發售書目。

《新訓萬葉集》上下卷、《心》、《蘇格拉底的申辯·克力同篇》、《實踐理性批判》、《古事記》、《藤村詩抄》、《國富論》上卷、《濁流·青梅竹馬》、《國性爺合戰·槍權三重帷子》、《戰爭與和平》第一卷、《芭蕉七部集》、《五重塔》、《病床六尺》、《父》、《出家人及其弟子》、《櫻桃園》、《幸福者》、《號外》、《科學的價值》、《認識的對象》、《我的春天·我春集》、《北村透谷集》、《智者納坦》、《春醒》、《朱莉小姐》、《曾我會稽山·天網島情死》、《黑暗的力量》、《仰臥漫錄》、《科學與方法》、《萬尼亞舅舅》、《活死人》。

這三十一種是同時出版的，其中岩波書店發行的書籍就有十三種，這當然就使其他書店懷疑，岩波書店該不會將自己發行的單行本統統收入文庫吧？但這些本來就是值得收入文庫的書，而且也和前面介紹的、要加緊出版的緣故有關。

岩波在《岩波文庫》發刊之際寫給讀書人的文章，是由三木清執筆、岩波自己修改的。文中寫道：「近期，業界流行大量生產、預訂出版。暫且不論其廣告宣傳的狂態，那些號稱流傳後世的全集，其編撰準備做到萬無一失了嗎？對千古典籍的翻譯策劃，不缺乏虔敬的態度嗎？而且，不允許分售，束縛讀者，迫使讀者購買數十冊，如此做法就是其宣揚的學藝解放嗎？吾人對附和如此天下名士之聲且推舉之，甚是躊躇。」看到這些，我卻不能立刻熱烈地贊同岩波。岩波對此等全集的責難是恰當的，但是如《漱石全集》的預訂，即使可以辯解說它卷數少，又是同一人的著作，但也不能否定，這是五十步笑百步的說法。必須承認，在這種正義的標榜下，隱藏着岩波的積憤、嫉妒、反感。雖說如此，我也並不想一個勁兒地指責這種矛盾，攻擊岩波。但是，即使我們這些岩波的朋友對這種矛盾一笑置之，世間也總會有人將此作為岩波偽善行為的證據吧。這個話題暫放一邊，《岩波文庫》受到社會極大的歡迎，素不相識的讀者們寄來幾百封感謝信或鼓勵文章，其中一個人甚至寫道：「我將一切修養托付於岩波文庫。」岩波非常感動也非常得意，甚至說這個計劃經過十幾年的深思熟慮、千錘百煉，把自己也曾經熱情冷卻的事拋諸腦後。的確，這個計劃多年來一直在他心中，但要說千錘百煉就有點兒值得懷疑了。正如岩波後來說的那樣，能夠大受讀者歡迎，令他非常感動，認為「開書店太好了」，這的確是他的真情實感。但這裏必須說明的是，實質上，文庫是有賴當時還年輕的小林、長田的熱情和努力，還有三木的指導和建言的功勞，才得以完成的。

從《岩波文庫》的第一回出版後，當年秋天的第二回收錄了河上肇和宮川實翻譯的《馬克思資本論》。岩波為此專門起草了《岩波文庫馬克思資本論出版致辭》，其中還言及和改造社版高畠素之譯的《馬克思資本論》之間的糾葛，但由於後述的《馬克思全集》事件，河上版的資本論後來也中止了。岩波對於資本論的態度，可能也是受到三木的影響和勸導，但正如他作為出版者一貫主張的那樣，他相信，認識事物是首要之務，與其禁止不如傳播，基於這種積極的意識，岩波才開始策劃《馬克思資本論》的出版。同時，他作為不遵從戰時國策的、危險思想的宣傳者，成為軍部的眼中釘，也是起源於此。另外此時，關西方面的書籍零售商們團結起來，不銷售《岩波文庫》，理由是如果不斷發行這麼便宜的書，自家的生意就糟糕了。幸好這一舉動沒有發展到全國就不了了之。岩波書店雖然受到讀者的歡迎，卻遭到零售商的聯合抵制，這無疑也是非同小可的重大事件，但時至三十年後的今天，《岩波文庫》仍擁有生命力，這就證實了它的土壤是廣大讀者的需求。對《岩波文庫》最重要的評價，就是它尊重古典，岩波認為古典的普及程度，能直接顯示出一國的文化水平，因此，即使經濟價值高，但缺乏實質價值的書，也不能編入書庫；有時作者出於謙虛，說這種拙作就收入文庫吧，岩波反認為是荒謬的說法；即使作為單行本同意發行，也會拒絕編入到文庫中。岩波說，他就是這樣尊重、愛護文庫，並嚴加甄選的（遺作《岩波文庫論》）。但是，古典書籍未必賣得就好，更確切地說，很多書籍都賣不出去。可以說，這種煩惱從那時就有，現在也有，特別是今後，有價值的古典書籍漸漸出版殆盡，銷售就更難上加難了。《岩波文庫》得以迅速出版的直接動力，是改造社的《現代日本文學全集》，但後來改造社又推出了《改造文庫》，針對《岩波文庫》的一個星二十錢，它的定價為其半價的十錢，意圖可能就是要打垮《岩波文庫》。可岩波在甄選內容、紙質優良、印刷清晰的基礎上，又將一個星（一百頁）的分量增加到接近二星的分量，以此對抗改造社，結果獲得了勝利。

在《岩波文庫》出版的當年，值得記錄的出版物應該是《芥川龍之介全集》了。就在公佈文庫第一回出版之後，心情舒暢的岩波和信州上伊那教育會的人一起，要嘗試縱行南阿爾卑斯山（位於日本本州中部，稱為「日本阿爾卑斯」的山脈。——編註）。當時，從飯田町車站出發前，岩波接到了內容為「芥川龍之介死」的電報。岩波是在漱石書齋與芥川相識的，但並不是特別親密的朋友。這封電報之所以特地發給岩波，是因為芥川在自殺之前寫下遺書，想讓曾出版了他所敬愛的漱石的全集的岩波書店，也出版自己的全集。該全集共八卷，於當年十月出版。但因為芥川也曾與新潮社約定出版全集，故岩波又與新潮社發生了糾紛。岩波在發行前的九月，發表了《關於芥川龍之介全集出版經緯》。但新潮社搶在全集出版前，出版了新版縮印的選集《芥川龍之介集》，以此對抗岩波。另外，從這一年起歷時三年，岩波書店又出版了理化學研究所內物理學輪講會的《物理學文獻抄Ⅰ Ⅱ》。

一九二八年應特別記述的，是從一月出版的岩波講座第一回《世界思潮》（十二卷，一九二九年五月結束，第二次印刷是一九二九年六月至翌年五月）。這無疑實現了岩波平素所倡導的、向日本人普及精確的學問知識的目的，大部分筆者不是當時一流的學者大家，就是年少的新銳學者。編輯是三木清、林達夫、羽仁五郎三人。雖然不是所有書籍都能將精確的知識傳達得通俗易懂，但也可以說已將當時有水準的學問傳播給了社會。順便說一下此後的講座發行情況。第二回是《物理學及化學》（二十四卷，一九二九年六月至三一年八月），由寺田寅彥、柴田雄次、石原純任編輯，直到一九三一年五月末開始第二次印刷。第三回《生物學》（十八卷，一九三零年二月至翌年八月），由柴田桂太、谷津直秀、小泉丹任編輯，後來又出版了增訂版二十二卷（一九三二年五月至三四年八月）。第四回是《地質學及古生物學．礦物學及岩石學．地理學》（三十三卷，一九三一年二月至三四年五月），其中，地理學由小川琢治、岡田武松、石橋五郎、辻村太郎任編輯，其他由小川琢治、矢部長克、神津俶佑、中村新太郎、加藤武夫任編輯，規模龐大，但銷路不好。第五回《日本文學》（二十卷，一九三一年六月至三三年四月）的編輯是藤村作、橋本進吉、吉澤義則、山田孝雄。第六回的《教育科學》（二十卷，一九三一年十月至三三年八月）是大瀨甚太郎、吉田熊次、小西重直、西晉一郎編輯的。第七回是《哲學》（十八卷，一九三一年十一月至三三年九月），打出的編輯名號是西田幾多郎。第八回是《數學》（三十卷，一九三二年十一月至三五年七月），由高木貞治編輯。第九回《世界文學》（十五卷，一九三二年十一月至三四年五月）的編輯是野上豐一郎、茅野儀太郎（蕭蕭）、市河三喜、豐島與志雄、谷川徹三。第十回《日本歷史》（十八卷，一九三三年十月至三五年四月），是黑板勝美率領國史研究會的同仁編輯的。第十一回《東洋思潮》（十八卷，一九三四年六月至三六年十一月）由津田左右吉、池內宏、羽田亨、武內義雄擔任編輯。第十二回《國語教育》（十二卷，一九三六年九月至翌年九月）由藤村作負責。岩波期望的，是將學界一流的大家及少壯學者網羅到編輯和執筆者中，且不能落後於最新學說。對於坊間的輿論譴責，只要是有理由的，岩波也不惜採取刪除內容等有良心的舉措。另外，即使是紙張數量大幅超出預期的時候，也像第一次出版《漱石全集》時一樣，沒有改變訂價。其中，增加得最大的是《數學》最終卷，達計劃時的四倍，可仍然沒有改變預訂價格，受到讀者的感謝。下面舉兩個刪除的例子：根據《朝日新聞》（一九三二年三月）「鐵帚」專欄中霜田靜志的指正，從《教育科學》講座中刪除了宮下正美的《尼爾的學校》；又從《東洋思潮》中刪除了友松元諦的《印度社會經濟思想》，並向講座會員通報。

一九三七年七月日中戰爭（日本對華的八年戰爭。——譯註）爆發後，講座《國語教育》於當年九月完成出版。從翌年十二月出版的第十三回《物理學》，由岡田武松、寺澤寬一、仁科芳雄、石原純任編輯，克服了極大的困難，於一九四一年一月完成了二十二卷的出版。一九四零年五月開始編輯的《倫理學》十五卷，於翌年十二月逐漸完成。而一九四一年九月開始編輯的《機械工學》，儘管緊貼時局，又是應其需要，但仍不得不於一九四三年十一月在第九回中斷。其表面理由是紙張減少限制了出版工作，實際上這表明了當時軍部及其追隨者們對岩波書店施加了極大的壓力。作為貼切時局的普及講座，還出版了《防災科學》（六卷，一九三五年三月至翌年十一月）。這是在寺田寅彥的命名及啓發下出版的，除寺田外，安藤廣太郎、岡田武松、大河內正敏、柴田雄次、中村清二也協助了編輯。開始時，岩波向岡田提出的是氣象學講座，可岡田沒有同意，便請他參與《防災科學》的編輯，可它的銷路不太好。岩波不僅將岩波講座視為公開的大學講義，他還號稱，與各大學限制使用其他學校教授的講義不同，該講座從全國大學中自由選擇了最好的講師，彌補了日本大學不能自由轉校的缺陷。

一九二八年，田中內閣實行普通選舉。是年三月，岩波書店內發生了罷工，震動天下視聽。當時，在第一次世界大戰中勞少功高的日本，其產業界興旺發達，前所未有地強化了資本主義體制，也形成了勞資對立的態勢。在這樣的背景下，從大正末年到昭和初年，日本經濟蕭條，為共產黨運動提供了良好時機；再加上反對田中內閣對華政策的運動，使這段時期的共產黨活動頗為活躍。各地勞動爭議不斷，其中，如野田醬油的勞動爭議，更從前一年持續到當年四月，歷時二百餘日。在出版界，近處的巖松堂、三省堂也發生了勞資爭議，這些爭議的報道、秘密文件、公開文件的鋼版印刷傳單頻繁散發，在街頭電線杆等處到處張貼，世態騷動不安。岩波書店的此次罷工在多大程度上受到共產黨的指揮還不得而知，但當時，岩波書店從前一年開始接連不斷地出版《岩波文庫》，在開始計劃岩波講座的《世界思潮》後，又趕上當年《漱石全集》普及版（共二十卷，一九二八年三月至翌年十月）的徵訂。約六十名店員及十五到二十名小店員不得不加緊工作，夜班也要做到很晚。而僱傭狀態還是舊態，岩波雖然以溫情對待店員，但隨着業務的擴大，社會交際日漸繁忙，減少了他與店員們的私人接觸。由於人手不足而新僱來的店員中，至少也有幾個受共產黨影響的人，有關人員利用店務繁忙、店員的疲勞及不滿，首先將矛頭指向了以下兩個人，煽動對人的反抗情緒：年輕、依仗老闆的信任和自己的活動能力、有才能、勤奮，也不無盛氣凌人的作者關係主任小林勇，以及《漱石全集》主任長田幹雄。三月十二日早晨，主謀召集店員，進行煽動演説，提出十條要求：一、工資立刻增加三成以上；二、完善宿舍及衛生設施；三、支付加班費；四、對疾病等情況支付工資；五、建立離職補貼及解僱補貼制度；六、即刻解僱長田幹雄及小林勇；七、制定最低工資；八、制定加薪期及加薪率；九、幹部公選；十、制定獎金規定。後來，在聯名信上簽字時，老店員們也在「希望岩波接受上述條件，但解僱長田及小林除外」的有限條件下簽名了。這幫老店員大約有二十幾人，他們雖然撤回了岩波在小石川的住宅，但爭議團佔領了岩波書店，以岩波書店全體從業人員的名義，向店主岩波茂雄提交請願書，要求在第二天，即十三日上午十點前予以答覆，之後又以岩波拖延答覆為由，將「請願」變為了「要求」。集會以有志之士的名義，號召十條中哪怕同意其中一條的店員集合起來。對於不知情的小店員，又以小店員有志的名義，對他們進行籠絡。岩波的答覆是，會誠心考慮店員的待遇，但不同意罷免小林及長田。十六日，岩波闖進店裏，和爭議團談判，但他們仍繼續反抗。在此之前，從大阪出差回來的店員坂口榮的變化受到關注。他先是標榜中立，但在看清事態發展後，成功地分離小店員，將他們帶回了岩波在小石川的住宅，而後，形勢突變。十七日，岩波發出了致店員辭：「相信我的誠意並願與我共事者，請在今日下午二點半之前向店主或堤經理提出；在此之前沒有提出該願望者，請於下午二點半起暫且離開本店。在三月二十日中午之前，經再三考慮之後，仍未提出上述願望者，店主視為辭職。」至此，事態基本得到解決。到二十二日晚，岩波發出了解僱五名主謀的通告，後來又有一個人辭職，事件就此解決。恰巧在三月十五日，發生了所謂的「三．一五事件」，共產黨的大人物遭到搜捕。沒有主謀者預期的共產黨的支援，可能也是促使這一事件迅速解決的原因。

由於發生了勞資爭議，當時正在養病的堤也趕回來了。作者方面，除茅野蕭蕭、高橋穰、伊藤吉之助、三木清、城戶幡太郎外，還有岩波的舊知、對三井礦山的勞資問題經驗豐富的長澤一夫擔任主要指導。三木是勞資問題的理解者，參加了與爭議團的談判，但並沒有使他們滿意。另外，岩波書店的財政顧問曾志崎誠二，及與岩波交往密切的經銷店的栗田確也，也為岩波擔心。曾志崎就店員要求的工資等事項，向岩波提出了建議。岩波的同鄉摯友藤原咲平也疾馳而來，為圓滿解決此事，勸說長田及小林謝罪。但二人從開始就表示遺憾，向岩波提出辭職。我春假從京城回來時，爭議已基本宣告解決。就這樣，在這場勞動爭議中，岩波得到了眾多的友情幫助。那麼，說到主人公岩波的態度，他實在是優柔寡斷地、徒勞地同情爭議團，到最後還沒完沒了地發牢騷，說自己從以前就考慮要改善店員的待遇，並向堤說過，卻遭到了堤的反對。爭議解決後，在赤坂舉行的協助者慰勞會上，岩波又開始說堤，以至於與會者都忠告他千萬不能解僱堤。當時，岩波的態度確實令人不安、提心吊膽，儘管周圍的人都擔心害怕，事情卻不知不覺地向着水到渠成的方向發展，這的確不可思議。在這件事上，岩波自認為是勞動者的理解者、同情者。而且，作為業主，他平時就注意盡量誠摯地對待僱員，同時又自感、自責現在的待遇不夠豐厚。至少，由於報酬少及用人苛刻而發生爭議，對岩波來說是極其意外的，沒有比這更能傷害他的名譽心了，尤其是他早已留意到此事，因此才動輒就要輕率地答應爭議方的要求，又忘了自己三個月前在中國旅行，只會責怪身為經理的堤。可以說，這些都符合岩波的性格特點，表現了他的良心、名譽心和不自我反省。關於這件事，《朝日》、《東京日日》等都大肆報道；雜誌《實業之世界》（一九一八年五月期）也登載了似乎是由爭議方寫的虛構誇張的報道。

爭議結束後，一如事件發生後的常理，岩波非常緊張，睡在神保町店二樓的壁櫥裏奮戰，在店員的待遇改善、設施、安撫等方面也多加注意。

六月，繼文庫版的《馬克思資本論》後，希望閣、同人社、弘文堂、叢文閣、岩波書店五家書店又宣佈出版聯盟版《馬克思．恩格斯全集》。先前出版《資本論》是為了和改造社的高畠素之版對抗，而這次策劃讓河上肇做主譯者，表面上是由於岩波堂堂正正地主張，以馬克思．恩格斯這樣的古典著作，可以有兩種譯著，但也不能否認岩波對山本的對抗意識。河上追隨馬克思主義的熱情足可以吸引岩波，但當岩波和自己尊信的小泉信三商量時，小泉認為將河上作為德文譯者不恰當，而且他也不適合這種長時間辛苦的工作，岩波一時間也表示同意。可後來他去京都和河上會面時，可能是出於感激，竟同意承擔河上的《資本論》譯著的出版工作。當時，改造社和聯盟雙方都給馬克思文獻學的最高權威、莫斯科的馬克斯．恩格斯研究所所長里亞扎諾夫發電報競爭，小泉發表了譴責文章，認為這種競爭非常卑劣。不出所料，聯盟於六月成立，七月末便看到了岩波脱離聯盟的聲明書。其原因是岩波對河上——其理由暫且不論——倒向改造社感到激憤，同時又對聯盟書店始終依靠自己的、不負責任的態度感到厭惡。對於該出版所帶來的負債，脱離聯盟之前的部分由岩波書店和弘文堂各負擔一半，而弘文堂那部分暫由岩波書店墊付。作為聯盟的一員，叢文閣的足助素一立即給河上送去了絕交信。當時，岩波忍着在脱離聲明書中沒有公開河上的名字，但後來，由於在岩波文庫《馬克思資本論》等的交涉中反覆出現的不愉快，岩波終於在一九三一年五月發表了絕交信。但在一九四六年一月看到河上的訃告時，岩波仍誠摯弔唁，並出席了葬禮。

九月，《思想》雜誌停刊；十月，小林勇離店，獨立經營鐵塔書院。岩波起草了一封推薦信，請求作者等給予小林援助，但內心卻對小林的離店感到不滿，還曾和我發牢騷，説自己正是因為愛惜小林，才嚴厲地批評他，可他竟不解其中真意。小林曾被爭議團視為眼中釘，又不停地被岩波嘮嘮叨叨地斥責，可能是因此感到不滿；另外，他和青年作者三木等新銳意氣投合，可能也有野心想在出版界開闢新天地；可能還因為他不滿書店的支柱堤的態度；但首先還是由於他的恃才好勝、年輕魯莽吧。然而，也不能否認，小林離開岩波的培養後經歷了很多痛苦，這些經驗增強了他的力量，使他在戰後成為岩波書店的中心。

在九月寫給身處京都的和辻的信中，岩波也發牢騷：「今年是書店的大凶之年，春天發生爭議後，又發生了種種不快之事。最近，又遇到了馬克思·恩格斯的問題、『貓』的訴訟問題等。堤正病着的時候，又出現了小林離店的問題。」然後他又附帶寫道：「河上曾說改造社非常糟糕，並一再激勵我們，可這次他又成為主謀，從專攻馬克思主義的希望閣及大原社會問題研究所這些專業的書店同人社手裏，強行奪取了聯盟版（以沒錢、無法托付為由），並交到改造社山本的手上。希望閣的主人市川君說，河上向小生介紹情況，並讓我幫助他的事業，河上到底是什麼態度啊……」

上述「貓的訴訟問題」，是指將漱石的《我是貓》等作品收入全集一事。發行商的大倉書店也知道此事，並已完成了三次大型版的徵訂，但這次作為一日元書普及版發行全集時，大倉書店便以損害了自身利益為由，要求賠償三萬五千日元，這在當時是一筆巨額。大倉書店店主大倉保五郎於當年九月十日提出了該訴訟。本來，《漱石全集》以「漱石全集出版會」的名義為出版商，岩波書店和大倉、春陽堂共同成為預訂申請所。但對於徵訂工作，這兩家店都沒表現出熱情，實際上，岩波書店始終既是發行商又是發售商。到第三次預訂時，兩家書店作為預訂申請所幾乎有名無實，因此發行普及版時，僅署名「岩波書店內漱石全集出版會」，並沒體現預訂申請所的名字。但儘管如此，岩波並沒有事先通知大倉及春陽堂，這也可以說是岩波書店的疏忽。理所當然地，春陽堂就沒有參與這場訴訟。岩波請作者朋友鳩山秀夫律師為自己辯護，由鳩山事務所的草薙晉和青沼亞喜夫兩位律師主要承擔這一辯護工作，經過幾次公審後，一九三零年八月，根據雙方的商定，版權所有者夏目純一和發行商岩波茂雄二人，需於同年九月之前支付給大倉書店一萬日元，而大倉書店除《我是貓》外，還需將該書店出版的《行人》、《文學論》及《漾虛集》的有關出版的一切權利轉讓給夏目和岩波，事件至此了結。

一九二八年八月五日正值開店十五周年，但岩波看起來悶悶不樂，說沒有心情紀念。雖以名著特賣的名義舉辦了紀念活動，但因為態度不積極，又不是暢銷書，因此業績不佳，還遭到了作者們的諷刺：「我們的書也終於被當作名著了。」

順便說一下，一九二七年，儘管經濟蕭條，但岩波書店除文庫外，還出版了近七十種的單行本。哲學方面有和辻的《原始佛教的實踐哲學》、矢吹慶輝的《三階教之研究》、西田的《從動者到見者》。文學方面有武者小路實篤的《和命運下圍棋的男人》、幸田露伴的《春日曠野抄》、田中秀央的《希臘語文典》。此外，還首次出版了教科書——龜井高孝的《中等西洋史》。

一九二八年，岩波書店出版了約六十種的單行本，還出版了以德國新康德派為中心的哲學論文的譯作《哲學論叢》十九冊、河野與一譯《萊布尼茨單子論》、村岡典嗣的《本居宣長》、三木清《唯物史觀與現代意識》。除此以外，又出版了數學、自然科學、技術等著作，其中有石原純的《自然科學概論》及佐野靜雄的遺著《應用數學》。這一年對於岩波來説是多事之秋。

四 從昭和四年到日中戰爭

昭和四年（一九二九），在經歷了前一年的危難之後，受世界性經濟危機的影響，經濟蕭條進一步加劇。儘管如此，元旦時岩波仍寄出了「超然面對輿論，以平安明朗之心喜迎新年」之意的賀年卡，又為家鄉信濃教育會捐贈了二千日元。講座《世界思潮》開始第二次徵訂；雜誌《思潮》以和辻哲郎為特邀編輯，谷川徹三和林達夫為編輯，重新發行。十月，岩波買下位於神田一橋街的舊東京商科大學的名叫三井會館的建築（即今天的岩波書店總部），將編輯部和出版部遷到那裏，零售部留在原來的南神保町十六番地。總部是書店的根本，不同於商店性質的建築物，但可能岩波就喜歡那種牢固、堅實的建築吧。是年十月，預訂出版了《岩波版托爾斯泰全集》（二十二卷，一九二九年十月至三一年十月）、《露伴全集》（十二卷，一九二九年十月至翌年十二月），還出版了已去世的同鄉友人島木赤彥的全集（八卷，一九二九年十月至翌年十月）、《良寬全集》（一冊）。除七十幾種單行本外，岩波在《岩波文庫》上投入的精力愈來愈大，還出版了《岩波講座》等。其中，前面提到的《哲學論叢》、《康德著作集》、西田幾多郎的《普通人的自覺體系》等哲學著述，還有樸素的科學、工學書籍及《左千夫歌論集》等的出版，表現出岩波不為蕭條氣餒的氣魄。但不可否認，隨着財界的蕭條，出版界的蕭條也日益加劇了岩波書店的困境。米川正夫、中村白葉、原久一郎翻譯的《托爾斯泰全集》，實現了自《懺悔錄》以來岩波對托爾斯泰的感恩和尊崇之情，但銷路並不理想。然而，加上後來《岩波文庫》等出版的數量，托爾斯泰著作的普及數量還是很大的。關於《露伴全集》，其內容不全是小說，還有很多學問考證，再加上當時幸田露伴已被世間遺忘，因此銷售不景氣。對於此事，後來露伴自己也發牢騷說：「結果，岩波君既受到損失，我也不高興。」

五月，出版了三木清編輯的《續哲學叢書》，它傳承了大正初年出版的《哲學叢書》，以傳播新時代學界的新趨勢為宗旨，作者也都很年輕。最初出版的是新明正道的《社會學》及戶坂潤的《科學方法論》。但哲學流行的時代已經過去，該叢書並沒有像以前的叢書那樣受到歡迎。在經濟學方面，出版了高田保篤的《經濟學新講》第一卷，到一九三二年共出版了五卷大作。另外，還發生了文庫版《沙寧》的禁售事件。十一月，托爾斯泰的女兒亞歷山德拉·利沃夫納·托爾斯塔亞來到日本，岩波高興地迎接並熱情招待。當時，岩波出於對托爾斯泰的崇敬之情，問托爾斯塔亞是否需要幫助，可托爾斯塔亞小姐謝絕徒然接受好意。她寫了《回憶托爾斯泰》，由八杉貞利和深見尚行翻譯，並於一九三零年十一月出版。但托爾斯塔亞最終沒有在日本定居，後來去了美國。

昭和五年（一九三零）是天下漸亂的多事之秋。一月，黃金出口解禁，接着又有倫敦軍縮會議、濱口首相暗殺事件等頻發。由於黃金出口解禁，日本的經濟界直接受到國際經濟的影響。這一年，受前一年九月以來美國發生的經濟危機和大蕭條的影響，日本經濟界也愈來愈不景氣，受到彈壓後的共產主義反而在勞動者和青年學生中獲取了潛在勢力。另一方面，在否定民主主義和議會主義，想要恢復軍人勢力的少壯派中，粗疏的革新運動日漸崛起，濱口首相成為了犧牲品，於是年十一月遭到暗殺，翌年死去。

二月，家鄉人勸岩波做眾議院議員的候選人。由於誤傳岩波已經允諾，他便發表了《表明信念》一文，強調自己全身心投入出版業，表明沒有出馬政界的意願。他對於經濟界的蕭條並沒有明確的意識，只是堅持自己的正道，出版時下日本需要的好書，度過國家的危機。發現好作者並珍視他們，滿足好讀者的願望，促進日本文化，以鞏固和讀者的關係，是岩波開店以來不變的方針。而這一方針最終總是給他帶來好的結果。

在一九三零年的出版中，比較重要的是末川博編纂的《岩波六法全書》。該書與以前的六法全書不同，它通過附加參考條文和事項索引這一前所未有的做法，展現了新的出版面貌，具有劃時代的意義，為使用者提供了很多便利，因此力壓其他同類書籍，廣為使用。之後，該書又增補新法令，不斷更新版本直至今天，還引出很多效仿的書籍。

在全集中，前年（一九二八年十一月）故去的京都帝國大學教授、美學家深田博士的《深田康算全集》（四卷，一九三零年四月至翌年三月），以及東京商科大學教授、欲以新康德哲學奠定經濟學基礎的左右田博士的《左右田喜一郎全集》（五卷，一九三零年六月至翌年五月）也相繼出版。另外，又新出版了《高等數學叢書》，還有掛谷宗一的《一般函數論》和藤原松三郎的《常微分方程式論》。辭典方面，出版了伊藤吉之助和高橋穰編纂的《岩波哲學小辭典》，大阪商科大學編輯的《經濟學辭典》（五卷及索引）則橫跨至第二年發行。在全年出版的七十餘種書籍中，以類別算是哲學最多，約二十五；新舊文藝約二十；法律、經濟、政治約十五；科學十五等。在法律書中，除鳩山秀夫的著述外，還出版了我妻榮的《民法總則》，內田實著《廣重》並於翌年一月獲得了「朝日獎」。此外，還出版了後來出現問題的津田左右吉《日本上代史的研究》、九鬼周造的特色之作《「生」的結構》、木村素衛譯《費希特全部知識學的基礎等》、山內得立著《存在的現象形態》，還有對山傾注了畢生心血的大島亮吉的遺稿《山——研究與隨想》。岡田彌一郎的《日本產蛙總說》由於價高等原因，賣得並不好。這一年，還出版了大內兵衛的《財政學大綱》上卷，第二年接着出版了中卷，但大內由於所謂的「教授集團事件」受到彈壓，下卷竟未果而終。據大內說，岩波於一九二七年請他著述，後來大內由於出版《田口鼎軒全集》一事，要付給該全集的出版商同人社資金，從岩波那裏借了五千日元，後來《財政學大綱》的版稅就用作償還。

昭和六年（一九三一），黃金出口解禁引起的經濟蕭條已探谷底，年末成立的犬養政友會內閣再次禁止黃金出口，日本的財政脫離金本位制，與國際物價不協調的高物價，其勢頭比以前更甚。九月十八日，爆發了滿洲事變（中國稱「九．一八事變」。——譯註），陸軍省無視外務省，關東軍沒和陸軍省聯絡，就以統帥權的名義違抗天皇命令，踐踏國際信義，打開了日本在太平洋戰爭中遭受世界圍攻的開端。

但是，岩波書店並不在意時局的不安，出版了近八十種單行本。其中，仍是哲學（含心理、邏輯、一般文化）最多，近二十五種；科學、數學僅次於哲學，超過二十種。其中，有像寺澤寬一的《為自然科學者的數學概論》那樣學術作用大的書，這本書後來發行了近十萬部。文學有十三種；政治、經濟、法律十餘種；歷史、傳記八種。

雜誌《科學》的創刊是這一年的一件大事。岩波尊重哲學，視其為知識與文化的根本；同時也尊重科學，科學的發展和普及是他多年的志向。雜誌《科學》作為非盈利性的純學問型雜誌，時至今日仍在出版，為科學界做出了極大的貢獻。岩波同情因戀愛事件離開東北帝國大學的石原純，聘請了他任編輯主任。其他的編輯有岡田武松、寺田寅彥、小泉丹、柴田雄次、坪井誠太郎，從第二期開始，安藤廣太郎、柴田桂太、末廣恭二、橋田邦彥也加入進來。

從這一年到第二年出版的《校本萬葉集》十卷是專業書；還有藤原正編的《孔子全集》，網羅了傳播孔子之名的文章；此外還有今裕翻譯的《希波克拉底全集》，雖然這些書銷路不好，但也堪當珍奇書籍。《哲學論叢》雖然續刊，但賣出去的很少。另外，還出版了齋藤博的《麥克唐納》等。五月，由於前年與河上肇絕交，岩波宣佈停止在《岩波文庫》中出版河上譯的《馬克思資本論》、《僱傭勞動與資本》和《工資、價格及利潤》。六月，岩波以《不明所致，不得已而為之》為標題，又將此事發表在《出版通信》及《朝日新聞》上。

此外，為紀念黑格爾去世百年，還策劃了《黑格爾全集》的出版。這一年裏，出版了《精神哲學》；第二年，一九三二年，出版了《精神現象學》上卷、《小邏輯學》、《大邏輯學》上卷和《歷史哲學》。後來，在岩波生前還出版了《大邏輯學》中卷、《精神現象學》中卷、《哲學史》上卷和中卷。順便說一下，在岩波去世後又續刊七冊，才總算近於完整。

昭和七年（一九三二），發生了以海軍將校為主謀、暗殺犬養首相的「五·一五事件」。九月十五日，滿洲國成立，日本為此退出了國際聯盟。另一方面，隨着華盛頓條約的失效，日本開始大肆提倡軍備擴張。

岩波無疑對這種時勢感到憤懣，但並沒將這種時局反映到出版中，在當年近八十種的出版物中，依然是關於哲學思想的最多，達二十餘種；科學及工業有十五六種。法律書中，出版了田中耕太郎的著作《世界法的理論》第一卷，並於翌年出版了第二卷，再下年出版了第三卷。這些書作為法律學界的大作，鞏固了田中的學者地位。特別值得一提的是，以野呂榮太郎為主編，大塚金之助、平野義太郎、山田盛太郎編輯的《日本資本主義發展史講座》（七卷，一九三二年五月至翌年七月）預訂出版，這可說是反時勢的，但岩波出於對野呂的篤學的敬意，以及岩波自己平素對真實認識的倡導，斷然決定出版。但為不使其成為非法出版物，岩波通過當時的潮內務次官，徵得了警務局圖書科長的同意，並對編輯們再三提醒後才出版的。儘管如此，到第四回時，終究由於最上級的意見，突然禁止出售。但後續部分仍繼續出版，並於第二年，一九三三年七月完成，岩波曾詳細敘述了當時的出版情況。此外，石河幹明的《福澤諭吉傳》四卷和一九三三年的《續福澤全集》，都顯示了岩波對文明先覺者福澤的尊敬。內村於一九三零年去世，他的《內村鑑三全集》（二十卷，一九三二年三月至翌年十二月），可以說，也表達了岩波自學生時代起便對內村懷有的敬意和感謝。辭典方面，出版了龜井高孝、石原純、野上豐一郎編輯的《西洋人名辭典》。

而且，關於《岩波文庫》中喬伊斯著《尤利西斯》的譯作，岩波還和出版了該著作其他譯本的第一書房的長谷川進行了爭論。在哲學書方面，有顯示出西田哲學特色的西田著《無的自覺限定》，還有宇井伯壽的《印度哲學史》。作為新銳思想家、評論家，三木清的《續哲學叢書》第一卷《歷史哲學》出類拔萃，受到極大歡迎，但該叢書最終以一九三三年長田新的《教育學》結束，計劃中的七冊未見出版。科學書方面，出色的有正田建次郎的《抽象代數學》、妹澤克惟的《振動學》、小倉金之助的《數學教育史》。在這一年出版的書籍中，除《異本伊勢物語》、武者金吉編《地震中發光現象的研究及資料》等專業研究外，三井高維增補的《兌換年代記原編》，以及岡田彌一郎和馬場菊太郎的《蛙——發生》，也和兩年前的《日本產蛙總說》一樣，都是賣不出去的書籍。

昭和八年（一九三三），滿洲事變和「五．一五事件」餘燼未消，可在齋藤、高橋兩位老大臣的努力下，時局得到彌補，社會狀況一度好轉。但駐外軍部在元旦伊始便越過山海關，在華北藉機生事。在「五．一五事件」的公審中，陸海軍人都不合常理地受到輕判，海陸軍離反的情勢開始萌芽。

除《岩波文庫》以及年末出版的《岩波全書》外，該年度的出版約有六十種。在辭典方面，出版了已故齋藤秀三郎的舊著《熟語本位英和中辭典》；在全集方面，出版了慶應義塾藏版《續福澤全集》（七卷，一九三三年五月至翌年七月）；雜誌方面，新出版了《文學》和《教育》。

是年八月五日正值創業二十周年。為了紀念，從十月二十日到十一月十日的三個星期舉行了特賣活動，這是繼一九二八年的名著特賣以來第二次特賣會。

三月，春秋社擅自出版了《岩波文庫》中托馬斯．厄．肯培著、內村達三郎譯的《效法基督》（*Imitatio Christi*），其卷末的譯者聲明中還有中傷岩波的言論。因此，岩波起訴春秋社，並將文庫中的該書付之絕版。達三郎是鑑三的弟弟，但可能由於他和鑑三不和，二人斷絕了關係，他認為由岩波書店出版《內村鑑三全集》不妥，要求將《效法基督》絕版，遭到岩波的拒絕。他認為不合道理，便擅自作主由春秋社出版。對此，岩波請律師鳩山秀夫為代表人，要求一、即刻撤回分發到各書店的所有書籍（春秋社版）；二、付以絕版；三、在發佈圖書廣告的各報紙上登載謝罪文——實際上僅在《東京朝日新聞》上登載了。對於上述事件，在一九三五年六月岩波出國旅行期間公佈了一審判決，並於一九三七年十月以岩波勝訴了結。

這是岩波不顧利害、不厭其煩地強烈抵抗不正、不當之事的一個例子。

以前，書店以橋口五葉設計的甕的圖案為店標，但從這一年年末開始，決定在書籍上改用米勒的「播種者」。在回答雜誌《書窗》創刊號（一九三五年三月）的提問時，岩波說：「我本來就是農民，對勞動是神聖的感覺尤為豐富，因此，我喜歡晴耕雨讀的田園生活。也因如此，我想將詩聖華茲華斯的『生活要樸素，情操要高尚』作為書店的精神。如果有人進一步想到其意義是播撒文化的種子，那就更好了。」岩波由米勒的畫進而也敬愛米勒其人，這在前面已經講述過了。

這一年值得紀念的事業，是年末《岩波全書》的創刊。這是岩波一直以來策劃的叢書，橫跨文化、社會、自然的全部科目門類，內容精確、可信、簡明，價格低廉，堪比德國的《萬有文庫》。他在出版致辭中也説，日本學界的某些研究往往達到與西方同類水平，但學術整體的社會水準還遠不及歐美，因此，《岩波文庫》主要以普及東西古典為着眼點，而這部全書則以普及現代學術為目標。可以説，這部全書大致是公開了當時帝國大學的講義。嘗試列舉一下當年年末出版的第一期的書目和作者：文化方面，西田幾多郎《哲學的根本問題》、田邊元《哲學通論》；法律經濟等社會科學方面，美濃部達吉《行政法Ｉ》、橫田喜三郎《國際法》、中山伊知郎《純粹經濟學》、我妻榮《民法Ｉ》、中川善之助《民法Ⅲ》；自然科學、數學、技術科學等方面，山羽儀兵《細胞學概論》、鈴木雅次《港灣》、宮城音五郎《水力學》、東浦莊治《日本農業概論》、寺田寅彥及坪井忠二《地球物理學》、佐佐木達治郎《航空計器》、松澤武雄《地震》、飯高一郎《金屬與合金》、橋田邦彥《生理學》上、掛谷宗一《微分學》、西成甫及鈴木重武《人體解剖學》等。它網羅了各學科有名的專家，觸及科學的所有領域，如果看到直至一九四三年年末的全編一百一十多種的目錄，就會充分認同這一點。一九四三年僅出版了四冊，這讓人想到用紙控制等時局的重壓。

另外，和出版沒有直接關係的一件事。為紀念創業二十周年，岩波開始給文化學術各界的有功者，以及岩波所信任的人贈送感謝金，詳情將在岩波的「社會生活」一章中講述。

紀念特賣的狀況也非常好。當然，宣傳上也下了大力氣，分發附目錄的解說三萬份，在東西《朝日》、《大阪每日》、《東京日日》上打出整版廣告，為銷售店提供便利，還根據庫存數量，在考慮需求度的基礎上降價出售，最大折扣五五折、最小八三折。結果，從十月二十日到十一月十日短短的三周裏，在七五二條的發售書目中，共銷售十一萬零八百部，總價達十八萬二千日元，這在當時確實是罕見的銷售額。銷售數量最多的是鳩山的《日本債權法總論》及《日本債權法各論》上下，而銷售額較大的則有藤岡作太郎的《國文學史》、九鬼周造的《「生」的結構》、夏目鏡子的《回憶漱石》，以及和辻哲郎的《古寺巡禮》等。

另外，在當年的出版中，還有小宮豐隆精細周到的《芭蕉的研究》、已故增田惟茂的《實驗心理學》、菊池正士的《量子力學》、物部長穗的《水理學》、小泉丹的《進化學序講》等。其中，《水理學》是學界罕見、值得關注的著作。十一月，出版了由佐佐木惣一、末川博、瀧川幸辰、田村德治、恒藤恭、宮本英雄、森口繁治共同編輯的《京大事件》。政府對京都帝國大學教授瀧川幸辰著《刑法讀本》的思想進行了彈壓，該書就是講述了法學部教授們對此事件的抗爭，詳情也將在岩波的「社會生活」一章中講述。

昭和九年（一九三四）年元旦，岩波發出的賀年卡，其大意是：過去的二十年是基礎工程，今後將在此基礎上開展工作。這一年，陸軍革新派的傀儡荒木陸軍大臣取代了林陸軍大臣，軍人無視輿論攻擊，繼續參與政治。由於「帝人事件」的陰謀訴訟，齋藤內閣垮台，繼而產生了脆弱的岡田內閣，軍部積極實施滿洲國的帝政，在一度對抗軍部的議會和政黨中，甚至出現了軍部的同謀。岩波在回答各方關於時勢的提問時說，希望能夠出版公正嚴明、不被一切私情所左右、為讀者指明方向的圖書評論。如果說小店有任何抱負，那就是無論書籍還是雜誌，都不要有一本是為投合時世而出版。當問到今後希望出版什麼樣的雜誌時，他答道，主義理想態度始終如一，具體地說就是胸懷遠大理想，兼有立足於第一義的修養與趣味，高雅、簡潔明快的大眾雜誌；對思想界的主流有指導性的思想雜誌；正確且淺顯易懂的兒童雜誌。關於這些雜誌的理想，雖說他並沒有完全實現，但也多少實現了一些。事實上，他始終懷有這樣的理想，因此也常對自己書店出版的雜誌表示不滿。是年年末，當《朝日新聞》向他問及對一九三四年出版界的回顧及對一九三五年的展望時，對於前者，他提出，出版者應醒覺自己的社會使命；對於後者，他說當局應確立檢閱方針（無論寬嚴），讓作者和出版商徹底理解，並必須消除由於標準不足或理解不徹底而產生的不必要的精神上或物質上的社會損失。關於最後一點，他舉例道，由於標準不明或理解不徹底，以為得到了當局的理解，可到出版時又被禁止等等，這些都是源於自己的經歷提出來的願望。總之，此等提議無疑也包含了他對軍部、官憲及追隨媒體的抗議。

在這一年的出版物中，平野義太郎《日本資本主義社會的機構》是將《日本資本主義發達史講座》中的內容總結成一冊出版的，銷量非常大。而稍早前出版、被稱為名著的山田盛太郎《日本資本主義分析》卻沒賣出多少。《無名百姓的心》是日本主義思想者、理學博士河村幹雄的遺作，該書也暢銷近二萬冊。銷量近一萬冊的有齋藤茂吉《柿本人呂麿》總論篇。此外，小泉信三《亞當·斯密、馬爾薩斯、李嘉圖》、阿部次郎《世界文化與日本文化》、田中耕太郎《法律哲學概論》第一分冊等也銷況良好。文獻性質或專業書籍總是銷路不暢，由高留真三和石井良助共同編輯的《御觸書寬保集成》，以及外山英策《室町時代庭園史》等也不例外。增田惟茂的遺著《心理學研究法》等具有學問價值的書籍還是沒有銷路。

這一年出版的全集有《吉田松陰全集》（十卷，一九三四年十月至三六年四月）和普及版《芥川龍之介全集》（十卷，一九三四年十月至翌年八月）。松陰是岩波青年時代就仰慕且感到親近的志士，全集的發行固然有實現夙願的因素，而時局也利於全集的出版。又或許，岩波也想揭示松陰以及像松陰一樣的真正的憂國志士，和當時的所謂憂國志士有何不同。

此外，還出版了法學博士筧克彥為皇太后陛下進講的《神道》。岩波在其內容樣本中附上題為《發行之際》的文章，闡述了出版宗旨：在天地之大道的日本顯現的是神道，理解並遵從神道就是我等作為皇國百姓的目標。這和近來流行的與世界斷絕的、狹隘的日本精神有着根本區別。自己稟性遲鈍，很難理解博士的《神道》，但在敬畏的朋友加藤完治君的勸導下，才決定出版此書。可以想見，這本書是在岩波所尊敬的加藤的強烈勸導下出版的。同時岩波自身也是熱烈的愛國者，經常稱自己為「陛下的赤子」，也是富士山的讚美者；作為「五條誓文」的大力倡導者（明治天皇於一八六八年頒佈的誓文，揭示了政府的方針。誓文內容詳見「對時局的態度」一章。——編註），這本書的出版，也可以說體現了他要使皇國之道符合世界之道的願望。在出版《吉田松陰全集》之後又出版的《藤樹先生全集》、《本居宣長全集》等，也應視為源於他的這一宗旨。可以說，他在不違背自己信念的範圍內，沒有讓書籍違背世界潮流，更要將他們用於正道。

這一年中的特大事件，是岩波書店首次涉足教科書。此前，龜井高孝的《中等西洋史》作為教科書也受到高度評價，但按照岩波書店自己的創意和計劃出版教科書還是首次。這本書是中等教科書，題為《國語》，編輯以西尾實為主，於年末出版，給新學期做準備。一九三五年一月，岩波將出版國語教科書的理念公開發表在《東京朝日新聞》和《帝大新聞》上，他寫道，在教科書出版中，編者的自由被束縛，不能充分發揮自己的信念；出版者也很難從事有特色、有生命的出版，因此之前一直沒有涉足這方面。但是，教科書本應是國民教育的經典，尤其在今日之時局下考慮到它的重要性，遂決心向理想的教科書出版邁進。關於教科書的普及，他公開表示，鑑於教科書業界過去發生的不幸事件，他決心採用公正的方法，付出誠摯的努力。作為教科書的發行手段，他更採取了前所未有的報紙廣告這一破天荒之舉，成績非常顯著：初版從一九三四年到一九三七年，從卷一的六萬零八百到卷十的九千六百，共計發行三十一萬五千，如果一直算到後來，總計發行三百九十三萬五千，盛況空前。當時有評論說，岩波是由於單行本滯銷才涉足教科書的，但事實還是如岩波前面表白的那樣。辭典方面，末弘嚴太郎和田中耕太郎編的《法律學辭典》（總索引共五卷，一九三四年十二月至三七年三月）於年末出版。

當年十一月，經幸田露伴和小泉信三的斡旋，再加上寺田寅彥的贊同，儘管也有一部分店員反對，小林勇重新回到了書店。他的鐵塔書院雖然也敏銳地出版了一些適應時代的書，但總而言之，「放蕩的兒子回家了」。

在昭和十年（一九三五）的賀年卡中，岩波表示，從今年開始還要在學術普及和提高民眾教化方面努力，後來出版的《岩波新書》可以視為其主要體現。是年二月，美濃部達吉的天皇機關說遭到右翼議員的抨擊，並通過了「國體明徵」的表決（有關學說的內容及事件經過，詳見「對時局的態度」一章。——編註）。「國體明徵」實質是以反明徵的抽象語句危及議會的存在理由，破壞憲法。而且，軍部自身也出現了爭鬥，軍人中的知識份子、岩波及藤原咲平的同鄉、陸軍省軍務局長永田鐵山，被受過激派唆使的相澤中佐殺害。於是，針對岩波所敬愛的高橋老藏相將國力核心放在經濟力量上的主張，軍部破壞和平、為軍備不顧經濟的主張變得更加猛烈。再加上日本為歐洲納粹德國的暫時成功所迷惑，認為自由主義和議會政治的時代已經過去的、輕浮的他律思想開始抬頭。時勢與岩波的信念背道而馳，岩波書店出版的美濃部著《現代憲政評論》也受到了修訂處罰。儘管如此，岩波書店擺脱了暫時的蕭條，經濟狀況愈發好轉。而且，從一九三四年四月到一九三八年三月的圖書館協會推薦圖書中，岩波書店出版的書籍上升至全國第一，年內的出版書目接近百種。其中，最受社會歡迎的有松本烝治的新修訂版《商法大意》、石河幹明的《福澤諭吉》、高山岩男的《西田哲學》、野呂榮太郎的《日本資本主義發達史》，以及和辻哲郎的《風土》等，當中以《風土》銷量最大，其次是《西田哲學》。銷量較大的除秋山範二的《道元的研究》、岡崎義惠的《日本文藝學》和西田幾多郎的《哲學論文集》外，還有九鬼周造的哲學性著述《偶然性的問題》。同時，在受學會委托出版的論文集和文獻性的專業書籍中，發行不滿五百的也達十四五冊。在全集方面，定版《漱石全集》除增補訂正外，還在卷末附上小宮豐隆的作品解説，十九卷的預訂出版於十月開始（一九三七年十月終止）。辭典方面，出版了谷津直秀、岡田彌一郎編《岩波動物學辭典》，岡田武松、寺田寅彥、柴田雄次主編《理化學辭典》，以及八杉貞利編《岩波版俄日辭典》。跨去年和當年，岡田的被稱為該領域名著的《氣象學》上下冊問世。另外，還出版了羅馬字論者田丸卓郎的遺著《Rikigaku Ⅰ》（Ⅱ於一九三七年出版）。從當年的六月開始，連續發行了《大思想文庫》二十六卷，直到翌年末結束。該文庫選取了大思想家的主要著作，並在小冊子中加入解説。哲學書較多，但也涉及新舊約聖經、自然科學、經濟學、政治學的古典、思想文學，以及馬基雅弗利的《君主論》、馬克思的《資本論》也加入其中。

岩波於五月四日乘郵輪靖國丸離開福岡的門司港，遊歷歐洲諸國，又繞到了美國，於十二月十三日乘淺間丸回到橫濱港，關於此事將另作記載。但在九月，岩波離開日本期間，又傳出了「固定負債達十萬，岩波書店近期將改組為股份公司」的謠言。

年末，岩波尊信的寺田寅彥去世，他曾在出版等各方面，特別是在科學方面的出版給予過岩波極大的指導與幫助。

至昭和十一年（一九三六），軍部的獨裁運動更加具體化。但另一方面，國民及知識階層的反軍傾向也日益強烈。此時，過激的陸軍少壯派發動了「二·二六事件」，齋藤老內閣大臣和高橋藏相慘遭殺害，叛軍佔領帝都中心數日，由於天皇的明確反對和海軍的不支持，其野心才沒有得逞。但儘管如此，一度對軍部的狂妄態度予以反擊的議會，也為他們的反擊即時折腰。日本的對外關係不和諧，追隨德國，締結防共協定，更催生了軍部的專橫，以至於將國家推向了危險境地。

但是，岩波書店的出版境況卻是好上加好。是年三月，岩波向出版協會提出建議：比起出版的宣傳機構，促進同業公會提高和進步的機構更為必要。要以嚴正的圖書批判為起點，讓現代社會的有才之士為同業公會的真正發展盡情努力，其一切費用由同業公會負擔。他還讚頌多年為美術印刷事業竭盡全力的七十四歲老翁田中松太郎的功績與人格，為撫慰他晚年的不幸，推動志同道合之士為他籌集表彰慰勞金。

這一年的出版上百種。全集方面有《鷗外全集》著作篇（二十二卷，一九三六年六月至三八年八月）、《寺田寅彥全集》文學篇（十六卷，一九三六年九月至翌年十二月）及科學篇（六卷，一九三六年十二月至三九年三月）；辭典方面有島村盛助、土居光知、田中菊雄的合著《岩波英和辭典》，阿部重孝、佐佐木秀一、城戶幡太郎、篠原助市編《教育學辭典》（四卷及總索引，一九三六年五月至三九年十月），此外還有《經濟學辭典》的追補和《岩波版俄日辭典》的大型版。由於小宅騷市（大宅壯一）在《東京日日新聞》上對英和辭典作出挑釁，岩波和作者土居不得不進行反駁。《岩波全書》繼前一年又出版了十二冊，主要是關於自然科學及機械科學，也夾雜了武內義雄的《支那思想史》和宇井伯壽的《支那佛教史》（「支那」，一說乃中國古代，僧人翻譯梵文佛經時對「中國」一詞的漢文音譯，直至二十世紀初期，其使用方式都不含有歧視之意。——編註）。另外，還出版了新的叢書《科學文獻抄》十二冊。這部叢書源於寺田寅彥的啓發，它和前幾年出版的《哲學論叢》都屬專業論文，銷量不太大。但相對於《哲學論叢》全部是譯作的特點，《科學文獻抄》中著述眾多，該年度出版的十二冊中僅有二冊譯作。它網羅專業權威，介紹最新研究，武藤俊之助的《強磁性的量子理論》、湯川秀樹的《β線放射能的理論》，以及菊池正士和青木寬夫合著的《中性子》等就是此類著述。此外，還有仁科芳雄等翻譯的狄拉克《量子力學》。

繼前一年的《大思想文庫》，又新出版了《大教育家文庫》（二十四卷，一九三六年三月至三九年七月）。其中西方的有蘇格拉底、柏拉圖、亞里士多德、洛克、歐文、莫里斯、蒙田、盧梭、歌德、席勒、裴斯泰洛齊、赫爾巴特、費希特、夸美紐斯、福祿培爾、施萊爾馬赫、斯賓塞、居約、杜威、狄爾泰、納托爾蔔；東方的有孔子、孟子、荀子、朱子、王陽明；日本的有白石、諭吉、蕃山、益軒、素行、宣長、尊德、梅巖。該文庫的作者是西晉一郎、長谷川如是閑、津田左右吉、落合太郎等。在其他方面，還有金田一京助和知里真志保的《阿伊努語法概說》，以及野上豐一郎編的《能面》（一九三六年八月至翌年七月）。後者是每回九張、共計九十張的大寫真版。此外，還出版了本間順治編《國寶刀劍圖譜》（一九三六年八月至三八年二月），它也是每回十張、合計一百六十張的寫真版。佐藤得二的《佛教在日本的發展》是非專業性的有趣書籍，銷售量超過二萬。

這一年還發生了一件事，在前面也有所提及：岩波得知，友松元諦在《東洋思潮講座》第九次發行中執筆的《印度社會經濟思想》是剽竊大島長三郎未發表的草稿，便立即將其廢棄。由於沒有適當的替代筆者，便用麥克斯·韋伯的著作《宗教社會學》第二卷中介紹印度社會制度的部分來補充。有個叫比丘莊太郎的人對此進行指責，岩波還進行了徹底的申辯。無庸置疑，作為學者，剽竊是致命的，岩波對此等虛偽所取的態度着實是潔癖的、徹底的，這也說明了岩波的性格。學問與虛偽不能兩立，我完全贊同岩波的態度。

法學方面，出版了尾高朝雄的力作《國家構造論》。我妻榮的《民法講義》第三篇《擔保物權法》也廣為世用。小堀杏奴追憶父親森鷗外的作品《晚年的父親》也是在這一年出版的。

由軍部策動並激發的戰爭，到第二年，一九三七年最終演變為日中戰爭，讓我暫且在這裏告一段落吧。

五　從日中戰爭到太平洋戰爭

昭和十二年（一九三七），導致太平洋戰爭的日中戰爭於七月爆發。廣田內閣垮台後，天皇降旨宇垣一成組閣，最終也由於軍部的反對而流產。接下來組閣的林銑十郎內閣，竟在議會會期的最後解散議會，但仍舊在選舉中慘敗。接下來的近衛內閣也無法阻止將準戰時狀態激化成戰時狀態的日中戰爭。而且，戰火燒到上海，徐州陷落，十二月南京陷落，但事變並沒有結束，日本和日本國民被拖入長期戰爭的泥沼。

在新年賀卡中，岩波決心要盡全力「提高學術日本、文化日本的水平，保住真正的一等國家的顏面……作為陛下的赤子……」。

日中戰爭爆發後（十一月），岩波攻擊「陷於統管的報紙」，闡明「舉國一致的統管也可以，但其內容不能低調乏味，不能與世界不相往來，其原理必須是貫通古今的」。他還說，「避免與近衛首相發生摩擦、矛盾，如果這種願望是出於停止私鬥的意思那也好，但在非常時期，如果在朝沒有諍臣、在野沒有直言不諱的言論，那將是國家的憂患。」（《讀賣新聞》）

這番言論固然包含了對一般出版管制的不滿，但在日中戰爭爆發的七月，岩波書店也自發地將山田盛太郎的《日本資本主義分析》（一九三四年二月出版）付以絕版。所謂「自發」只是沒有受到官憲處罰的意思，但迫於官憲的壓力是不言而喻的。山田是馬克思主義學者，作為篤學之士受到岩波的敬佩，這部著作，姑勿論學說的分歧，它至今仍被推崇為昭和經濟學書中的名著。一九三四年，岩波將可以稱為他的「文化個人獎」的感謝金贈與了山田。

這一年的出版近百種，屬社會科學的近三十種，其中也夾雜着受各大學學部委托的論文集等。有關自然科學、機械科學的近二十種。哲學不足十五種，但田邊元的《哲學與科學之間》和西田幾多郎的《續思索與體驗》受到社會的歡迎，說明當時流行西田和田邊的哲學。天野貞祐的《道理的感覺》成為其後他的啓蒙性論文廣為社會誦讀的開端，但由於軍部對自由主義思想的彈壓，不得已於第二年三月自發絕版。與這部《道理的感覺》一樣，田中耕太郎的《教養與文化的基礎》在他的此類書中少有地受到社會的歡迎，從中應該看出受軍部的思想壓制所刺激的時代動向。此外，和辻哲郎的大作《倫理學》上卷和他的所有著作一樣，受到社會的極大歡迎。別開生面的又有山田孝雄的《連歌概說》。辭典方面有田中秀央、落合太郎編著的《希臘拉丁引用語辭典》，以及我妻、橫田、宮澤等編輯的《岩波法律學小辭典》。全集方面，出版了《二葉亭四迷全集》（八卷，一九三七年十月至翌年八月）和《中村憲吉全集》（四卷，一九三七年十一月至翌年九月）。

是年八月，吉野源三郎在岩波誠邀下進入書店工作。吉野受到岩波的信任，開始時，他擔任岩波的類似私人顧問的職務，特別是在岩波死後，在決定岩波書店的出版動向上，他和小林勇一起參與並有相同的決定力。八月，岩波通過上海的書店主人內山完造，捐贈給「魯迅文學獎」一千日元。在此之前，岩波有意向中國各大學圖書館贈送岩波書店出版的書籍，但由於日中關係緊張而沒能實現。岩波的這個想法，是在他和當時同盟通信上海支部部長松本重治，還有小林勇同席就餐時提出的。岩波說，向哪所大學贈送出版書籍，還請幫忙選擇一下，松本表示同意並返回上海。但為時已晚，一個月後戰爭爆發，岩波的失望可想而知。他出版蔡培火的《東亞之子如斯想》，也是出於對中國人的同情。這一年，為慶祝岩波尊敬的幸田露伴獲得文化勳章，在岩波等人的主持下，六月二十八日在東京會館舉行了慶祝會。此外，由於糧食狀況的窘迫，岩波書店於這一年開始為店員發放午餐。

昭和十三年（一九三八）一月六日，岩波在屋頂向店員致詞，表達了作為文化事業參與者的決心，並談及自己的健康，說要盡量拒絕聚會，從容地、專心地工作，努力保持健康。這一年，日中戰爭終於陷入長期戰的泥沼。武漢陷落後，蔣介石毫不慌張地遷都重慶，近衛首相被迫發表「不理睬蔣介石」的空洞聲明。而後，議會通過了「國家總動員法」。於是，將日本引向衰亡的這場戰爭，為防止軍部權力的崩潰，只能繼續打出「百年戰爭亦不辭」這種虛張聲勢的論調。以「資本主義的修正」為名的軍部統管經濟，並沒使兵力強盛，也沒使民力壯大。但是，由於軍需通脹的景氣，再加上物資匱乏和娛樂限制，以及人們對讀書的需求，圖書的整體銷量漸漸增加，特別是岩波書店出版的關於中國和日本的文獻等，連排擠岩波的派別和組織也不得不重新審視，令這類書籍的銷量大增。加之哲學修養等書籍，為渴求精神營養的年輕知識份子所追捧，以至銷量增加。岩波書店漸漸地從昭和初年以來持續的蕭條中恢復過來，這種趨勢逐年上升，直到一九四零、四一年達到頂點。

在新年賀卡中，岩波決心要創造、培養日本民族固有的且具備世界特徵的文化。他對時勢極為不滿，根據其平日所持觀點，也極不贊成日中戰爭，迫切希望近衛首相親自與蔣介石會面，結束戰爭，並滿腔熱情地表示，如果需要，讓自己去大陸也可以。但對於軍部的狂態，他姑且讚美皇軍的赫赫戰功，指出文化日本無法與武力日本匹敵，極力主張提高文化水平。尊重古典、促進科學、傳播精確的知識，依然是他堂堂正正發表的正論。他還極力倡導，「由於日本現代文化的發展過於迅速，以致有根底不夠堅實的缺陷。為培養、充實其根底，很大程度上有待於古典的普及。」《岩波文庫》對古今東西古典的普及，是岩波利用一切機會反覆強調的。於一九三四年出版的漢文《吉田松陰全集》，其日文譯作普及版（十二卷，一九三八年十一月至四零年四月）也在這一年出版。一九四零年出版的《藤樹先生全集》（五卷，一九四零年一月至十二月）、《山鹿素行全集》思想篇（十五卷，一九四零年六月至四二年八月），以及一九四二年出版的《本居宣長全集》（一九四二年十二月開始，到一九四四年十月，由於紙張的供給不足而中止），一方面也是對抗軍部及其右翼追隨者的堡壘，但岩波本來就是愛國者，這也可以看作是他平生尊重古典精神的體現。這一年的九月十九日，當《國民新聞》記者就非常時期的出版國策請岩波談話時，岩波談道：「在這樣的時代，在致力於出版時，尤其應該將古典的普及放在心上。」他說：「關於中國的文化工作，東洋古典的研究從根本上來說是絕對必要的，也應該承認古代中國對東洋文化，不，是世界文化，以及對鄰近的日本文化的功績。日本應該以這樣的大度量對待中國。」從這番話中也可窺視他的精神。

這一年的出版過百種。全集方面有《鷗外全集》翻譯篇（十三卷，一九三八年七月至翌年十月）和《鈴木三重吉全集》（六卷，一九三八年三至十二月）。辭典方面，他懷着感激之情，出版了被稱為阿伊努之父的英國人約翰·巴徹勒（John Batchelor, 1854-1944）博士的《阿伊努語辭典》第四版（初版一八八九年，本版則是對一九二六年第三版進行追加、刪除、訂正後的定版）。但是，受到時局的影響，辭書的出版歷經了戰前至戰中。博士自一八七九年以來住在北海道約六十年，為阿伊努的研究和教化、善導竭盡全力，是被授予三等勳的功臣。但他也迫於時局，不得不於一九四零年末，以八十八歲的高齡回國。另外，奧平昌洪著《東亞錢志》價格為七十日元，是當時少有的高價書籍，但這部書的出版是受到服部報公會的出版費補助。在這一年的出版物中，比較有特色的是新宿中村屋主人相馬愛藏的《一個商人》，這本書貼切地講述了作者本人作為商人的體驗，岩波為這位同鄉前輩兼商道上的指路人寫了推薦文章。結果，這本書大受歡迎，竟發行了一萬八千多部。我妻榮的法律書（這一年是《親族法·繼承法講義案》、《民法教材I》）、山崎又次郎的《帝國憲法要論》和東畑精一的《農村問題諸相》是社會科學方面銷售量較大的書。哲學方面，高山岩男的《哲學人類學》、高橋里美的《認識論》還有和辻的《人格與人類性》等也受到社會的歡迎，特別是村岡典嗣的《日本文化史概説》，發行量超過五萬。像能勢朝次的《能樂源流考》那樣大部頭的專業書籍也賣了千部，這或許都是時代對日本主義傾向的反映吧。科學書籍的銷況也比較好，雖然也有像菊池正士的《原子核及元素的人工轉換》那樣極其專業的書籍，賣得差強人意，但高木貞治的名著《解析概論》等卻出乎意料地暢銷。另外，還有藤岡由夫的《現代的物理學》和石原純的《自然科學的世界像》等銷量也很大。隨筆方面，滝澤敬一的《續法國通信》繼去年出版的《法國通信》，受到社會的極大好評，在戰爭期間還續刊了第三冊（一九四零年）、第四冊（一九四一年）。中谷宇吉郎的《冬之華》，使他作為科學隨筆家的受歡迎程度更上一層樓。小泉信三的《美國紀行》銷量也相當大，說明他與和辻一樣深受社會歡迎。小宮豐隆的《夏目漱石》銷量超過三萬，比起小宮，這更顯示了漱石的人氣。關於中國的書籍，出版了關野貞的遺著《支那的建築與藝術》，一九四零年還出版了日本、四一年又出版了朝鮮的同類書籍。

在這一年的出版中，規模格外大的是《岩波新書》。岩波將它作為開店二十五年的紀念出版公佈，他說，「岩波新書的期望所在，是脫離學究立場，擺脫古典的限制，根據生活在當今時代的人們的要求，順應自由，順應時代潮流，提供有助於現代人普通修養的良書。」（九月起草的草稿）他還說，「煩勞各門類的一流大家，乞求他們執筆不會被流俗化的啓蒙良書，同時廣泛介紹海外優秀的同類書籍，並選擇現代文學的代表作品，以簡潔的外表和低廉的價格出版。」（同上）《岩波新書》的這一創刊動機完全在於日中戰爭，他是考慮到這一事件的嚴重性、長期性而進行這一策劃的。該策劃有三木清參與，編輯主要由吉野擔任。在中國，有數百萬的年輕人在參加戰爭，而日本國內，人們也過着凡事和中國有關的日子，但日本人卻對中國一無所知，考慮到這一事實，岩波希望盡量將和中國有關的書收入《新書》（但這一想法並不十分受歡迎），這也意味着他對這場戰爭的抵抗。當時的定價源於同年發行的五十錢紙幣，一律定為五十錢。從年末的十一月到十二月出版了二十餘種，有津田左右吉《支那思想與日本》、寺田寅彥《天災與國防》、齋藤茂吉《萬葉秀歌》、中谷宇吉郎《雪》、武者小路實篤《人生論》、矢內原忠雄譯《奉天三十年》、高橋健二譯《德國陣亡學生的信》、森鷗外《與妻書》、小倉金之助《家計數學》、鈴木敬信譯《神秘的宇宙》、森島恒雄譯《科學史與新人文主義》、長谷川千秋《貝多芬》、丘英通譯《死是什麼》、長與善郎《大帝康熙》、長谷川如是閑《日本的性格》、白柳秀湖《世界諸民族經濟戰夜話》。另外，現代作家中則有山本有三、里見弴、久保田萬太郎、川端康成、橫光利一的作品。由於這部新書價格低廉，因此大受歡迎，例如三木清的《哲學入門》，出版伊始便銷售了十萬。前面引用的發刊辭是吉野源三郎執筆的，而岩波在十一月的雜誌《思想》上，又發表了慷慨激昂的出版致詞，氣勢如虹，表達了對時勢的憂憤。其中的「領會五條誓文遺訓，從島國根性中解放我等同胞」等語句，被蓑田胸喜當成有問題的發言（蓑田胸喜，狂熱的日本右翼思想家，國家主義者；日本戰敗後上吊自殺。——編註）；又由於「我們依靠的武人有高邁的卓見嗎？能實施一絲不亂的統管嗎？」等語句，收到了某憲兵的譴責信，為此他還曾極力辯解。由於擔心岩波書店的店員會反對這篇文章，岩波並沒有和他們商量，只和友人矢島音次等人商量過，結果極大地刺激了軍部和蓑田一派。

新書後經續刊，立刻達到百種。但由於受到用紙和印刷的限制，到一九四三、四四年，僅僅出版了一種，並於一九四五年一月，以宮村定男《近代醫學的建設者》告終。這部叢書由於價格低廉、內容清新，廣為社會所用。即使在戰爭期間，也有很多書籍的發行量超過兩萬，有的竟達四五萬，極大地緩解了知識階層對讀書的飢渴。

此外，順便說一下，戰後在岩波生前，還有新書復興的計劃。那是羽仁五郎《明治維新》、矢內原忠雄《日本精神與和平國家》，以及近藤宏二《青年與結核》三冊，其開本與新書版不同，是B6開本，但裝幀相同，應視為和新書一脈相連。三冊都由岩波策劃，於岩波生前着手準備，在他死後出版。在戰爭期間的是所謂「紅版」，戰後的「藍版」則於一九四九年四月出版，直至今日。

繼以前出版的中等教科書《國語》之後，當年又出版了女子用全十卷。另外，之前預訂出版過的《大思想文庫》，其中的個別書籍也再版發行。

如前所述，日本自日中戰爭開始陷入了長期戰爭的泥沼，戰爭前途的暗淡已經明顯顯現出來，為此產生的焦躁又表現為對出版的壓迫。避諱字大量增加，有一段時期，如果出現○○，大致都可讀為「革命」。是年二月，《岩波文庫》中的白條書籍（社會科學門類）受到彈壓，但還不至於遭受禁售的處罰。有的是「暫緩加印」，更重一級的有「對已印刷但還未裝訂的散頁暫緩裝訂」，其中也有按照當局的內部意見，採取「自發執行」的形式。為了幫助讀者瞭解一點當時的出版情況，在此列舉一九三八年二月受到此種處分的文庫書目。

暫緩加印的有馬克思的《論猶太人問題》、《資本論初版鈔》、《工資．價格及利潤》、《僱傭勞動與資本》、《哲學的貧困》，恩格斯的《住宅問題》、《自然辯證法》上下、《反杜林論》上下、《原始基督教》，二者合著的《費爾巴哈論》、《藝術論》、《德國人．意識形態》。此外還有里亞扎諾夫的《馬克思．恩格斯傳》，列寧的《唯物論與經驗批判論》上中下、《俄羅斯的資本主義發展》上下，考茨基的《基督教的成立》、《資本論解說》，路易莎．考茨基的《羅莎．盧森堡書簡》，羅莎．盧森堡的《經濟學入門》、《資本蓄積論》上中下、《資本蓄積再論》等。雖已印刷但沒裝訂的有馬克思的《法國內亂》，恩格斯的《家族．私有財產及國家的起源》、《從空想到科學》，列寧的《帝國主義》、《怎麼辦》、《卡爾．馬克思》、《致高爾基的信》等。關於馬克思的《資本論》，如前所述，由於和河上肇絕交，岩波是自發地付以絕版的。但後來出版的長谷部文雄譯《工資．價格與利潤》和《僱傭勞動與資本》也被當局禁止。上述被停止發行的所有書籍，到一九四零年九月十日被正式執行處罰，明令禁售並沒收紙型。

文庫以外的書籍也遭到彈壓：同在一九三八年一月，大內兵衛的《財政學大綱》被明令停版，其理由是他因所謂的教授集團事件被起訴。以此為開端，二月，矢內原忠雄的《民族與和平》被禁止；三月，作為時代的良心大受社會歡迎的天野貞祐，其《道理的感覺》如前所述，由作者自發絕版。據作者自己的談話，這是由於書中對天野的軍事教練的譴責，引起了軍部的爭論，並連累了給予自己理解的、當時京都大學的軍事教官，因此才作此處置。但早在一九二九年，岩波的出版業就受到了這樣的彈壓，前面已經提及，文庫中由中村白葉翻譯、阿爾志巴綏夫的《沙寧》上卷被禁售，繼而下卷也被禁止。取締的原因是風紀上禁止毫無忌憚的性欲描寫。書店向當局詢問了該刪除之處，提出了剪切返還的申請（將書中不當之處剪切後還給書店，書店再對那一頁的不當之處進行處理，或修改或用符號代替後重新印刷。——譯註），進行改版後復刊。此後的一九三二年，《日本資本主義發達史講座》第四回也被禁售。其後，為了繼續出版，就必須對一九三三年被禁售的第五、六、七回提出剪切返還申請，刪除被命令刪除的部分。但很明顯，壓迫出版言論的氣勢在這一年的前後加劇。一九三七年九月，紀德的《蘇維埃紀行》被命令刪除；十一月，文庫版田山花袋的《蒲團・一兵卒》被命令從下一版中刪除。前者是關於外國的情況，後者涉嫌侮辱軍人，二者都反映了所謂的非常時局。以下按順序記述：一九三九年，芥川龍之介的《侏儒的話》，還是由於侮辱軍人被要求在下一版中修訂；武者小路實篤的《他的妹妹》，由於殘廢軍人的問題被刪除；德富蘆花的《自然與人生》也被要求刪除其中的《國家與個人》一篇。六月，有《包法利夫人》上下的刪除及下一版修訂；最後，一九四一年三月，上述《資本蓄積再論》與索雷爾《暴力論》作為一九四零年大規模禁令的遺漏遭到禁止。自此直到戰爭結束，再沒有遭到彈壓。在日本的書店中，除專門從事左翼出版的書店外，恐怕沒有哪個書店像岩波書店那樣遭受到如此大的彈壓了。

是年八月，雜誌《圖書》創刊，兼作為書店的廣告機關。到一九四二年十二月，該雜誌由於時局窘迫停刊，戰後一九四九年末又復刊。七月，為鼓勵店員存款，書店向店員發放了已存入一定金額的存摺。

昭和十四年（一九三九），日中戰爭已進入第三年，戰勢愈加顯出僵局，列強對日本的壓迫及對中國的援助日漸加強。第二次近衛內閣意欲響應汪精衛和平工作的計劃夭折，被平沼內閣取代。八月，歐洲終於爆發了英法與德國的戰爭。但在諾門罕戰役中，日本慘敗於蘇聯。日英會談中的趾高氣揚，贏得了美國致命的經濟壓迫；依賴德國、頻獻媚態，卻複雜離奇地產生了德蘇不可侵犯條約。在此期間，岩波在他的新年賀卡中說，東方的和平與學術的振興是他平日的願望，並不厭其煩地倡導五條誓文的精神，攻擊報紙的國策迎合主義。對於中央公論社發行的谷崎潤一郎譯、山田孝雄校對的《源氏物語》，岩波極盡推薦之詞，令世人驚訝。其實早在一九三四年，岩波對該社發行的坪內逍遙譯《莎士比亞全集》亦是如此。岩波書店儘管受到當局的壓迫和右翼派系的攻擊，卻愈加呈現出繁榮景象，更在文部省推薦圖書的數量中位居第一。這一年出版的圖書達八十餘種，除此之外，還出版了新書三十三種、全書九種。二月，自策劃以來已十有六年的《康德著作集》，也以第十五卷《對美與崇高的感情性的觀察等》結束了全部十八卷的出版。在全集方面，出版了《小泉三申全集》（始於一九三九年十月，一九四二年十一月出版第四回，還有兩冊沒有出版）和《山本有三全集》（十卷，一九三九年十一月至四一年二月）。法律方面，中田薰的《法制史論集》自大正末年出版第一卷後，時隔十餘年終於出版了第二卷，又隔四年後於一九四三年出版第三卷。哲學思想方面，以田邊元的《正法眼藏的哲學私觀》為最，速水敬二的《哲學年表》、三木清的《構想力的邏輯第一》等也大受歡迎。此外，還出版了宇井伯壽的《禪宗史研究》，以及高橋里美、金倉元照、九鬼周造的哲學書等。又出版了長田新譯、亨里希．莫爾普的《裴斯泰洛齊傳》（五卷，一九三九年十一月至四一年三月）等。在關於中國的書籍中，除清水盛光的《支那社會的研究》銷量較大外，還有津田左右吉的《道家的思想與其展開》和武內義雄的《論語之研究》。日本文化方面，以岡崎義惠的《日本文藝的樣式》、村岡典嗣的《續日本思想史研究》為代表，大西克禮、片岡良一等的著作也受到歡迎。此外，在澀澤榮一的愛戴者的請求與岩波的慫恿下，幸田露伴著的《澀澤榮一傳》也出版了。從整體上看，關於法律、經濟、政治等社會科學的書籍最多，超過二十種，但帶有反軍國主義傾向的著述卻銷聲匿跡了。

岩波在這一年的賀年卡上，重複了他平日的信念：「東方的和平與學術的振興是我平生願望之所在……要讓文化日本與武力日本齊頭並進，在世界上飛躍發展。」並闡述了自己「作為出版參與者於後方的職責」。岩波還憂慮日本人的體質，一月二十三日，他把店員召集到樓頂，發出以下呼籲：

> 我想做廣播體操，贊成的人也請一起做吧。我自己不喜歡被束縛，因此也不想束縛別人，所以請自由選擇，喜歡做廣播體操的人每天就到這兒一起做吧。
>
> 我意識到要做廣播體操，是因為最近開始感到健康非常重要。之所以這麼說，是因為我感

到自己的身體有點兒虛弱了，年輕人可能還不至於想到這些。

我到外面轉了一圈回來，深感時下的日本人在腦力方面非常優秀，絕不輸給其他國家，可體格卻比其他國家差遠了。只腦力強，身體卻不一起強壯起來，是絕對不夠的。今天，我們每個人增進健康，並不只為自己一個人，對於國家也是必不可少的。

大家為了健康做體操，雖然僅在我們書店，範圍確實很小，但我認為是件好事，所以想實行下去。

做體操是我先意識到的，所以我是先覺者，贊同的人就請每天和我一起做下去吧。

每天從兩點四十分開始，就在這裏做，當然雨天不行。但只要不下雨，每天就在這裏做。

關於體操老師，現在突然去找也來不及了，就請後藤暫時作老師吧。

是年四月，和岩波同縣、為岩波舊書店開業創造了機緣的伊東三郎去世，他是原尚文堂店員，後成為書店自強館的主人，是神田的書籍銷售商中的實力派。岩波為此悲傷，親臨葬禮並致悼詞。本年度的重要事件是實行了買斷制度（不能退貨）。這是由於紙張匱乏，特別是當年春天以後，舊刊書中出現了很多斷貨的書，這在以往是沒有過的；但就連價值高的新刊書的發行也必須加以限制，因此，為盡量避免浪費紙張，以期實現出版的合理化，才實行買斷制度。於是，原來實行委托銷售的單行本及全書都改行買斷制度，從九月二十二日發行的岡崎義惠《日本文藝的樣式》開始實施。新書和文庫雖然沒有行買斷制，但實際上不僅沒有退貨，且進入戰爭期間還一直供不應求，直至戰後出版重上軌道時，才實行不退貨制度。岩波書店的大方針是執行買斷制，而且，由於岩波的書籍暢銷，特別是在東京市內，實際上已如同實施了買斷制度一樣。長期以來，出版界也認為委托銷售太浪費，不用說，岩波的英明決斷達到了應該達到的目的，也有人認為，這樣的事也只有岩波才能成功。戰後幾年間，其他書店看到《岩波文庫》以往出版的有價值的書籍銷量減退，便不斷出版迎合時尚的新叢書、文庫。由於這些書實行委托銷售，零售商乃視買斷制為大問題，但新的岩波書店依然堅持這一方針。

昭和十五年（一九四零），無論對於日本，還是對於岩波書店都是非常緊迫的一年。那年的紀元節（今改稱建國紀念日。——譯註）舉行了建國二千六百年祭，岩波於六月十九日參拜了橿原神宮。

是年三月，日本政府將汪精衛政府命名為國民政府，但英美沒有承認。可另一方面，被法國瓦解和英國潰敗蒙蔽了雙眼的軍部，以七月成立的近衛內閣的名義，於九月締結了日德意三國同盟。由於英美對日本經濟的壓迫，日本陷入了準封鎖狀態。十月，在近衛的統率下成立了大政翼贊會，但為了避免一國一黨的專制，他們一方面叫囂「上意下達，下意上達」，一方面又強調「萬民翼贊」、「承詔必謹」，軍部如幕府般的存在以及軍命必屈的勢頭愈加得到強化，為第二年的太平洋戰爭開闢了道路。

岩波在這一年的元旦記錄裏寫道：「今年要特別注意健康，更要性情豁達，只關注重要的事情。」岩波對於高血壓的顧慮始於一九三五年去歐美旅行回來後，如前所述，去年他也坦陳自己的健康衰減，從這時起，更逐漸特別留意於此。

對於岩波書店來說，這一年最重大的事件是在二月，津田左右吉著《古事記及日本書紀的研究》被禁售，進而在三月八日，以同書為首，津田的《神代史的研究》、《日本上代史的研究》和《上代日本的社會及思想》，以違反出版法第二十六條，即「出版意欲篡改政體、紊亂國憲的文件圖畫時」為由，對著作者、發行者予以處罰，岩波與津田一同被起訴。在此之前的一月二十一日，岩波與店長長田幹雄被玉澤檢察官傳喚，從上午到下午五點半，就津田的著作接受了訊問。這是由於蓑田胸喜、三井甲之等「原理日本」派的彈劾。該事件給岩波以極大的打擊，那時，他在熱海酒店閉門不出，誰都不見，抱怨自己遭此厄難，朋友們卻全不顧念，並對於偶然送來慰問的羽仁五郎的好意非常高興。岩波並不是將大事藏於腹內而不為所動的英雄，而是個愛哭、愛沮喪、不會隱藏自己的自然之子。但他對津田的奉獻卻是無微不至的，津田自己也寫道：「遭到牽連、一同成為被告之後，岩波又請律師，又讓人做了合計一千多頁的各種印刷品，提交給法庭，所有一切都被他承擔下來。我從年輕時起，就受到各種各樣人的各種各樣的關照，但從未受到過如此的關照。這種用感謝等等常見的話語無法表達的心情，至今依然。」

審判在起訴後經過預審，於第二年，即一九四一年十一月一日在東京地方刑事裁判所法庭舉行了第一次公審，到一九四二年一月十五日的終審，共舉行了二十一次公審，但以危害安全秩序為由，禁止對一般人公開。審判長中西要一，陪審法官山下朝一、荒川正三郎，列席檢察官神保泰一，辯護人以有馬忠三郎為中心，有島田武夫、藤澤一郎共三人。在第二十次（一九四一年十二月二十三日）的審判中，神保檢察官就有問題的四部書提出量刑請求：津田各二個月，合計八個月監禁；岩波各一個月，合計四個月監禁。審判於一九四二年五月二十一日宣判：津田監禁三個月、岩波監禁二個月，緩期兩年執行。在被起訴的四部書中，《古事記及日本書紀的研究》被判有罪（判決內容為「未作無罪宣判」）；《神代史的研究》、《日本上代史的研究》、《上代日本的社會及思想》則無罪。在公審中，津田對於審判長的訊問娓娓道來，詳實說明，反覆進行了不算簡潔的答辯。中西似乎也如實地熟讀了津田提交的上述大部頭文件及著作，顯示了鄭重、善意的態度。曾在德意志協會學校受到過津田教誨的天野貞祐，在申訴書中申辯道，曾為天野等中學生講授帝國憲法的津田絕不是非國家主義的思想者。《日本古代文化》的作者和辻哲郎也應岩波的請求，作為證人為津田辯護。右翼之流對津田的攻擊，大致是津田的實證和科學研究態度，破壞了他們作為史實強加給國民的日本的優秀和尊嚴，以及津田批評他們從非史實的神話傳說記載中探尋意義和價值的態度；他們指責津田沒有將這些記載直接認定為史實，等於有損日本國體。和辻的辯護也觸及到這點。岩波先後做了開場和最終陳詞，下面，直接引用當時的速記記錄。

（開場陳詞）

其他的事情另當別論，我對於皇室的尊敬之意，在這一點上，我以落後於他人為恥，這種敬意不是現在才有的，而且時至今日絲毫沒有改變。因此，我對於發生這樣的問題感到意外。我堅信，津田先生的人格和學識，實屬日本罕見、世界領先的優秀學者，因此，我雖然對其內容、學說不甚瞭解，但我堅信，出版先生的書對學界、對日本、對國家社會都有裨益，因此，我對於發生這樣的問題深感意外，是不是出了什麼差錯？我對於學說不太瞭解，但即使是從日本整個國家的角度考慮，我也深感這是極其困惑的事情。我自小多少也有些思考國家社會的情結，但幾乎沒有可盡忠盡力之處，唯有通過自己的出版，用現在的話來說，是在工作範圍內效力。實際上，對於自己出版的書籍，無論雜誌、還是一部書、還是學問方面，所有一切我都要考慮是否符合國家的大目的，這是我對天地神明都可以毫無羞愧地說出的話。但是此時，無論我如何想像，自己出版的書會有害於國家，特別是會牽扯到平日尊敬的皇室的尊嚴，這對我自己來說都是大事件，無論如何都要查明。如果我做的事情即使是善意的，但還是多少觸及了褻瀆皇室尊嚴的事實，我也願意高興地、主動地服罪，我也絲毫不想以此來減輕我的罪行，這就是我的想法。再看事件發生後成為問題的津田先生，我堅信先生平素的人格、科學的、有良心的態度。因此，雖然剛剛已詳細宣讀，但我還是不能理解你們所認為我做了壞事，或是我褻瀆了皇室尊嚴的事實。我想請求審判長的是，我如果有這樣的罪，我會高興地服罪；但我希望，我的修養、良心可以充分

理解這個罪，讓我承認我在某種程度上做了壞事，我願意服的是這樣的罪，這就是我的一個普通願望。（昭和十六年十一月一日）

（最終陳詞）

我出版的書讓各位法官、檢查當局諸位及其他諸位擔心、不安，對此我深感惶恐。正如當初陳述的那樣，我對於皇室的尊崇之心，無論怎樣謙遜地想，我自認和常人的想法是一樣的。記得初到東京時，我去工廠打工，看到天皇陛下的肖像時，感到不勝惶恐；從前在二重橋前走過，那時不論幾點，我都要遙拜，毫不怠懈。而且，我來東京最大的動機便是想和杉浦重剛先生在一起，沐浴他的人格，為此，我曾給先生寫了封長信。我還記得，一高時，我在作文的開頭寫下「日本是神國」，事實上這還成了我的朋友間的一個話題。所以我想，從這些事實上也可以看出，從很早以前開始，我就有和常人一樣的觀點。因此，我出版的書被問以褻瀆皇室尊嚴之罪，這真是意外中的意外，這是違背我志向的事。正如前面陳述的那樣，我對津田先生的人格、學識、有良心的、高尚的態度完全信賴，先生的每一部書我都想出版，而且我深信，出版先生的書可以提高日本的文化，給日本帶來好的影響。但我實際上並未讀過一頁，做夢也沒想到它們對日本有益，但對國體、皇室不利。因此，關於此次出現的問題，我曾認為，雖然自己並非惡意，其結果卻造成了不好的影響，被以出版法問罪，真是這樣的話，我非常苦惱，惶恐萬千，感到實在對不起。但之後，我就其內容詳細請教了先生，自己也都一一領會，又在法庭上聽了辯護人的辯論，又反覆傾聽了檢察官的公訴意見，自己褻瀆皇室尊嚴之事，從我的常識來看，無論如何都無法想像。因此，我更加確信，我沒有犯下這樣的罪行，在這一點上，我也就放心了。無論我犯罪還是沒犯罪，暫且另當別論，我只感到心情好了。

關於這件事再說一句，對於此事給諸位帶來的麻煩，我深感惶恐。（昭和十七年一月十五日）

津田與岩波不服判決，向東京上訴法院提起上訴，並委托有馬忠三郎和海野普吉辯護，以法官藤井五一郎為審判長進行審判，但因為事件的時效性——持續一年以上沒有進行公審——便於一九四四年十一月四日宣佈免於起訴。應該就是在這時，當審判長在法庭上詢問上訴理由時，據津田記載，他「說了些好像是解釋說明的話」，岩波卻「非常大聲地只說了一句話：因為認為無罪。不禁欽佩地想，的確還是這麼說好」。

岩波在起訴當天的三月八日（一九四零年），在熱海市伊豆山東足川購買了土地，並於第二年九月建造了別墅。這是他打算用來靜養身體，為入獄而準備的。後來，岩波誇張地說，還是蓑田給了我這個休養的場所，他真是我的恩人啊！但建成後，岩波對自己的休養置之不理，卻一個接一個地將前輩友人帶去，在物資匱乏的年代裏，煞費苦心地款待他們，幾乎沒有一個人獨處的時候。這不怪別人，只能怪岩波。

這裏有一封岩波寫給蓑田的信，這封信明顯地表現了岩波的思想和態度，引用於此。時間好像是一九四一年十月。

拜啓

祝您愈加健康平安。感謝惠贈貴雜誌《原理日本》十月號，有幸拜讀。承蒙您將小生這一介市民視為一個有資格立於主義之上的人，並對小生在帝大新聞上的談話加以駁斥，實感光榮之至。從足下固守的日本主義來判斷，小生的出版方針的確有如無方針。即使這樣，作為出版者，小生堅持不趨炎附勢、不媚俗的操守態度，將來也打算繼續如此，忠實地介紹人類思想史上出現的種種有代表性的思想，將此作為出版者的義務與規則。不忘記過去的日本，同時，在思索未來的日本時，不徒然固守以往狹隘守舊的國粹主義，領會五條誓文的精神，求知識於世界，集人類文化之精髓，並將其融和統一，將此作為成就日本精神之美的途徑。我堅信，充滿希望的新日本的建設必須立足於廣大無邊的真理之上。我認為，正如引進佛教、儒教後，日本精神的內容大放光彩一樣，今後，只有吸收世界人類所有的真善美，日本精神才能蓬勃發展，永不失去其光輝。小生每出版一冊雜誌、一冊圖書，無不是為了學術、為了社會。出版《吉田松陰全集》時的心情，與出版馬克思的資本論時小生作為出版者的態度，都出自小生一貫的操守。

我認為，無論是各類學說，還是各類思想，只有對其進行研究、探討，學術與社會才能進步。因此，奉行某一主義的人應懷着尊敬接觸相反主義論者，以正大光明之心情討論。

小生體察尊台有憂國之純情，不滿現時世態。雖說小生原本一介市民，但在憂國這一點上，敢以落於人後為恥。若能與尊台敞開胸襟暢談一夕，暢談思想傾向的不同點，即便只能消除無聊的誤解，對雙方都是有益的。

貴社的三井君為小生學生時代的友人，之後許久未見。即便思想傾向有所不同，小生對三井君的友情與往昔相比絲毫未變，因此望能見面叙談。若無不便，望有機會三人見面叙談。

謹致問候　　敬具

這封信寄給蓑田後，岩波與三井和蓑田共餐。記得岩波對我說，當時蓑田頻頻熱論，而三井則在旁邊獰笑。

本年度的發行書目七十有餘，此外還有全書四種、新書二十四種。全集除上述《藤樹先生全集》、《山鹿素行全集》思想篇外，還出版了《鏡花全集》（二十八卷，一九四零年四月至四二年十二月）、《水上滝太郎全集》（十二卷，一九四零年十一月至翌年十二月），可謂忙中有閒。書籍的銷況普遍良好，但值得關注的是，岩波書店發行的非時尚、嚴肅的學術性書籍非常暢銷。岩波在一月的《國民新聞》報上提出「要普及回覽書籍（按月收取一定費用，定期向交費者發送、更換書籍。——譯註），以應對紙張匱乏」，他極其公正、妥當地評論道，由於紙張不足，應控制興趣本位的出版，無論舊書的出版如何有前途也要停止，將出版控制在新書範圍內。為彌補其不足，出版商和雜誌商應為回覽書商提供一切便利，他們目前正受到書籍提供者方面的沉重壓迫。

在講話中他還指出：「最近，出版界遇到少有的盛況，出版的書籍立刻被消化，訂單紛至沓來。我不能準確地推測這種盛況的原因，但同樣的盛況在震後也曾出現過。最近，讀者的傾向好像非常堅實，他們的目光非常敏鋭地投向古典或基礎學術書、嚴肅書籍上，這是令人高興的現象。戰時國民的精神處於極其緊張的狀態下，這從讀者的動向得到充分的證實。」岩波描述的讀者層的動向，可以説確是事實。

這一年出色的出版物如下：哲學方面，波多野精一的《宗教哲學序論》發行了一萬三千；田邊元的《歷史現實》由於時局及田邊自身的人氣，更超過十一萬。在中國研究方面，有加藤常賢的質樸的《支那古代家族制度研究》，還出版了吉川幸次郎譯《尚書正義》。天野貞祐的文集《通向道理的意志》發行了三萬四千部，島崎藤村的南美紀行《巡禮》二萬，齋藤茂吉的歌集《曉虹》一萬三千，戰死的太田慶一的《太田伍長的陣中手記》二萬，此外，還有日本學術振興會編的英譯《The Manyoshu》和豐田實著《Shakespeare in Japan》。我妻榮的民法一直受到歡迎，結果這一年的《債權總論》（民法講義Ⅳ）發行了近三萬二千，這也説明了一種時代現象。法律方面，栗生武夫在一九三七年出版了《法的變動》之後，這年又出版了《法律史的諸問題》。二月十二日，能勢朝次的《能樂源流考》被授予恩賜獎；齋藤茂吉的《柿本人麿》被授予學士院獎。於是，在岩波身上出現了政治上被彈壓、文化上被讚賞的諷刺現象。十九世紀末，林六合館發行的佐村八郎著《國書解題》也是值得尊重的業績，而在這本書長期絕版期間，書誌學上又出現了進步的成果，岩波想吸納這些成果，重新開始國書解題的事業。七月，岩波在帝國飯店招待辻善之助、新村出等人，他解釋了對先人鼎軒田口卯吉的仰慕和尊敬之情，決定從紀元（日本皇紀元年為公元前六六零年。——譯註）二千六百年的這年四月開始，具體着手這項事業，因此迫切希望得到在座學者的協助和忠言。但是，這項事業在取得一定進展之後，由於戰爭不得不中斷。

六月，一百三十名店員加入職員保險。九月，由於糧食情況惡化，店員的供餐改為替代食品。另外，這一年的重要事件，是岩波投入個人財產一百萬日元，設立了「風樹會」，重點資助從事理論基礎研究的年輕研究人員，這將在岩波的「社會生活」一章中詳述。

在時局窘迫之下，形成了所謂的出版新體制。對此，岩波直戳其弊端，指出那些緊緊抱住新體制不放的人就像不想錯過公共汽車一樣，他們迄今為止成立的同業公會都是自家擁護性質的、專門維持自己特權的機構。「出版不是賭博，如果真正有益於社會，那麼它在經營上也必然能夠成立。」即便在迫害之下，岩波仍愈發堅定了這一信念。在《文藝春秋》中登載的《從出版界的立場，對當局的文化統管提出具體希望》一文的最後，他痛切陳詞：「總之，在我國這個要確立東亞新秩序、進而推動世界新秩序確立的高度國防國家，在實施新體制的思想根本——文化統管時，理應嚴格人選，必須抱住貫通古今的高邁理念，秉持通曉東西的公正態度，以建設讓世界景仰的日本文化為目標。在斷然痛擊那些缺乏奉獻精神、褻瀆文化之惡徒的同時，對於誠心誠意熱愛學問藝術、憂國憂君者，應積極地為其研究、創作、言論提供一切便利。以不符現今國策為名，不必要地壓制言論，流於狹隘、守舊的政策，並不是發揚我民族優秀性、培養興隆日本之大國民的方法。」這番話確有以其人之道，還治其人之身的氣概。那些笑話這番陳詞是中學生式的人，果真有岩波的這種氣魄嗎？

六　太平洋戰爭期間及投降後

在昭和十六年（一九四一）初的致辭中，岩波說：「我覺得今年和平會來到，各種各樣的工作拖曳着我，但我想專注於這件工作。」但和平不但沒有到來，日本更縱身躍入太平洋戰爭中。是年四月，日美開始談判，但松岡外相卻把心思用在希特拉和史太林身上。六月，德國撕毀不侵犯條約入侵蘇聯，日本強行進駐法屬印度支那，美英兩國斷然凍結日本人資產。近衛放棄內閣，東條的純軍部內閣成立。美國在「與日本的開戰不可避免」的決議下，推出強硬的《赫爾備忘錄》。在由此激發的日美戰爭中，國民一度被首戰的勝利所迷惑，但日本在政治上、軍事上都受到世界的孤立，這場戰爭成了一場以世界為對手、將窮困與死亡強加給國民的無望的戰爭。

即便在這種時勢下，岩波書店的繁榮景象不僅在持續，而且呈現出達到頂點的態勢。出版書目超過七十，除文庫外，還有全書五種、新書六種。在單行本中，秋山謙藏的《日本的歷史》加上第二年的部分，發行量超過二萬，天野貞祐的《我的人生觀》超過一萬五，山本有三的小說《路旁的石頭》達三萬。叢書中受到歡迎的是年末出版的《為了少國民》。有馬宏的《挖隧道的故事》、宇田道隆的《海與魚》、內田清之助的《候鳥》、中谷宇吉郎的《雷的故事》、日高孝次的《海流的故事》等發行了二至三萬，都是科學性的內容。此外，數學及自然科學方面，質樸的理論著作也出版了近十種。其中，林桂一的《高等函數表》格外優秀（該作者後來還出版了《圓及雙曲線函數表》等）。日本文化方面，除澤瀉久孝的《萬葉的作品與時代》、池田龜鑑的專業著作《關於古典的批判處置的研究》、時枝誠記的《國語學原論》和《國語學史》外，還有東北帝國大學的德國人哲學教師黑利戈爾著、柴田治三郎翻譯的《日本的弓術》，這部著作雖然是廉價版，發行量卻超過一萬，可以說，這還是顯示了時代對日本文化的關注。此外，還有關於中國和東洋方面的書籍，倉石武四郎的《支那語教育的理論與實際》、宇井伯壽的《第二禪宗史研究》、已故白鳥庫吉的《西域史研究》上冊等發行量也相當大。桑原武夫譯《阿蘭藝術論集》發行一萬八千，九鬼周造和木村素衛的文藝論、美術論的發行量也很大。還出版了前日本銀行總裁深井英五的自傳《回顧七十年》和陸奧宗光的遺稿《蹇蹇錄》。

岩波在這一年的年初，一月七日的日記中寫道：「書的定價低、版稅高、質量好、工人的工資高、材料好。如此，剩下的善款再為社會所用，肯定誰都不會抱怨了。」這確實也是岩波付諸實施的。對於在這種情況下仍然出現的怨言，岩波在感到滿腔不平的同時，可能又感到無上的自豪吧。

第二年將迎來開店三十周年，因此，岩波寫信給各位前輩，就出版方針、營業方針尋求建言，但沒有太大的反響。面對《電報通信》的提問，岩波就戰爭下的出版及其理念作了回答，內容都是他平素所講、迄今為止反覆談及的。但其中關於報紙廣告的談話內容，還是像往常一樣準確、公正。岩波的宗旨是：效果好的報紙廣告費高，這是理所當然的。要在好報紙上廉價發廣告，就像要低價購買好商品一樣，是不合理的，那些要借助團體的力量降低廣告費的廣告主用心不良，但報社方面也不能抓住廣告主的弱點乘虛而入。而且，像化妝品、藥品、機械類等利潤空間大的商品，和出版等利潤空間小的商品，其廣告費出現價差是理所當然的。靠個人的力量看不到、只有借助報社的力量才能看到，報社應讓我們看到這樣的內容，但雙方都應避免廣告策略性的聚會、旅遊等。廣告價格上漲時，可以採取縮小鉛字、增加行數的方法，但這樣對眼睛也不好。如果有必要提高廣告費，那就應斷然提高。這顯示岩波對具體問題持有明確意見，並能明確表達，同時，也直截了當地表明了他作為人、作為商人的生活態度，因此特作上述引用。

這是一月二十二日的事情，他在日記中寫道：「驚奇地發現食堂的麵包份量少了，必須想些辦法了。」並對為店員提供午餐發出感懷。九月，前面提及的在熱海市伊豆山東足川的別墅建成，連女傭房間在內的三個房間都帶浴室。

時間不確定，大約是在是年秋的太平洋戰爭爆發之前，岩波應N.H.K.（日本放送協會的簡稱。——編註）的希望，通過超短波嘗試了海外廣播。為了便於英譯，吉野作了相應的修改；岩波又在吉野的提醒下，對部分內容加以潤色，但整體上還是岩波的構思。對內，他對日本進行嚴厲的批判，但對外，他卻是一個不厭其煩地宣傳日本的愛國者，為了顯示他的這一面，特在下面引用他的廣播內容：

日本的出版事業歷史悠久。早在一千二百年前孝謙天皇時代，就已經翻譯木製活字的佛教聖典，就連金屬活字也是在三百年前，有名的將軍家康時代就開始使用了。最初的金屬活字是銅製的，但在離古登堡的發明不太遠的時代，我們的祖先就考慮用同樣的方法致力於知識的普及，這對諸君來說，可能也是感興趣的事吧。但是，以相當廣闊的市場為對象，使用工業化的印刷術活躍且大規模地經營出版事業，還是近年的事情，即距今約七十年前，在諸位美國人及歐洲人的刺激下，我們廢除了封建制度，作為近代國家朝氣蓬勃地復興以來。從那以後，我們打開了長期以來閉鎖的門戶，不斷引入最新的技術，使這項事業取得驚人的發展。這只不過是諸君所知曉的、近半個世紀中日本取得快速而全面發展的一個例子。但是，如果諸君能夠親身觀察現狀就可以看到，我們是如何熱心地學習諸君的長處，如何努力利用這些長處使自己更快成長，如何在向諸君學習的同時，努力發揮自己獨特的創意，而這些恰好都在一個例子中鮮明地體現出來：在日本的大城市裏，可以發現眾多的近代印刷廠，如果諸君訪問這些印刷廠，開始時，一定不會有一絲身處外國的感覺。工廠的建築、各種設備都是歐洲或美國式的。複雜精巧的輪轉機、各類印刷機在巨大動力的帶動下，像歐式或美式機器一樣運轉。充斥工廠的噪音，和諸君在紐約、芝加哥、華盛頓的印刷廠聽到的絲毫不差。但是，一旦諸君將機器中吐出的紙拿在手裏細看，諸君一定會有一種非常奇異的感覺，紙上的文章是我們日本人的祖先在一千幾百年前從中國引進的一種象形文字，以及其後我們發明的一種日本獨特的音標文字組合而成，文章的印刷與諸君的完全相反，是從右讀、竪寫。不僅如此，如果諸君明白這些文章中的字，並能讀懂文章，就會有更意外的發現：在某個工廠，諸君可能會看到，二千年前的中國哲學的古典書籍，以與其完全不相稱的近代方法被大量印刷；在某個工廠，諸君可能又會看到，一千年前我國的古典文學，與杜威教授《確實性的探究》（*The Quest for Certainty*）的譯作，在相鄰的機器上眼花繚亂地印刷。同時，眾多學者在接受近代歐洲精神的洗禮後，以新的目光審視我們自身的傳統，從我們祖先遺留下來的美術、文學、道德論中，再次發現還未結束的生命，他們的研究也同樣讓印刷機忙碌地旋轉。從中國傳來的文學與我國獨特的音標文字、美式的生產形式與日本的古典文學，這種乍看奇異的組合，確實足以讓首次接觸它們的人們驚奇。但是，我們自己卻不感到那麼奇異。這是何故？這是因為，我們熱心於攝取、消化一切世界文化，並不斷創造新的綜合性文化，今天仍是為此不知疲倦。上述的組合和對照也在這種熱情中被溶化，並被高效地調和。從此次大戰爆發的前後開始，阻隔各國國民的壁壘增高，特別是經濟壁壘，從各自的立場出發被有計劃地加高了。由此，非常遺憾，各國國民間的感情隔閡看起來也與日俱增。但是，僅從我所從事的出版業來看，日本人尋求與世界文化交流的熱切之心並沒有衰竭，而是一直存在。實際上，熱愛、尊敬優秀的海外文化，並將其化為自己的血肉，這種要求演化為旺盛的購買力，展現在日本出版業者的面前。儘管目前的國際形勢要將各國國民封閉在自己國家的邊界內，但在我國的出版界，各個領域的翻譯書籍都顯示出旺盛的銷情。即便是日英關係處於不受歡迎的階段，莎士比亞戲曲的銷售情況也絲毫沒有減退，洛克、休謨等哲學家的主要著作也不斷被翻譯，並作為大眾性的廉價版普及。不，這種現象在今天處於最令人遺憾的敵對關係的中國方面也可以看到。幾千年來，我們的祖先喜愛孔子、老子、莊子的原典，至今，他們的學說以各種各樣的形式融入於我們的日常生活中。對於這些中國古典思想家們的熱愛，即使在我們被迫與蔣介石政府開戰之後，不但沒有絲毫衰減，反而日益加深。為了提高我國國民的一般修養水平，我網羅東方及西方的古典著作，策劃並出版了價格低廉、任何人都可以購買的叢書，即《岩波文庫》，已持續發行十四年。今天，該叢書擁有一千二百餘種書目，成為我國擁有最廣泛讀者的叢書，也成為忠實反映我國讀者的一般需求的書籍。在日本與中國進入戰爭狀態後的四年間，讀者對於這部叢書的整體需求不僅不斷激增，其中收錄的中國古典更出現了愈加受到歡迎的趨勢。現在，無論怎樣加緊再版，都處於供不應求的狀態。我要特別指出的是，這部以德國的雷克拉姆文庫為範本、便於攜帶的岩波文庫，成為了趕赴戰場的士兵們的最好伴侶。在中國打仗的士兵們的口袋和行囊中，揣着上述中國哲學家們的典籍，還有李白、杜甫等唐代詩人的詩集，這一事實也證實了我們的聲明——我們的戰爭雖與蔣介石及其一派為敵，但絕不憎惡中國民眾。不僅如此，關於中國文化的學術研究反而受到日中戰爭的刺激，變得更加活躍起來。最近，在我國的出版界極其引人注目的現象之一，就是每月都在出版研究中國的書籍。今天，一部分被歐化的中國人故意無視自身的傳統文化，喪失了他們對世界古典的熱愛與尊敬；而教化程度驚人之低的中國大眾，還停留在對其祖先那些值得自豪的事業完全無知的狀態下。今天，我們日本人比中國人自己更深愛着古典文化，理解其價值，並努力保存。我們可以自豪地說，我們更熱心地從事着將其和西洋近代文化融合的這一偉大課題。同樣，在與佛教的關係上，印度的情況也可以這樣說。距今七十五年前，在明治天皇斷然實施日本有史以來最大的革新之際，他向天下公佈了五條誓文，這五條誓文成為後來日本飛躍發展的指導原理，其中就有「求知識於世界，振奮皇基」一條。在這裏我們看到，自古以來，日本人在接觸他國國民文化的同時，還在悠久的歷史中加以實踐，最後作為一條新的指導原理得以確立。而且，我們始終努力忠實於這條原理，實際上也正在努力。

以如此敞開的胸懷，熱切地攝取優秀的海外文化，同時，還要努力使這種攝取不墮落成單純的接受、模仿，這種努力也清晰地反映在出版界。再次探討我們的傳統，重新認識我們所固有的東西，激發獨立自主的精神，這方面的評論、這種傾向的研究，讓近來的出版界熱鬧非凡。關於這一點，有不少應該講述的內容，但我想把它留到其他的機會。總之，根據我從出版界現狀看到的情況，可以肯定，我們的愛國心與狹隘的排外主義無緣。事實是最好的證據，一千年前，我們的祖先給我們留下了國民詩集《萬葉集》，每年，它通過各種版本銷售數十萬部；另一方面，米切爾的《飄》（*Gone with the Wind*）的譯作在我國的出版界也受到了近來罕見的極大好評。從柏拉圖、亞里士多德到康德、黑格爾的哲學古典，即使在戰時也穩步地翻譯過來，出版也無異於平時，甚至策劃翻印，一部分還作為划算的商業項目得以實現。

我熱切地希望海外諸君能夠全面注意到日本的這一面。謹願諸君能夠像我們努力地理解諸君一樣，嘗試着理解我們——這就是我們共通的希望。

昭和十七年（一九四二），為太平洋戰爭的初戰而興奮的國民勝利之夢，早早地就因中途島海戰的敗北而清醒。德國對蘇聯的閃電襲擊以及北非戰略沒有進展，戰爭逐漸顯現出長期消耗戰的態勢。五月，由翼贊選舉產生的所謂官選國會議員充斥着議會，另一方面，經濟困難與糧食匱乏愈發嚴重，海陸軍力和兵器的補給衰減，國民由暫時的昏頭再次被引入絕望。但岩波書店的出版盛況仍在持續。

一月六日，神田區神保町二丁目三番地的零售部連同一棟住宅遭受火災。

這一年的出版達八十種，外加新書十一種。最多的是法政經類，近三十種；科學（自然、應用、數學）近二十種，其中有岡田武松的名著《理論氣象學》上卷（中、下卷分別於一九四三、四四年出版），以及湯川秀樹、坂田昌一合著的《原子核及宇宙線的理論》等。在思想方面，玖村敏雄的《吉田松陰的思想與教育》發行了二萬，高山岩男的《世界史的哲學》一萬五千，幸田成友的《日歐通交史》近一萬，還有《佐藤信淵武學集》，這顯示了日本中心主義思想，同時也顯示了日本要從世界史角度上承認太平洋戰爭的意義。但是，和辻《倫理學》中卷的暢銷，既是由於和辻的人氣，也可以說顯示了時代對國民倫理感的動搖。岩下壯一的遺著《中世哲學思想史研究》，銷量也意外地多。關於中國或東洋書籍的銷量也較大，這也說明了時局的影響。博學但英年早逝的玉井是博《支那社會經濟史研究》，這種質樸的著述銷量也相當大。此外，還出版了松本信廣的《印度支那的民族與文化》。小宮的《漱石的藝術》匯集了附在《漱石全集》中對漱石作品的解說，超過二萬。

在《為了少國民》這部叢書中，《魚的生活》、《地圖的故事》超過三萬，《聲音是什麼》、《山是怎樣產生的》超過二萬，這可能也反映了戰爭對科學的迫切需求吧。

岩波很早以前就對於盎格魯－撒克遜人稱霸世界，特別是他們對東方的吞併、壓迫、榨取懷有強烈的憤慨。因此，對於太平洋戰爭，他並沒表現出像對日中戰爭那樣的反感。但是年末，岩波在《讀賣新聞》上發表了自己的見解，認為「即使在戰時，理念的高揚與修養的提高也是不可草率對待的國家的根本要求」。第一，「要灌輸對於戰爭目的的堅定信念」，為此，他倡導自己一貫主張的尊重古典的精神，「不僅限於有關時局的出版物，以哲學為首的、古今東西的典籍也不能予以忽視」。第二，也是他平生的一貫主張，「為取得戰爭的勝利，尤其要注意自然科學方面」。他說，這就是國家的兩大要求，再看現在的出版物，能完美實現以上兩大要求嗎？儘管有情報局、文化協會、配給公司和各機構的努力，但還是從有識之士的口中聽到出版物質量低下、不急需的書籍泛濫、配給遲滯等意見。這時，我們出版商「必須在自己的職責範圍內深刻反省」。他更具體地道破：「面對用紙限制的對策就是一句話——嚴格選擇出版物。一門百發百中的炮可與百門百發一中的炮匹敵，現在，我們出版者也要銘記東鄉元帥的這句話。」對於當局，他明確地說：「在力主強化戰時出版理念的同時，希望明確高品位的實物標準，不要讓哪怕一本雜誌或一本書因營利第一主義而不能出版，事業的整頓也會自然解決。」

他進一步指出：「為此，或利用現在的制度，或召集各方面的有識之士成立委員會，總之，應進行嚴格挑選。首先，在道義上依靠出版者的良心，無效時，根據總動員法進行適當處置也是不得已而為之。」他甚至極端地說：「我們作為出版者，沒紙的時候就要自己決定生存道路，是拿槍上戰場，還是拿着鋤鍬耕田，還是用鎬挖煤。那時，絲毫不要煩勞站在社會政策立場上的當局，必須為國家奉獻至最後一頁紙。」

岩波自己果真對戰爭目的持堅定信念嗎？而且，他認為當局能滿足他那針對戰爭目的灌輸信念的希望嗎？這些都不能單純地肯定。但是，岩波所尊信的、被公認為嚴肅思想家的西田和田邊，以及我們眾人，都不能說沒有過這樣的希望。必須承認，我們雖不滿軍部和政府的處理，但另一方面，我們又肯定戰爭，或者說沒有完全否定戰爭。政府和軍部的做法強硬至極，接連引發國際上的不信任，而且，軍部和為政者依仗自己的權力與威福，陷國民於塗炭之苦，我們對於這種現實的認識還不充分。在後面我要講到的、是年十一月舉行的開店三十年招待宴會上，在岩波處於感激的高潮之時，恐怕他和滿堂的來賓一樣，都沒想到日本悲慘的投降與戰敗。但是，對於岩波最後寫的那些話——以在戰場上拿着槍、握着鍬和鐵錘的思想準備，為出版奉獻到最後一頁紙的那些話，有人嘲笑這是中學生氣焰，我卻不能苟同。的確，看上面引用的那些話會發現，岩波也有出人意料的恭維、技巧和偽裝。但是，一旦事態發展到盡頭時，岩波也是毫不畏縮、斷然拿着槍、握着鍬的極少數人之一。在這一點上，他和那些在萬一之時或佯裝不知，或悄然消失的嘩眾取寵者不屬一類。

這一年中，對於岩波、對於岩波書店最重大的事件，可能就是岩波於明治大帝的生日——明治節舉行的創業滿三十年大型宴會。從這天起到投降為止，如此有質有量的公共宴會恐怕在整個日本也沒有吧。這次宴會在祝賀岩波書店三十歲的同時，也作為弔唁六月以來太平洋戰爭的敗運的前法會，更進一步說，對於自《岩波新書》以後漸漸脱離出版、傾心於社會活動的岩波自身來説，的確是一次感慨萬分的活動。宴會的始末在是年十二月，岩波書店的機關雜誌《圖書》的最後一期中已詳細記載，這裏我只作大致講述。

首先，他發出了下列內容的請柬。

肅啓　已是天高氣爽時節，恭祝諸位愈加清新祥和。平素久疏問候，特表歉意。

反躬小生半生，碌碌無為，深感愧疚。所幸身體康健，得以無大過地在職責範圍內奉獻芹微衷，承蒙諸位庇護，常懷感激之情。值此創業三十年之際，特藉此機會，向自小生少年時代至今，蒙賜知遇之恩的各位先生及承蒙特別厚誼的各位摯友，略表感謝之意。時值時局多變之秋，煩擾諸位，惶恐至極，懇請撥冗於十一月三日下午五時光臨大東亞會館。

敬具

昭和十七年十月十日

岩波茂雄

該請柬除日本國內之外，還發往朝鮮、滿洲，對所有岩波迄今為止承蒙知遇與友誼的人們，不問專業或工作範圍，懷着對他們多年來的眷顧表示感謝的願望，向各方面廣泛發送邀請函。岩波傾注於招待宴上的苦心與努力，將他的專注、執着、急躁完全表現出來。請帖的發送對象、用詞、致詞的推敲、座次的選擇等，決定後又更改，更改之後又恢復原樣等等，不僅自己手忙腳亂，更讓店員們忙得不可開交。

岩波選擇明治節，毫無疑問是出自對明治天皇的尊崇之情。他於當日五時起床，參拜明治神宮，僅從這一舉動就可以瞭解岩波的心境。岩波在晚宴的致詞中，講述了自己的一生、性格、理想、進退以及畢生的事業——出版事業，幾乎毫無保留之處，因此，我不厭冗長與重複，在此全篇引用：

今天，我要向自我小學時代起至今日，曾教誨過我的各位先生、承蒙知遇之恩的各位前輩，以及賜予我深厚友誼的各位友人表示謝意。如今的工作自開創之日至今，正好三十年，藉此機會向諸位發出了邀請，諸位能在時局多變之時、公私百忙之中撥冗光臨，給予我一併表達感謝的機會，我感到無上光榮，不勝感激。

迄今為止，我沒有舉行過一次這樣的活動。在迎來創業二十五年之時，並非沒有要舉行一些普通活動的提議，但當時正趕上日中戰爭爆發，便打算等和平曙光到來之後再舉行。然而，事態發展為大東亞戰爭，今日的形勢已使我們國民必須作出長期戰的思想準備，因此，如果指望戰後，那麼像我這樣的年長者或許就終生沒有機會向承蒙眷顧的諸位表示感謝了，那將是遺憾萬千之事。而且我想，如果是這樣的感謝活動，現今的形勢或許不會允許吧，遂選擇了對於我們這些生於明治、長於明治的人們記憶深刻的明治節，向諸位發出了邀請。

在諸位的面前講述自己，我顧慮極多，但作為表示感謝的順序，就讓我從我的成長講到我是以怎樣的心情做這份工作的吧。

我生於信州的農民家庭，少年時代頑皮淘氣，沒有教養。在漸漸懂事的十六歲時失去父親，我初次體會到人生的悲傷，半年裏茫然不知所為。一日，讀到孝經中的「立身行道，揚名於後世，以顯父母，孝之終也」，始知孩童心中尚存孝養之道，終於從無法挽救的心境中得以救贖。自此極大振奮，本應終止學業、投身家業，卻得到母親的特殊應允，得以在前一年入學的鄉里的實科中學繼續學習。

但是，正值日清戰爭之後，英雄崇拜之風盛行。我等也受到了在今天看來非常可笑的影響，我將西鄉南洲翁的肖像掛在桌子旁邊，或被吉田松陰傳感動，讀得入迷，簡直要背誦下來，還沉迷、追慕維新志士。因此，在十七歲初次單身參拜伊勢神宮時，歸途上特意去京都，憑弔同鄉先覺佐久間象山先生之墓；又趕赴鹿兒島，在南洲翁墓前叩拜，獻上平素崇敬之情。對於山裏長大的我來說，這時初次看海、初次坐船，就連乘火車我記得也是第二次。其後，我仰慕杉浦重剛先生的高風，來到東京，並從日本中學畢業。在進京之前，我從家鄉給先生寫了一封信，請求作他的學僕，一邊工作一邊學習。這封信在四十年後的今天，在日本中學圖書室裏被發現，現在就在我的手裏。看了這封信，我驚奇地發現，當時的心境和現在幾乎沒有改變，我依然是吳下阿蒙。

在我就讀一高時期，所謂的人生問題是青年最關心的事情，世間稱為煩悶時代。畏友藤村操君的死，給我們青年帶來的衝擊的確十分巨大。我們視藤村君為勝利者，為之讚嘆不已，甚至認為，正是因為自己對美的憧憬不夠純情、不夠認真、勇氣不足，才沒有贏得死的勝利，作為慘敗者活着。那時，我愛讀北村透谷等的書，還為托爾斯泰傾倒，甚至認為能與托翁生活在同時代的土地上非常幸運。尤其是《懺悔錄》，我感到那簡直像是為我而寫，從「沒有信仰就沒有生存」一句中受到的感動，至今仍記憶猶新，好像感到了一線光明。攜一卷聖經去房州海岸也是在這個時候，揚名後世等以往立身出世主義的人生觀已完全失去魅力，毋寧說開始蔑視它們。但同時，我也失去了勤奮學習的目標，一度甚至放棄了學業，在信州野尾湖上的孤島上與自然為友，不知厭倦。這時，母親擔心我，深夜冒着暴風雨來到孤島上找我，諄諄教導。因此，我含淚告別自然，再次返回學校，後來總算結束了大學的課程。那年六月，母親突然亡故。自我少年時代喪父，一直操勞的母親，沒有得到一絲報答便離我而去，這是我終生最大的恨事，至今，每當思念母親，無不淚流滿面。

畢業後，我在都內的女校任職。開始時還有些許抱負，要為女子教育盡微薄之力。但是，我沒有人生的根本信念，教人之前，應當教的是我自己；救人之前，應當救的是我自己。我深為這樣的煩惱所苦。幾年之後，我終於脫離誤人子弟的痛苦，要從其他境遇中尋求心靈的平靜。

原本，我沒有任何才能，但所幸熱愛自然之情濃厚，常為生於山櫻盛開的國度感到幸福。學生時代，即使在想移居海外之時，也為要離開富士山而感到莫大的痛苦。我對日本的自然，就是有着如此深厚的眷戀。而且，我原本就是農民，從少年時代就割草耕田，對土地的親切就像回到了家鄉的那種感覺。所以，在決心辭去教職的同時，我想住在東海一帶，朝夕欣賞富士山，過晴耕雨讀的日子，這是我當時最憧憬的生活。

但那時，我還年輕，剛過三十，便將田園生活暫且珍藏起來，想作為一介商人，再次嘗試城市的生活。即使失敗，也會成為晚年的回憶。商人位於士農工商的最下等，但視乎做法不同，即使不讓自己變得卑賤，也一定能成功。也就是說，盡量廉價提供人們所需的物品，對自己經營的商品加以推敲，這樣，在滿足人們需求的同時，如果還能維持自己的生計，這不是一件好事嗎？本來，做生意絕不是屈辱的生活，至少不會擔心誤人子弟。「生活要樸素，情操要高尚」的生活，在責任輕、心安這一點上，不正是我所期盼的獨立生活嗎？我就是這樣考慮的。但是，如果不工於計謀，生意恐怕不會成功，因此，我暗下決心，如果嘗試之後，不能保持獨立與誠實，那就毫不足惜，我會即刻放棄，去過田園生活。新宿中村屋的相馬先生從早稻田學園畢業後開始經商，由於他是同鄉前輩，我就去徵求他的意見。他告訴我自己的經驗：無論什麼生意，即使是外行也一定能做下去。我決心成為一名商人，就是因為上述想法，因此，做什麼生意都行。我還按相馬先生所教，跑到新宿待售的乾貨店去看。但是，由於經營舊書店需要的資金比較少，還多少和以前的生活有關係；又由於大正二年（一九一三）二月剛巧發生了神田大火，和我以前任職的學校經常往來的書店在廢墟上新建的出租店舖空下來了，我就決定開舊書店。承租這家店後，於大正二年八月五日開業的是現在位於神保町的零售部。開店致辭清晰表達了我那時的想法，因此，請允許我在這裏朗讀：

「肅啓　秋風涼冷之時，謹祝健康平安。野生為擺脫無激情生活之束縛，且為免誤人子弟之不安與苦痛，辭去教職，自一介市民之生活，求早已冀望之獨立自營之境地，創辦下列書店，經營新刊圖書雜誌及舊書買賣。借鑑以往作為買主之諸多不快經歷，以誠實真摯之態度，盡力為大家謀求便利。希望作為獨立市民，度少偽之生活。欲以不才之身及貧弱之資，步入艱險世路，披荊斬棘，在自己之領域開拓出一片新天地。

深知必會遭遇諸多困難，為實現野生新生活中極少之理想，懇請給予同情、幫助，幸甚之至。敬具」

記得開始時我寫的是無偽之生活，後來才改為「少偽之生活」。而且，在開店致辭印刷物的背面，寫下了我喜歡的七句格言，順便在這裏朗讀：

桃李不言，下自成蹊。

生活要樸素，情操要高尚。

天上星空燦爛，我心道念盤橫。

大地愈加美麗，為人亦是歡喜。

正直之人多磨難。

邪不壓正。

正義是最後的勝者。

就這樣，我的舊書店開業了。本來，我的願望就是過獨立的生活，因此，我無視過去的商業習慣，蠻橫地按自己所相信的去做。其中一例，就是實施了那時被喻為破天荒之舉的舊書按標價出售。也有朋友親切地勸我，把理想暫時擱置一邊，首先按普通的做法做生意，等打下基礎之後再向理想邁進。但我的態度沒有絲毫妥協，只走自己滿意的路。「舊書有按開價賣的嗎？」我也經常遭到顧客這樣的斥責。但這本來就是為買主提供方便，因此，我的書店的態度終於得到認可，博得了顧客堅實的信任，書店的運營日漸順利。

那時，如今已成為故人的太田為三郎先生帶着創立台灣總督府圖書館的任務，突然造訪書店，就購買圖書徵求我的意見，結果下了一萬日元的訂單。記得當時書店一天的營業額只有十元、二十元。完全沒有關係的人對我寄予這樣大的信任，對此我非常感激，盡量提供便利，連對方也吃驚地問：書能這麼便宜地買下來嗎？

歷經以上的經歷，零售經營得以順利發展。大正三年（一九一四），以夏目先生的《心》為處女出版，我開始致力於出版事業。

大正初期，正值我國思想界的混亂時代。我痛感需要普及哲學的基礎知識，在友人諸君的幫助下，出版了哲學叢書。而且，各位先生曾教導我，自然科學在日本文化中最為落後。因此，在諸位先生的指導下，又出版了科學叢書。出版哲學方面的書、科學方面的書，都是出於相同的見地，都受到了社會的歡迎。其後，還擴大到講座、全書、新書、六法全書、教科書以及其他方面的單行本。但我一直是從滿足社會需要、彌補我國欠缺之書的願望出發的。這些正如諸位所知，有幸全部順利地得以發展。

在一元書時代，我希望學藝普及的形式應該像德國的雷克拉姆叢書，便模仿它創辦了岩波文庫，那時的情景尤其不能忘懷。當時，這部叢書反響極大，從素不相識的讀者那裏收到了上百封感謝信和鼓勵文章，其中還有「我要把一生的修養托付於岩波文庫」這樣的話，令我非常感動。那時，我第一次感到「開書店太好了」。

就這樣，在諸位先生的指導下，我按照自己的想法從事的工作，有幸在經營上全部取得成功。鼎軒田口卯吉先生也是我尊敬的出版先覺者，據說他曾說過，「對社會有益之事，其經濟上也必然成功。」從我自身的經驗看，的確如此。

今天，我的工作對日本文化起到些許作用，經常得到意想不到的褒獎，但這些對我來說都是過獎之辭。正如我剛剛講的那樣，我開始做生意，是源於一種極為消極的情緒，即隱身市井，謀求一個家，過一種責任輕、內心沒有痛苦、稱心如意的生活。開始時，並沒有為日本文化多少做些貢獻，或為振興學術稍盡綿力等等的抱負。自青年時代便為之苦惱的人生問題，歸根結底是生死的問題，即便到這個年紀，我仍沒有可以與人言的信念。但是，只要不否定生命，那麼，沒有他人的照顧就一天也生活不下去。因此我想，應盡量不麻煩別人，即使是身邊的小義務，也應盡力忠實地履行。無論是做零售業還是出版業，我唯留心不忘此事。是這種生活態度帶來了今天的成果。如果有一些看起來像是我的功績，那全都是諸位先生的研究、思想、藝術的餘暉，我只不過是將它們忠實地傳達於世的一名傳遞者。本是權宜之計而開始的工作，帶來了他人及我意想不到的成果。最不適合作商人的我，在經商中能不違背自己的意願生活至今，還能多少為社會作些貢獻，並慰我風樹之嘆，這些都令我高興得不知所措。

關於這些，我更深感眾人給予我的恩情與友誼。

第一是直接或間接地指導過我的諸位先生、前輩。今天列席的各位學界耆宿，如果沒有諸位的指導，於公於私都不會有今天的我。第二是四十年來給予我不變之友誼的友人諸君。這些友人對於我變身商人的心情給予了極大的理解，在著述、編輯以及經營方面，明裏暗裏支援我的工作，對我的事業發展起到多大的推動作用，至今無法言表。另外，還有來自全國各界的諸位，承蒙諸位認可我對出版的一片誠意，有時作為作者，有時作為建言者，無私地激勵我、支援我、指導我。沒有諸位，我終究不能在不違背意志的前提下，將事業發展到今天。

此外，在與事業沒有直接關係的各個方面，我作為一個普通的人，還承蒙了許多人非同尋常的盛情。

如果再加上對我的事業懷有好感的、天下幾百萬的諸位讀者，無論認識還是不認識，我確實得到了數不清的人們的親切之情。尤其是今晚邀請到的諸位，都是承蒙特別關顧之人。對於諸位多年來無盡的厚愛，在此謹表謝意。

此外，已成為故人的夏目漱石先生的知遇之恩、寺田寅彥先生的深厚情意，此時尤其難以忘懷。在此不再一一列舉在座諸位的芳名，唯對自中學時代起就常對我不吝斥正的安倍能成君等友人諸君，以及同樣自學生時代起就承蒙知遇，且自此事業開始之後，在我最不擅長的經營上給予指導的明石照男的厚誼，在此表示深深的謝意。還有在不果斷的我的身邊，極盡忘我之努力的堤經理夫婦，對以他們為首，不懈努力的全體店員表示深深的感謝。

我雖不才，但希望向着高遠的理想再靠近一步。我之所以能夠駑馬加鞭地沿着一條道路走到現在，極大地仰仗於杉浦重剛先生，他教給我貫徹至誠之道義的可貴；凱比爾先生，他教給我作為人的崇高境界；內村鑑三先生，他教給我什麼是永遠的事業；福澤諭吉先生，他教給我獨立自尊的市民之道；還有以公益精神貫穿整個生涯的青淵澀澤翁。此外，不勝惶恐的是，事業發展到今日，我作為國民時常推崇的準則，是明治大帝的五條誓文。

我堅信，這五條誓文不僅是開國的指南，還是皇國永遠的理念。我相信，奉戴此聖旨，為學術的進步、修養的提升傾注不懈的努力，是我們突破曠古國難，在自己工作範圍內為國效力的途徑。將此感謝晚宴特意選在明治節佳期，就是為聊表此志，我願在殘存的生涯中追隨此精神，為此信念活下去，毫無遺憾地作陛下的赤子、作一名國民。在此，謹向諸位以往的厚意表示深深的感謝，同時希望今後繼續給予指導、鞭撻。

對於諸位今晚的光臨，再次表示厚謝。感謝諸位傾聽我沒有條理的、冗長的講話。由於時局的關係，晚宴沒有任何雅趣，座次等諸般不周之處還請諒解，衷心希望諸位能暢快地歡談。

實在、實在，感謝諸位。

當夜來賓超過五百人，學界的主要人物自不必説，除藝術界、文藝界、政界外，還有諸位親朋舊故。學者之外的名士有牧野伯、原樞密院議長、宇垣陸軍大將，以及米內、中村、鹽澤三位海軍大將等顯赫人物，與他們挨着的有岩波小學時代的老師、從信州遠道而來的金井富三郎以及中學時代的老師。與開宴前岩波的致辭相呼應，上甜點後，以三宅雪嶺的致辭為開端，牧野伯提議乾杯，繼小泉信三、幸田露伴、明石照男、天野貞祐、安井徹（Tetsu）和藤原咲平之後，主持人安倍能成在致閉會辭時，暢談了自己的感受。三宅說，岩波的同鄉佐久間象山曾說過，想賺錢最好把一條腿抬起來小便，但岩波卻證明了，作為人也能堂堂地取得成功。小泉說，岩波的朋友另當別論，岩波能夠得到店裏面以堤夫婦為首的、敬愛岩波的店員們的幫助，這讓他非常羨慕。幸田說，曾經擔心岩波作商人會失敗，沒想到他卻詮釋了出版業的公益事業性質，並讚揚岩波始終以誠實為第一並取得了成功。明石追憶道，當時銀行的定期存款按金額多少提高或降低利息，岩波對此曾向他提出抗議，但現在，岩波為風樹會捐款百萬日元卻神色不變，對書店的運勢之好表示了祝賀。高村光太郎朗讀了他自己創作的短詩《三十年》，除這首詩之外，他還為岩波寫了下面的店歌，並在來賓致辭結束後，由十六名男女組成的合唱團演唱。

以天下為家
那遠昔的敕詔
培育吾輩文化
在可愛的世上，強健地生活
吾皇英明

那五條誓文
培育吾輩文化
幽谷思今
東方有紅日
世界之潮為之色濃
培育吾輩文化
心望明朝

繼高村之後，天野讚揚了岩波的事業所具有的倫理性，並讚嘆道，世上何事最令人歡欣？那就是正直之人取得成功；何事最有益於世道人心？那也是正直之人的成功。安井徹稱頌了岩波不外露的親切之德。同鄉友人的氣象學者藤原談起了岩波的青年時代，並説每次和岩波見面都一定會辯論，家人聽了以為兩人在吵嘴。西田幾多郎當晚因病缺席，所以特地送來一封信，勸戒岩波要「有始有終」。致辭的人並不局限於顯要之人、學界耆宿，而是大膽地選擇了與岩波最心意相通、工作關係最密切的一些人，氣氛舒暢，的確是一個網羅男女老幼、城鄉貴賤的、意義深遠的和諧的大宴會。在主客的感動與歡喜之中，宴會在四個小時之後結束了。

接着，在十一月六日，也是為紀念創業三十周年，岩波邀請了前幾日的晚宴上沒能邀請的往來客戶及店員家屬，在歌舞伎座舉行了招待會。

同年十二月二十二日，岩波多年以師禮相待、相助的原一高校長狩野亨吉在雜司谷的陋居中病逝，享年七十九歲。

到昭和十八年（一九四三），日本的敗相日漸明顯。與此相反，美國的潛力與速度進一步加強，南洋諸島上的日軍基地相繼被奪走，同時，剩下的基地也被切斷了與本國的交通，已沒有實際意義。在歐洲，二月，史太林格勒的德軍投降，意大利的墨索里尼下台並宣佈無條件投降。進而在北方，阿圖島上的日軍全軍覆沒，但政府與軍部向國民掩飾真相，陸、海軍發生衝突。雖然設立了軍需省，但所謂的計劃經濟發揮其本質，終於愈加墮入無計劃性，即使把軍需工業都集中到飛機上也不見效果。除軍部與少數的財閥、黑市商人外，正直的大眾都瀕於貧困、衰弱的境地。而岩波書店的出版雖達七十多種，但新書僅一種、全書僅四種，以至於後者不得不在當年停刊。在出版的書籍中，自然科學、應用科學及數學最多，達二十種，社會科學及人文科學也為數不少。其中，笹野堅編《古本能狂言集》雖是委托出版，但到第二年的一九四四年已出版四卷，平均每卷的發售價格超過五十日元，這在當時是最高的，但僅賣了二百部。下面列舉幾部銷售量大的書籍：舞出長五郎的《理論經濟學概要》，可能因為同類的教科書性質的書籍少，竟銷售了二萬六千部；高野長運的《高野長英傳》、青木正兒的《支那文學思想史》一萬、高木貞治的《數學小景》一萬四千、波多野精一的《時間與永恒》一萬七千、同為高木作品的《增訂解析概論》竟達一萬九千，湯川秀樹的《存在的理法》也超過一萬，還出版了田宮博的《光合成的機制》。此外，矢代幸雄、齋藤茂吉、岡崎義惠等關於日本藝術和文學的著述，以及關於東洋文化、東洋思想的書籍，也賣出了相當、甚至是非常大的數目。這說明日本人中嚴肅的階層，也在時代的混亂背後反思，並表明了他們對學問的訴求。

三月以後，店員的配餐僅限於副食，這顯示了日本糧食的匱乏。為紀念前一年十一月三日舉行的三十年紀念晚宴，岩波書店向當時的與會者贈送了富本憲吉製作的茶杯，上面寫有由華茲華斯的詩句而來、表達岩波生活理想的「低處高思」四字。岩波在附信中寫道：「其後戰局日日告急，時至今日，如昨秋之聚會已成無望之事。回顧去歲，天賜不復再來之好機會，為此幸運而高興，同時痛感邦國前途不易。」這確是他的真情實感。

到昭和十九年（一九四四），戰局漸漸走到盡頭。二月，向朝鮮發布徵兵令；十月，去年已擴大到十九歲的參軍年齡又擴大到十八歲。即便如此，美軍於十月登陸雷伊泰島，戰爭愈加陷入悲慘境地。在歐洲，英美聯軍在諾曼底登陸，造成了國民想支援戰爭也無法支援的窘境。七月，東條內閣倒台，但小磯・米內內閣也不知所措。出版方面，《中央公論》及《改造》遭到強制停刊；對於岩波書店發行、城戶幡太郎主編的雜誌《教育》，出版會也以當局命令為由強制停刊。岩波為此起草了傾吐滿腔不滿的文章，但沒有公開發表。四月，在寄給德光衣城在北京出版的《東亞新報》的信中，岩波以他喜愛的句子「你能夠，因為你應該」為開頭寫道，當為利害得失而困惑時，只要撫心自問，基於自己的職責應該做什麼，問題就會意外簡單地解決。並寫道：「無論戰局如何激烈，形勢如何緊迫，只要國家對出版事業還有要求，出版者應盡的職責就應該存在。我堅信，只要捨棄在形勢的變化下應如何自處的保身立場，一心尋求出版者在非常形勢下應如何履行職責，那麼，道路就會自然而然地暢通。」

由於岩波書店的出版情況很好，財力充沛，岩波即使在國家窘迫之時，也過着衣食富足的生活。但是，岩波在萬一之時捨身的決心也是認真的。有這種決心的人，在出版界可能絕無僅有，在學者精英中也幾乎沒有吧。

這一年發行的單行本達六十餘種，其中，獨特之作有小倉進平的《朝鮮語方言的研究》上下，科學方面有芝龜吉的《物理常數表》，哲學方面有松本正夫的《〈存在的邏輯學〉研究》，還有花山信勝的《關於勝鬘經義疏的上宮王撰的研究》等專業研究書籍。

但從四、五月開始，岩波的健康出現了問題。四月時已經出現徵兆，到五月二十四、二十五日，岩波或弄錯方向，或舌頭不靈、説話不清，有時白天沒有點燈，他卻讓人關燈。這已經預示了他第二年秋天的病發。

另外，正如前面已提及的，是年十一月四日，關於津田左右吉的著作違反出版法的審判，由於時效問題宣佈免予起訴。

昭和二十年（一九四五），該來的結局終於來到了。二月，硫磺島失守，塞班被攻破。之後，雖然自前一年十一月以來，B29轟炸機就已開始來襲，但在這一年三月九日晚上的東京大轟炸以後，日本的所有城市都遭到轟炸。岩波在神保町的一棟建築也由於強制疏散而被拆除。四月，沖繩本島落入敵手，日本海軍全軍覆沒。終於，在八月六日和九日，廣島、長崎先後遭到剛出爐的原子彈的轟炸，全市被名副其實的地獄劫火燒毀。在此之前的四月，小磯內閣倒台，鈴木內閣產生。五月，納粹德國無條件投降。在小磯內閣倒台之日，蘇聯通告不延續快要到期的中立條約，並於八月八日對日宣戰。七月下旬，波茨坦宣言發表後，又經過了幾多逡巡與曲折，終於在八月十五日，由於天皇「無論朕身如何，不忍再見國民倒於戰火」的決斷，日本決定無條件投降。東久邇宮內閣成立後，九月二日，與盟軍最高司令麥克阿瑟元帥簽署了投降文件。十月，美國向幣原新首相提出釋放共產黨領導人後，接着又提出了解放婦女、發展勞動工會、學校教育的自由主義化、從專制政治中解放、經濟民主化等的要求，幣原不斷被迫發佈所謂的「民主化」命令。

岩波基本上歡迎美國的解放政策。但是，由於戰爭末期的凋敝與戰後的混亂，這一年的出版數量很少，只有十餘種。辭書、全集、雜誌等的發行原本就已絕跡，但還是出版了西田幾多郎的《哲學論文集》、金子武藏的《黑格爾精神現象學解題》，還有辻善之助的《日本佛教史》上世篇等質樸的作品。岩波在是年一月八日的日記中訴說有肩痛及血壓一百八十，但在二月十一日成為東京都高額納税者議員補選的候選人，並於三月二十七日當選。五月二十五日，小石川的住宅被燒毀，岩波說自己終於和普通人一樣，反而更安心了，但一橋的書店總部最終免於災難。五月二十日以後，《理化學辭典》的印刷頁分幾次疏散到位於世田谷區祖師谷的勞動科學研究所。七月二日，岩波委托鷗友學園及十文字學園等的女子勤勞隊，將這些辭典的印刷頁摺疊起來。在鷗友學園的開園式上，岩波陳述了自己的一貫見解：學生在勤勞作業中從事出版工作還是首次，這項工作即使不是直接的軍需產業，但從兵力、文化和印刷的關係來看，它絕對不是沒有實用性的工作。在此之前，有誤傳岩波書店要將出版印刷能力疏散到家鄉長野縣，在六月二十四日的《讀賣新聞》上，還傳言《岩波文庫》絕版、岩波書店解散的消息。

五月九日，店員小林勇被橫濱市東神奈川警察署拘押。這是因為有人誣告小林是岩波書店反國家共產主義出版的元凶，其意圖是要繼中央公論社、改造社之後搞垮岩波書店。整個五月間，小林每天都被竹刀毆打，被逼迫寫出《岩波新書》的反國家共產主義企圖，但他一直抵抗，申述到底。五月二十九日橫濱大火，訊問中斷；六月，有時遭到毆打；七月，以讓他反省為名被置之不理，還被哄騙說同事吉野、粟田也被牽扯進來；八月，又遭到毆打，但在廣島原子彈爆炸後停止。這期間，有向他傳言說國賊岩波成為貴族院議員的，也有建基於《讀賣》的虛假報道，說岩波書店解散的。結果，八月二十九日傍晚，小林終於被釋放。岩波擔心小林的安全，請求當時的海軍機關中將、岩波書店所策劃《航空新書》的顧問花島孝一幫忙。花島也因為自己參與的《航空新書》是由小林擔任策劃的，而這項工作對國家非常重要，因此，岩波寫了要求赦免小林的信，讓花島簽名，並通過花島交給思想檢察官。岩波的辯解並不是請求減輕罪行等等，而是說只要調查就能明白，請快點調查、快點把人放出來。這是因為他還沒想到，這一事件也與他自己有關，根源很深。幸田露伴也親自給拘押中的小林寫信，誠摯地安慰他。小林的妻子已疏散到小林的家鄉信州赤穗，因此，當小林一個人回到鎌倉扇谷的家裏時，他遇到了在小石川的房子被燒毀後，住在他家的岩波夫婦及長子雄一郎。那時，病中的雄一郎痛哭不已，並在五天後的九月三日死去。次子雄二郎復員後，在富士見的山莊休養。九月下旬，小林回到妻子的疏散地——自己的家鄉，疲憊不堪的身體得以休息，畫些花草，斷絕與世間的往來。後來，岩波在長野生病時，小林於十月十五日帶着長子堯彥探望岩波，一直到年底也沒有回東京。小林這一事件是代岩波書店受難，因此作為插話寫下來。

六月七日，尊信岩波、將自己的全部著述都交予岩波出版的西田幾多郎在鎌倉去世。九月二十六日，岩波有力的作者兼小林的友人、曾參與很多岩波書店的策劃的三木清去世。三木因給共產主義者送錢而受到拘傳，遭到警察當局殘忍的對待，奪去了有為的生命。十一月二十六日，生前與岩波雖沒有作者關係，但岩波自年輕時就一直尊敬的雪嶺三宅雄二郎去世。

九月三日，岩波失去長子，八日舉行葬禮，九日清晨出發，十日到達長野，硬撐着出席了同年四月被他強推上台的、大日本帝國教育會長野縣支部事務局局長藤森省吾的葬禮。在讀悼辭時，輕度腦溢血發作病倒，在長野靜養，十月十七日回到東京。岩波病後回京不久，在鎌倉與堤商量，決定將岩波名下存款等共計二百二十萬日元充當店內的流動資金，並將岩波已故長子等名義的存款一百二十萬日元作為岩波的個人資金，兩者加以分離，店裏需要時，則從後者中設法安排。這樣做的意圖可能是由於岩波的社會活動在病後反而更加積極等原因，故將店裏的錢和自己可以自由支配的錢分開。他在十二月十六日的信中寫道，病已痊癒，議會也出席了兩三次。但正是長野的發病最終奪取了他的生命。

這一年，空襲愈加激烈，岩波書店在一橋的總部雖免遭劫難，但業務停止，工作也無法進行。特別是在五月的大轟炸以後，店員僅有婦女及免於徵用的年長者共計三十幾人。沒有工作，為生命擔心，書店也不能保證安全，有希望疏散的人，也有提出離店的，因此，除十幾名重要職員外，都由店主要求離店。當時的店員從一九四四年夏天到戰爭結束，在戰火中將紙型和紙張運往信州諏訪，其艱苦非同尋常。最後剩下的十幾人也都是當時的幹部，即藤原千尋、芹澤孝三郎、長田幹雄、長村忠、松本作雄、布川角左衛門、森靜夫、吉野源三郎、粟田賢三、木俣（堀江）鈴子、宮澤勝二，小林勇由於被拘押而不在。其中，吉野、長田、粟田、布川、宮澤、長村憂慮書店的存亡，要在此非常時期尋找一條發揮岩波書店生存意義的道路，便從四、五月開始，除堤夫婦之外，經常召開集會。他們請曾志崎誠二根據書店的財政狀況，對今後的方針提出建議；又就如何熬過戰亂，使岩波書店得以存續的途徑進行協議；他們商議的人事安排與現在的公司組織極為不同：岩波為店主，堤為經理，小林、長田、吉野為副經理；不是以個人方式，而是以合議方式經營書店。總之，這一方面是因為岩波的健康每況愈下；另一方面，岩波不顧自己的健康，社會交往過於頻繁，不顧及、也無法顧及店務。因此，他們的目的可能是要親自並積極地與時代的困難和激變抗爭，將岩波書店經營下去吧。

戰爭剛結束時，以糧食狀況為代表，是最窮困的時期，人心極度不安，就連以往發放給店員的副食也不得不停止。

在昭和二十一年（一九四六），岩波活了僅僅不到四個月，就於四月二十五日去世，還不滿六十五歲。是年三月六日，撤銷軍備、否定戰爭的新憲法草案強加到日本政府身上。而後，同為盟國成員的蘇聯與美國的對立愈加嚴重，美國在日本的政治主導地位的加強、政府當局者對以美國為首的西方勢力的依存、社會黨和勞動團體對政府的反抗以及向共產主義圈的傾斜，都加深了所謂保守與進步的對立，這使美國在廢除了日本軍備以後又要求日本重整軍備，這些形勢岩波已經不知道了。岩波由於健康原因減少了對店務的直接參與，決定以傳閱文件的形式與店員保持通信聯繫，他於一月十一日發出了第一期傳閱文件，第二天發出了第二期，一月二十五日發出了第三期。下面記載的是第一期通信的部分內容。

> 小生要與諸君同呼吸，共同推進事業。但如諸位所知，我有不得不修養身心的緣故，目前無法出勤。但我又不希望處於游離狀態，所以，我想盡可能地以書面等形式繼續保持密切的聯繫。

他還擔心社會情況不穩定，尤其考慮到女店員的通勤不便，將店員的下班時間提前一小時，改在下午四點。

在第二期傳閱文件中，他希望店員就各自困難的經濟狀況毫無顧慮地發表感想。對於物價飛漲的狀況，也説如果知道其他書店的待遇等就告訴他。店員的數目在一九四五年末為二十人，到一月二十五日發出第三期傳閱文件時，已達到四十人，其中有新店員，也有一些希望回店的老店員被拒絕了。

在這一年中，岩波生前發生的事件，首先應提及雜誌《世界》的創刊。戰爭末期，出於必須結束戰爭的考慮，當時的外相重光葵及重光的親信加瀨俊一曾勸説山本有三；志賀直哉、和辻哲郎、田中耕太郎、谷川徹三和我等人也多次在外相官邸或其他地方秘密集會，進行商談。後來，除山本和加瀨以外的上述人等，再加上長與善郎、柳宗悦等人成立了由柳命名的「同心會」。由於我和岩波的關係最為密切，故由我出面請求，勸説他發行一份綜合雜誌。岩波同意了這一提議，由我暫任代表，由岩波的主要編輯吉野源三郎發行，這就是雜誌《世界》，雜誌的命名者是谷川。如前所述，岩波為美國帶來的解放而高興，決心將以前由於軍部及其追隨者的壓迫而被束縛的言論向社會伸張。以前，岩波書店也發行過《思潮》、《思想》這類雜誌，但岩波的夙願並不是這類清高的讀物，他要創辦的是觸及日本社會現實並對其進行指導的綜合雜誌，甚至有意要親自指導編輯。在《世界》的創刊號上，我撰寫了卷首文，田中耕太郎起草了創刊辭，岩波自己寫了下面的文章《〈世界〉創刊之際》。

無條件投降是開天闢地以來最大的國恥，而且，這一屈辱是我們自己招致的。對於免受轟炸慘禍的偏僻之地的人們，以及被灌輸了必勝信念的人們，今天的這種結果或許完全出乎意料。但是，對於將我國拖入戰爭的所謂的「領袖」們來說，果真沒有預料到這種結果嗎？明治維新至今不滿百年，此間長足的進步為世界震驚。這全靠我國遵照明治維新的五條誓文，一邊為相比於先進諸國的不足而憂患，一邊孜孜不倦地努力。然而，維新的各項進步性改革還在途中，我們就早早地迷失了誓文的方向。

國民沉醉於日清、日俄戰爭的勝利，不知不覺地被不當的自負腐蝕了精神，失去了向他國學習的謙虛。特別是以滿洲事變為契機、軍閥勢力開始抬頭以後，國內的形勢完全向着與這一大方針背道而馳的方向發展，就連關乎國家存亡的重大國策，也由游離於國民之外的軍閥官僚所掌控。一如今日之戰敗，在有心人看來，從開始就像水往低流一樣必然，儘管如此，他們對於發展的大勢卻無能為力。

我多年來立志於日中親善，對於沒有大義名分的滿洲事變、日中戰爭，我當然是絕對反對的。而且，在締結三國同盟之際、太平洋戰爭爆發之際，我心中的憂憤也不能自禁。為此，我被稱為自由主義者，被當作反戰論者，有時還被誹謗為國賊，自己的職業也差點兒被剝奪。儘管如此，我沒有違抗大勢，終究還是因為我沒有勇氣。與我有同感的人在全國恐怕有幾百萬吧，如果其中的幾十人能夠奮然而起，就像年輕學子敢於作為特攻隊員與敵機、敵艦以身相撞那樣，決死反抗主戰論者，或許也能阻止這場沒有名分的戰爭於未然。即使無法阻止，至少也能收拾時局，不至於使祖國陷入如此境地。我見義卻沒有氣概赴義，每每自省於此，內心慚愧不已。

然而今天，所有的問題都寄希望於今後的建設。應該以無條件投降為契機，向日本復蘇的理想建設邁進。當然，還會受到戰敗後疲憊困乏的影響，不久還要擔起賠償的重負，要從此混沌之中創造社會新秩序，培育高雅的文化，使我日本重現颯爽英姿，絕非易事。必須覺悟到，我等的前途艱難叢生。但是，今日之貧窮與困苦，不正是天降大任於我等的考驗嗎？此大任便是創造基於真正的和平與正義的高度文化，為人類做出貢獻。

「沒有道義就沒有勝利」，應將無條件投降視為天譴，勇敢地克服這一苦難。我想，如果由此可以使一個新日本復蘇，那麼任何賠償都不是高價的學費。浦賀的一聲炮響，日本從偷安三百年的夢中醒來，拋棄封建舊制，向開國進取的方向邁進。為此，佩里提督如今仍受人感謝。同樣，如果日本能夠從軍閥專橫與官僚獨善中解放出來，成功地建設成為理想國家，那麼，麥克阿瑟元帥也會永遠受到我國國民的感謝吧。

天地有正義，人間有良心，沒有什麼比真理更強大。我等無法親自為祖國的癌症動手術，就讓捨棄軍備、無條件投降成為昭和的神風，粉碎我們的傲慢，讓我們專心致力於謙虛虔敬之國家理想。以道義為根本的、文化繁榮的社會必須是人類的理想。權力不能戰勝道義，利劍也無法斬斷思想。讓我們看甘地，讓我們看托爾斯泰，日本國民雖明確承認戰敗，但不能自卑，應以燃燒的熱情向着真理勇往前行。

我追憶明治維新的真意，認為發揚誓文精神是新日本建設的根本原理。我相信，誓文不僅是明治維新的方針，它那秉持天地公道的博大精神將永遠成為指引我國國民的理念。日本的開戰與戰敗，都緣於我國道義與文化的社會水平低下。今天遭逢此國難，為了建設新日本文化，我也想奉獻綿薄之力，《世界》創刊也僅為此願望的一部分。幸好有同志安倍能成，我以完全的信任，將《世界》的編輯全權委托於他。感謝尊敬的同心會諸位會員的協助，懇請普天下同憂之士給予支持。

志賀也不斷寄來他的創作。但是，由於時代的激變，以及與編輯吉野的思路分歧等原因，兩三年間，我們與《世界》的關係漸漸疏遠，我們不再是主辦者，而成了投稿人；漸漸地，就連這種關係也淡薄了。後來，我們又成立了以武者小路實篤為主的「生成會」，創辦了《心》。

除發行《世界》外，由於戰爭而中斷的出版活動也在岩波生前慢慢地復蘇。

二月十一日的紀元節，岩波被授予文化勳章。

七　書店後記

以上基本詳細地講述了作為出版者的岩波以及岩波書店的出版事業。為讓讀者對此有整體瞭解，特補充以下內容。

岩波既不是學者也不具學者氣質。但是，岩波在大學學習的哲學，無疑給了他作為日本的出版者開創新紀元的見識。正如岩波自己表白的那樣，開始時，他只是想作為一名獨立市民，過表裏如一的生活而選擇了經商的道路，又由於偶然的情由，才從舊書店的經營者成為出版商，並沒有為日本文化作貢獻等狂妄的野心。但是，由於曾略習學問，感受到文化的意義，因此隨着事業的擴大、充實，他作為出版商，也開始有意識地、積極地，進而理想地要以出版為文化做貢獻，這一願望漸漸變得不可動搖。他在大學專科中修過倫理學，畢業論文寫的是《柏拉圖的倫理說》。以此為機緣，他強烈意識到哲學是原理之學，尤其是文化的根底。同時，他還領略到認識和知識的重要性，即追求真理與真相的精神比什麼都重要。他最初的出版是《哲學叢書》，朋友當中也有很多哲學領域的人，因此，他乘着大正初期興起的哲學潮，邁開了作為哲學書肆的腳步，開創了讀書界的哲學時代，這些在前面已經講述。其次，除哲學之外日本最欠缺的還有科學知識，為了對此進行探究和普及，通過出版付出努力也是自然、必然的推移。在同鄉的理學家藤原咲平、因《漱石全集》而結交的寺田寅彥，以及石原純等人的指導下，岩波得以接近自然科學和數學的大家耆宿，甚至很多科學家以從岩波書店出書為榮。總之，岩波不以利益為第一，切實地為科學界做貢獻，我們必須記住他的這一功績。進而，從昭和時代起，社會科學日漸興盛，岩波感到，對社會現象的「真」的認識也是第一重要的。因此，他從一高同窗鳩山秀夫在大正年間寫下的優秀的法律書開始，接連出版了經濟、政治方面的書籍。同樣，在馬克思主義引起知識階層的異常關注的時勢下，岩波認為，首要是對馬克思主義的認識，因此出版了很多所謂的左翼書籍，其數量除左翼出版商外是最多的，從而招致戰時軍國主義者的彈壓、抨擊，也是讀者熟知的事實。

尊重原理之學——哲學；認識民族和世界文化最重要的財產——古典；作為揭示真實的邏輯與現象的學問，人類社會方面有歷史學、社會科學；自然現象方面有數學、自然科學。岩波要為它們的探究和普及做出貢獻的基本見解，着實是正大、真實的。關於這一點，他比世上的所謂學者更正確地把握了真正的學問精神，而且，他還在自家的出版事業上，強有力地使這種精神得以實現。

基於這種精神，岩波在出版書籍時，將書籍本身的價值和它對社會產生的效果放在第一位，而把能賺多少錢放在第二位，這不是謊言。在岩波所謂「你能夠，因為你應該」的信念中，雖不能說不含感性、衝動的雜質，但無疑，這一信念擁有壓倒這些雜質的力量。岩波大肆標榜這一信念，也有人因此稱他為偽善者。如果用他言行的矛盾來攻擊他，多少缺陷都可以指出來。在這一點上，他的確滿是窟窿、滿是傷痕。但是，他的信念始終穿破這些混沌之處，閃亮地在出版事業上得以實現，對此，我無法懷疑。

在出版業起步匆匆、以哲學書為主的時期，高等學校時代的摯友阿部次郎、上野直昭、安倍能成是岩波工作上的商量對象，並在工作上幫助他。上野參與了很多初期的美術、音樂書籍的出版；阿部後來漸漸地離開岩波，但在初期，他的主要著作都全部由岩波出版；小宮豐隆在漱石死後出版其全集時與岩波結識，漸漸成為朋友。關於岩波書店與《漱石全集》的關係，可以說岩波書店是《漱石全集》的娘家，這也成為不久小宮與岩波的關係和交情加深的原因。在阿部、小宮去了仙台，安倍、上野去了京城後，茅野儀太郎、高橋穰、藤原咲平等成為岩波的商量對象。後來，商量對象的年齡愈來愈年輕了，例如和辻哲郎。再往後到了昭和年間，從京都進京的三木清與店員小林、吉野相互配合，參與出版的策劃和業務，直到他不幸去世。這期間，哲學方面有西田幾多郎、波多野精一、田邊元、和辻哲郎；歷史方面有津田左右吉；社會科學方面，繼法學的鳩山之後，有田中耕太郎、我妻榮；經濟學方面有小泉信三；自然科學和數學有岡田武松、高木貞治等人，他們的力作大多由岩波出版，並就各種事宜給予了岩波忠告、勸告和指導。

吉野源三郎曾說，岩波有嗅出一流人物的直覺，這與小宮說岩波嗅覺準確是一樣的，這也是岩波的一種獨特的商業才能。岩波在充分發揮這種直覺、確保老友的同時，又不斷獲得新的老師、知己，將眾多的優秀出版物輸送到社會。而且，這種友情關係成為與作者關係的根幹，使岩波書店枝繁葉茂，理所當然地成為鞏固岩波書店並使之旺盛發展的第一原因。但這未必緣於岩波有意識的謀劃，它是由於岩波獨特的人格氣質自然形成的，這一點需要再次記住吧。

在店內幫助岩波的，首先要舉堤常，其次是他的妻子久子。堤與岩波的性格截然相反，如果用一句話概括，岩波是陽，堤是陰。可以說，陰陽相斥相合，使岩波書店安泰興旺。對於岩波的積極性，堤多是否定的、制止的，這些意見對的時候多，但也不是完全沒有錯的時候。當岩波想向理想前進時，堤雖然穩健，但他過於慎重、穩妥，有錯過時機的缺點。例如，作者有事請求岩波時，岩波會說是嗎、是嗎，然後立刻記在記事本上。但我們看過記事本都會嘲笑他，說這樣記馬上就會忘記喲。這時，如果請求堤就沒錯。在這一點上，堤更受到作者及客戶的信任。堤自進店前就受到岩波夫婦的關懷，他深深地感動於此，將自己的一生真摯地奉獻給岩波書店。堤對於岩波及岩波書店的忠實，首先將岩波書店置於了磐石之上。岩波的這位忠實的掌櫃——我為這位掌櫃成為岩波書店的柱石格外地感到高興——伎倆才幹並不顯著，身體又不結實，也不特意尋求與作者的親密關係，之所以能夠為岩波做出這麼大的貢獻，除了出於對岩波的感恩外，還來自於他那熱烈的、要報答岩波的絕對信任的意志，同時也因為堤消極的堅強，或者說是頑固的性格，包含在他柔和、寡然的態度中。

堤的妻子久子是岩波原來在神田高等女校時最早的學生，是個耿直、要強、頭腦聰明的女子。岩波當時的經理層以堤為大掌櫃、久子做會計主管，實在非常牢靠，特別是久子不讓步的態度極盡忠實，甚至於漸漸地招致了店員的反抗與指責。堤在正直、誠實、親切方面與岩波一樣，但他與岩波的大規模、粗糙、迸發性、理想性完全相反。結果，他對於岩波來說是「陰的人」，很少加入到岩波書店所具有的積極性、進步性當中。但根據長年忠實的經驗，他學到的、積累到的東西意外地多。對於後來進店的店員，堤依靠他的誠意、穩健、毫不利己的品德，得到了極大的信服。當然也有人對他的見識、手腕不足以及消極的態度不滿。但是，岩波對堤夫婦經常顯示出尊信的態度，即使對雜誌《實業之世界》的提問，他也讚不絕口地做了如下回答：「經理堤常與他的夫人、副經理久子是我的鎮店之寶。我雖是店主，但對店內事務一無所知，是堤為我牢固地總管着書店；其夫人主管所有會計業務，即便我零用錢不夠，想挪用點兒店裏的錢也能發現。他二人好像是由誠實凝固而成的人，是當今輕佻淺薄的世上少有的規矩之人。他二人不單單忠實、勤勉，而且敏銳、堅強。我相信，他二人不僅是我店的驕傲，也是現代日本的寶物。」（一九四六年一月六日）一九一八到一九年，岩波扼制着橋本的多事，經常維護堤。橋本離開書店後穩固地經營了「古今書院」，現已成為故人。

岩波書店裏還有很多由小店員培養起來的人。其中就有房州人鈴木峰吉，他工作時間雖然僅為一年半左右，但他熱心地幫助岩波創業，並與岩波共患難。後來，鈴木進入早稻田大學學習哲學，並從事教育，但不幸英年早逝。還有幾個人，他們在某一方面具有傑出的才能，為岩波所喜愛。例如植村道治，他擁有一種才幹與靈感，但在一九四三年離店。留在店裏的傑出人物可能要屬小林勇與長田幹雄，還有後來進店的吉野源三郎了。長田、小林都生於信州，長田進店比小林早一年。長田秉公做事，精力絕倫，對書店很有幫助，為岩波所重用。小林則是各方面都很優秀的才子，同時，內心深藏着一片忠誠，極富俠骨與親切，具備審時度勢的直覺，懂得討人喜歡的技巧，又能看穿虛偽，精通懾服誑騙的手段，是難得的好手。但他年輕時的缺點是任性、自負、缺乏謙讓，動輒就採取不負責任的行為。堤、長田、小林都是小學畢業的非知識階層，又都是出版和經商的純粹外行，但是，他們在岩波的氣魄和理想下工作，非常有利於發揮岩波書店的特色。岩波在世時，堤對作者和顧客都是被動的，幾乎沒有積極主動之處；而小林卻依靠他的人格魅力、才氣和手腕，博得了幸田露伴、寺田寅彥、小泉信三等各位老師或前輩大家的信任與關照，為岩波書店的出版做出了很大的貢獻。但他血氣方剛，不滿意堤的保守消極，不肯屈就於岩波的束縛，曾一度離開書店，但後來又復歸，這在前面已經講述了，而這一點和堤與岩波書店同生共死非常不同。在小林離店前，發生罷工的昭和初期，高橋穰就曾擔心小林對堤的態度，當他提醒岩波時，岩波也述說了他的良苦用心：堤沉靜、內向，所以更需要將他立為砥柱，同時又不能摘除年輕人成長的萌芽，就將他們都歸於堤的管理之下。那時，岩波遲遲不答應小林與自己的次女小百合的婚事，一度看起來甚至討厭小林，但應該說，他內心還是喜愛小林的。在岩波培養的店員中，頂撞岩波最多的是小林，同時，最接近岩波的可能也是小林吧。

小林於戰爭末期的一九四五年五月被拘押在橫濱東神奈川警察署，日本投降後被釋放，回到故鄉上伊那休養疲憊的身心。不久，他又回到書店。在他回到書店的那一年的年末，書店的光景極其荒涼，面對戰爭結束後新的出版戰，對於作為子彈的紙張等物資，店裏竟沒有一點兒積極的計劃。看到這一現狀，他強烈地感到不滿和憤慨，便向岩波訴說。這是小林自己對我說的，實際上也是對堤的無為無策的指責。岩波的身體儘管已經衰弱，但還是愈發地被社會活動牽引，從而遠離店內事務。他可能也認為，這些工作除了小林別無他人，而且，可能也是要為小林消除掣肘吧，岩波以往萬事必要與堤商量，漸漸地也不這樣做了。例如，前述於一月份發給店員的通信等，也與以往不同，沒有讓堤知道。堤對岩波的這種態度難忍不滿，而岩波勸堤養病，並要求他引退。這是一九四六年一、二月到三月的事。當然，如果這時岩波能將萬事挑明，坦率地要求堤引退就好了。但岩波出於對堤的尊信等原因，竟沒有勇氣說出這些話。好勝、自我意識強的堤久子，比堤更激烈地對抗岩波，這可能給日漸衰弱的岩波帶來很大的煩惱。對此，岩波只是一味地重申，他對堤夫婦的信任沒有改變。我也屢次勸岩波，要他將自己真實的想法、如今不能將全權委以堤的心事毫不掩飾地講出來，尋求堤的理解。但是，岩波說的和對久子說的一樣。上述登載在《實業之世界》上讚揚堤夫婦的文章等，那段時間寫的東西，都被看作是他的對外言論，其宗旨與他對我的申訴都是一樣的。作為性格消極之人的常理，堤對岩波的反抗也包含了對岩波以往的信賴的疑惑，以及對店內中心勢力的遷移、小林等人管理的憤懣，這種對抗着實是深刻的、固執的。堤恐怕直到岩波死之前都無法釋懷吧。每當想到岩波對堤夫婦的非常美好的信賴、堤夫婦對岩波的不遜於這種信賴的美好的絕對忠誠，就感到這對於岩波、對於堤夫婦都是極大的不幸，也是沒有理由責備其中任何一方的悲劇。只是那時，岩波由於懦弱，沒有將一切對堤說明，這成了終生的恨事。但不管怎樣，是年三月十一日，岩波召集店員，宣佈讓小林和長田管理書店。後來，堤久子從疏散地後諏訪回來，激烈地傾述了對岩波態度的不滿。那時，岩波自己也說：「我被堤的夫人訓斥了。」此後，岩波給回到諏訪的久子寫了以下內容的信。

來信已拜讀

小生對您自不必說，對於堤的看法也一絲一毫沒有改變。您二人多少會認為小生對你們的信任發生了改變，這種想法全是由於小生的不周到、不小心所致。對此，不知該如何道歉。可以說，小生能有今日全因有您二人，其恩義小生銘刻在心。讓您二人感到不快，哪怕是一時都並非出於我的本意。對此，我只能表示歉意。

值此應積極地大顯身手之際，必須讓年輕人也參與運營，對此，請您諒解。年輕人做過頭時，也不要忘了在上面加以管束。

總之，請二人充分休養，待身體完全健康後再回來。您二人不在期間，由小林、長田二人代理事務。……（下略）

這封信的日期是四月十八日，正是岩波長逝一周之前。不知何故，岩波沒有說出最重要的一點，就是戰後自己不能工作了，想讓二人引退，將一切交給年輕人。這實在太遺憾了。岩波即使相信堤夫婦的誠實，但面對戰後的震蕩混亂，也不能全依靠堤的手腕。而堤夫婦為什麼也沒有想到，沒有健康的岩波做後盾，二人將無法應付這個亂世，從而主動引退呢？這實在太可惜了。岩波有非常衝動之處，即使對堤，有時也會在人前指責他，或不慎說他的壞話，但內心的敬意與感謝始終未變。而且，在那種混亂之時，店裏也有對於堤的各種非難、謠言，以及儼然是堤一個人在支撐着岩波書店的反感。我自己也承認，要取代衰弱的岩波經營書店，堤是無法勝任的。不僅是小林，長田、吉野以及長年在店裏工作的布川等人也這麼認為。總之，這可以視為整個書店的輿論。在這樣的形勢下，不能採用靜養或在上面約束年輕人出格之類姑息的方法，只有堤夫婦引退、年輕人挺進，才能解決問題。岩波那令人着急的懦弱，可能由於病弱的緣故愈加厲害了。現在想來，如果我當時稍微插手的話就好了。

總而言之，僅靠堤夫婦的忠誠與穩妥，是無法妥善應對戰後混亂的。但聽說岩波的很多舊作者出於對堤的信任，只認可小林才華橫溢的一面而不信任他，並為堤的引退惋惜。也有人同情戰後堤的境遇，邀請堤到自己公司擔任要職，但堤說「有岩波才有我」拒絕了，這說明堤是瞭解自己的。想來，堤現在也心平氣和，在靜靜地反省自己、岩波和岩波書店的事情吧。為與岩波最後的爭執而悔恨最深的，恐怕是堤自己吧。但是，在揣摩岩波的內心時，如果說岩波書店與岩波遺屬已給了堤過多的感謝，我想不會被岩波斥責吧。

吉野於一九三七年入店，作為岩波的謀士，開始時岩波讓他讀報紙雜誌，為自己講解時勢動向。不久，他便開始參與編輯工作。在岩波生前的主要店員中，他和粟田賢三是少有的知識份子。吉野畢業於東大哲學系，對馬克思主義感興趣。一方面，他具有學者氣質，頭腦清醒；另一方面，他對社會現實也有一定的見解和觀察力。戰後，岩波出版的發展趨勢與岩波書店集結的新作者群，無論好壞，很大程度上都靠他的力量。

此外，據明石照男講，在岩波去世十天前的四月十五日，岩波在去熱海的車中，偶然遇見了明石。關於未來岩波書店的經營，岩波說自己以前考慮過股份組織，並打算日後叫上安倍一起商量，連日期都定下來了，但這次聚會最終都未能實現。岩波有意將書店改為公司組織，而事實上，店員們的這種期望也漸漸增強。但另一方面，岩波對個人經營的自由也很執着，並為雄一郎、雄二郎有志繼承自己的事業深感高興。股份組織於一九四九年四月二十五日建立，岩波的次子雄二郎擔任社長、堤任董事會會長、小林任專務、長田任常務、吉野以總編身份就任董事，這應該大致符合岩波的意願吧。我們希望，與昔日的父親一樣純粹外行的雄二郎，也能和父親一樣謙遜、率直地全力以赴，使岩波開創的事業得到更大的發展。

思索岩波書店開店以來的業績，首先是作為舊書店，切實、精確、徹底地實行了舊書按標價出售。這是打破當時書店舊習的破天荒的壯舉，對於只知道今天已廣泛實施此制度的人來説，可能很難理解。這僅憑着岩波決不妥協、強烈、徹底的正義觀和勇往直前的執行力得以實現，這一點，我在我的熟人中還沒有發現勝過他的人。在之後的一段時間裏，按照當時的商業習慣，岩波也有在銷售自家出版的書籍時打折，但不久便斷然實行了按定價銷售。這都源於一種單純至極的理由——既然在銷售時打折，不如在開始定價時就把價格降下來。就這樣，按定價銷售到後來受到天下模仿。出於為地方讀者帶來方便的想法而實施的郵購，實行起來麻煩、利薄甚至於無利，有時還要倒貼，後由於出版業務的繁忙而廢止。總之，舊書銷售的利潤遠遠低於其他書店，但由於認真努力，岩波博得了信任，使他從台北圖書館獲得了一萬日元的訂單，這一數目在當時龐大得驚人，是岩波暗地努力所帶來的極大成功。岩波書店的出版物出乎意料地受到社會的歡迎，有時雖也有退貨，有時卻幾乎銷售一空。戰時紙張匱乏，進而造成出版困難，但岩波以此為契機，斷然實行了拒絕一切退貨的買斷制度。直到戰後，岩波仍討厭一般出版商通過委托銷售擴大銷路的慣用手段，儘管一度遭到零售商的反對，但他還是堅持不懈。可以說，這還是基於岩波的主義方針。

關於出版物，當初出版的《哲學叢書》不僅確定了岩波書店作為哲學書肆的地位，其長年的大量銷售也為書店帶來豐厚利潤，並將書店從一時的困窘中解救出來，這在前面已經介紹過了。雖不能說全部叢書的內容都很出色，大都是啓蒙性的，或是翻譯作品，但它們被當時的年輕知識份子廣泛閱讀，令出版界、讀書界中出現了哲學時代，其影響力之大的確不同尋常。據流傳，當時只是中佐、後來成為海軍大將的及川，也曾來書店購買哲學書。可以說，岩波書店因《哲學叢書》而崛起，因《漱石全集》而大成。

岩波得夏目漱石的知遇之恩，與他共同出版了《心》。因此緣分，在日本最受歡迎的作家漱石死後，《漱石全集》在岩波生前出版了五回，漱石的各作品也在文庫等叢書中出版，這對於岩波書店無疑是幸運之事。而幸田露伴、內村鑑三、森鷗外、寺田寅彥、芥川龍之介等人的全集，對於讀書界也是大大有益。此外，以不實施預訂的文庫為代表，全集、叢書類也很多，在此不再贅述。

在這些叢書中，至今仍受到社會歡迎的有《為了少國民》、《岩波全書》、《岩波新書》等，這些都是岩波生前策劃的。《科學文獻抄》、《哲學論叢》等都是有益的專業文獻，沒有岩波，它們也無法出版。但是，在這些叢書中也有些是半途而廢的，可以說，這是因為岩波不求「拙而快」，信任譯者和作者的良心，但也表明岩波性格耿直，同時也說明他性格衝動、漫不經心、一味向前衝而不顧後。在岩波策劃的叢書當中，有些可能在中途就幾乎被他忘記了。

講座、辭書等在這裏就不再重複。其中，也有少數做得不好的，也有一些即使不能說超過今天的學界水平，也超過了當時的學界能力。在所有方面，他都對日本的學界進行了總動員，公開大學講義，在顯示當時學問水平的同時，對當時學問的普及做出了貢獻，這些功績都應該得到認可。岩波書店發行的書籍獲得社會的信任，雖說總體上銷況良好，但也有不少由於太專業、文獻性太強而銷售額極低。對於賣不出去的難懂書籍，也不是沒有退回岩波書店的情況，但這都無損於岩波的名譽。

順便說一下岩波生前的出版數量，單行本一千八百三十二種；文庫一千四百九十七種；全書一百零七種；新書九十八種；講座二十條目、三百六十一種；全集三十七條目、四百三十九種；辭典二十九種；共計四千三百六十三種。

《岩波新書》中《昭和史》的作者們以「講談社文化」與「岩波文化」的相對立，將「日本文化缺乏國民基礎」問題化。他們認為：「『講談社文化』是以講談社出版、以娛樂本位的出版物為代表的文化，為大多數國民接受。『岩波文化』是以岩波書店出版的修養書為代表的文化，僅限於國民中少數文化人。前者抓住並利用普通人思想、生活情感停滯的一面，將卑俗的娛樂、實用與忠君愛國、義理人情的思想交織在一起，灌輸給國民。後者雖引進了國外最尖端的思想，但其文化形式不能與生活結合起來，也無法在國民中普及。而且，兩者之間是全然沒有通道的斷層，這使文化人從普通國民階層中孤立出來，這也是國民無法產生抵抗法西斯主義的武器的理由。」並出示了兩種文化的讀者數量的懸殊差異。但這是一種整理得過於簡單的、抽象的看法。首先，對於講談社的做法，岩波自己在生前也表示過反對。講談社這種與其說是讀者本位的民眾態度，不如說是以民眾為對象賺錢的、露骨的商業主義，與岩波一向重視作者、不向讀者獻媚，並為讀者服務的一貫努力完全不同。日本文化接受西方文化的時日較淺，這容易使其游離於現實生活，這一通病是整個日本學者、學界與岩波出版都無法避免的。但同時，岩波對提高和普及日本文化的功績也必須得到認可。例如《岩波文庫》，無論在戰時還是戰前，年輕女性等甚至將在電車中讀它作為一種虛榮，其普及程度可想而知，以至於有人稱為岩波文化的弊病。對於任何事情，如果想找弊病都可以找到，因此不能撇開讀者的態度，而將責任只歸咎於岩波的出版物。在我擔任校長的一高，忙於打工的學生們在工廠、在走廊、在宿舍熄燈後廁所的一角貪婪地閱讀的，正是《岩波文庫》。這些文庫和新書，即使在戰時的日本國內，還是中國大陸的戰地，也為年輕人廣泛閱讀，這種影響力是《昭和史》作者等不應輕易忽視的。岩波及岩波書店不變的方針，是對讀者要求的一種回應。軍部一派在毀掉中央公論社和改造社後，進而也要毀掉岩波書店，他們的企圖最終沒有實現，要歸結於岩波扎根於內外讀者層的力量，這種看法絕不能說不正確。

此外，對於岩波書店的另一種指責是岩波的出版橫亘日漢洋東西，古典、宗教、馬克思主義全盤引進，一概不知重點在哪裏，顯露出思想和文化的無政府主義。這是由於日本的學問文化尚淺，還沒有根據專業或傾向得以詳細分類。但岩波將認識真理、真實作為根本，他自身也不是某一特定主義的信仰者，而是廣泛地在所有教義、思想、主義裏認識真理，從允許其存在理由開始，跟着良心做事。而且，正如岩波曾説的那樣，「讀書就不能出書」，他不是學者，因此，他可能也是跟着感覺，粗糙地抓住個大概。日本既不像西方先進國家那樣，基督教有着漫長的歷史存在與發展；也不像蘇聯那樣，是從一開始就強制實行共產主義。日本過去雖有固有的習俗與儒教、佛教的浸潤，但它作為東海上的孤島，思想和生活上少有辛勞，在西方的思想文化完全壓過來的歷史和社會狀況下，岩波的做法也是情不得已。僅僅基於這一點，從古典中尋求情操教育，從哲學中尋求根本的原理性思想，並普及在日本中歷史最淺的科學知識，可以説他的做法又是恰當的。其單行本、講座、全書等，説穿了就是大學講義的公開，其中不是沒有難解與不成熟之處，但講義的公開或者説超越其上的發展，在提高日本社會的知識水平的同時，還有助於學者自身的知識更加確鑿，幫助他們獲得生活上的利益。更何況，其中也產生了開啓學界新氣象的名著，這在前面也已講述過了。岩波的事業應該受到讀者與學者的感謝。岩波自己也着眼於，在好的意義上通俗易懂地普及所有方面的知識。很多叢書，例如《為了少國民》、《岩波新書》等在這一點上取得了一定的成功，受到社會的歡迎。但這也是很困難的工作，今後，還期待學界進一步的成熟與進步，期待出版者更新的創意與努力。

岩波的性格與富於創意的才子截然相反，但對於一旦相信、決定的事情，他都會從正面執着地堅持到底。不料這使他「自我作古」，實現了別人無法做到的創舉。岩波出版哲學書之後，各出版商也開始出版前所未有的哲學書；岩波出版了法律書之後，直到最近，岩波書店一直超過出版法律書的老店；科學書的出版也喚醒了社會的科學書出版潮；文庫終於超越了其他書店的策劃，但現在也出現了投讀者所好的文庫叢生的現象；新書、全書之名亦然。

裝幀的牢固、印刷的清晰與正確、紙張的優良、缺頁全無等對於讀者的忠實，都是岩波書店最下力氣的地方，也給社會帶來好的影響。岩波孤高獨往，出發時懷着決心，如果必須違背自己的良知，寧願隨時放棄。但是，「德不孤，必有鄰」，岩波富有良心的出版，提高了日本出版界，進而提高了日本文化的水平，產生了眾多的追隨者與競爭者，應該說，這是岩波最大的功績吧。

下面，簡單說一下岩波與店員的關係。創業之初，店員不過三四人，堤於一九一五年進店工作，時年二十六歲。一九一九年，長田進店；一九二零年，小林、堤久子進店。大正年間約不過十二三人，而且除堤以外，都是不到二十歲的少年。發生地震的一九二三年是二十餘人，大正末年達到三十幾人。當時，還是舊式的夥計、學徒的方式，主人一家與店員完全像一家人一樣生活，一起吃飯，居住也在店裏或宿舍裏，還支付洗澡和理髮的費用。例如，周歲十八的小林一個月領二日元五十錢，店裏的工資低得驚人。在岩波與家人分開居住以後，與店員的關係就更加密切。一到晚上，岩波就帶着大家去關東煮店或路邊小店；有人生病了，他就會像親人一樣照顧，店員們並不把報酬當回事，書店就像一個以岩波為中心的家庭。但是，一九二八年上半年發生罷工時，加上小店員，店員人數已超過七十人，這時，這種舊式的僱傭關係被時勢的大浪所動搖，開始變得艱難起來。此後，店員人數在一九二九、三零年間不超過六十人。但到了一九三二、三三年，隨着業務的增加，經濟狀況日漸好轉，又超過了七八十人。從爆發日中戰爭那年起，更超過九十人。到了一九三九年，達到一百人。一九四二、四三年時超過一百六十人，但後來隨着徵召的逐漸增加，到一九四四年的下半年又降到八十五人。一九四五年的大轟炸後，僅為三十餘人。是年六月，進行人員整理，剩下不過十幾名的幹部級店員，這在前面也已講述過了。

岩波在從別人那裏收取應該收取的錢財以前，首先會迅速、精確地支付應該支付的錢財。這種態度在開始時雖然遇到了一些抵觸情緒，但結果卻增強了岩波的信用，使生意更加順利、堅實。

岩波不僅愛護店員，也愛護常來常往的印刷店、裝訂店、紙張店的人。這些與岩波有着生產關係的人們，想到自己被岩波所信任、愛護，就更加拚命地做岩波的工作了。而且，這些業者一旦與岩波產生這種關係，只要沒做特別的壞事，岩波就不會終止與他們的往來。岩波認可這些人的工作價值，同時，對於拙劣的工作也會嚴格地訓斥。該支付的錢當然在月末一分不剩地支付，但不喜歡店員討價還價，比起降價，他更希望工作做得更好。因此可以說，岩波的出版物在一切方面都為讀者服務。

例如，岩波自創業以來就喜愛的印刷所、裝訂所，直到現在仍繼續做岩波書店的工作。某個印刷商，由於其人品得到岩波的賞識，在只有數十人的小工廠時，就開始做岩波書店的工作。如今，他已經擁有二百四十名員工，工廠全部生產活動的百分之六七十都是岩波書店的業務。這印刷商就是精興社，博得岩波信任的正是第一代社長白井赫太郎。另外，岩波熱愛美術。雖然在岩波書店的出版物中，美術書不是最多的，但只要做，他就要做最好的，並付諸實現。那些美術書的印刷全部交給了半七製版的田中松太郎。岩波尊敬田中，並說感覺田中像自己的父親。為了撫慰田中晚年的失意，岩波為他做了很多事情。

關於書店，帶來岩波書店創業機緣的伊東三郎的事情已在前面講述了，但這裏要簡單寫一下現在作為大經銷店正活躍中的栗田確也。他禿頭、精力旺盛，模樣像年輕時的岩波，但比起岩波的粗陋容貌，他略顯清秀。栗田為岩波所喜愛，他也尊敬、敬愛岩波。當岩波書店有事，例如發生罷工等事件時，他馬上跑過去，不厭奔走之勞。但在一九三三年，內村達三郎未經岩波允許，不僅將《效法基督》轉到春秋社，還在卷末登載了中傷岩波的文章，岩波被激怒，要起訴內村，卻得知栗田依然在經銷這本書。面對岩波的譴責，栗田說這是生意，哪兒的書他都賣，沒有停止銷售。為此，岩波與栗田斷交三年，小林等人還為此擔心，但栗田只是簡單地說了句「對不起」這樣的話，二人便又恢復舊交了。

岩波對於紙張也特別用心。例如《岩波文庫》使用的紙張，名叫「別口金鳶」，這是岩波嚴格向造紙公司發出訂單，讓他們特別製作的。岩波非常喜愛自己讓他們生產的紙，幾乎所有出版物都用它，而且不允許造紙公司將這種命名為「別金」的紙賣給除岩波書店以外的地方。造紙公司也體諒他，堅決不賣給其他出版社。

裝訂所也僅限於從一開始就尊重自己意志的店家。裝訂不好就對不起讀者，基於這種原則，岩波認為裝訂費高是理所當然的。新書出來後，岩波馬上故意胡亂地打開它，確認裝訂是否禁得起這種潦草的打開方式。由於這樣的做法，與他來往的人既害怕受到岩波的斥責，又為得到他的讚揚而高興萬分。

順便説一下，銀行方面，岩波只與第一銀行一家來往，其他銀行無論怎樣勸誘也不為所動。岩波走後，幹部們依然繼承着他的遺志。

第三部——社會生活

在回顧三十年感謝晚宴上致辭　1942 年 11 月 3 日

第六章／對故鄉的奉獻

一　鄉土之愛

岩波天生富有俠義精神，義氣勁兒一上來，就會忘我地為他人盡心盡力。這不僅在個人關係上，也體現在岩波的社會公共關係上。岩波的這種性格似乎承自他的母親，岩波也曾說過，「母親一生都在為我們家操勞，同時，也經常為別人盡力。」

在講述岩波的社會活動時，首先，就從他對故鄉的奉獻開始吧。自小學、中學時起，岩波就召集村裏的夥伴，或試膽，或開講習會，這在前面已經講述過了。岩波是信州人，更是信州人中最有特色的諏訪人。岩波一方面批判性地看待信州人，而實際上，他自己的性格就是有代表性的信州人性格，內心也為自己是信州人感到自豪。因此，出於這種鄉土之愛，他的公共生活、社會奉獻，也理所當然地首先體現在對故鄉的奉獻上。

下面，根據他留下來的文章，介紹一下他的信州人觀。他說自己於一八九九年進京，進入日本中學後，第一次接觸信州人以外的青年，這使他可以像照鏡子一樣客觀地看自己，並反省不能成為自以為是的鄉下人。據他自己說，信州人的男子被評價為狂人、怪人；女子則缺乏嫻靜端莊的氣質，多嘴多事。如果此話屬實，他作為信州男子，也稱得上是一個狂人。他還認為，如果說西鄉南洲像大海，那被稱為信州偉人的佐久間象山，則象徵着信州的崇山峻嶺。信州人的長處是獨立心強、富有研究天分、進步、不甘於敷衍、堅持事理；短處是自命不凡、缺少雅量、偏好辯論而缺乏實際行動，與相鄰的越後人相比，更多地偏於理智而欠缺宗教精神。他列舉了同鄉的這些長處、短處，也殷切地對家鄉的青年提出了忠告。

他也認同，長野縣以教育縣聞名，熱心於縣內教育，特別在小學教育上很出色。對於一九三三年發生的、小學教員中出現思想赤化者的事件，岩波給予極大的同情，並希望縣當局不要做出磨瑕毀玉之事，又以信州教育者絕無道德敗壞之人而自豪。他還讚揚信州的小學教育的非官僚性，並說他的友人岡村千馬太為了縣教育主動辭去小學教職，成為縣政府的官員（督學）。當縣政府的官員對他望而生畏，要讓他轉任做地方的郡長時，他卻拒絕了這個一般人視為榮升的任命，並堅持說「如果是小學校長的話就去」，更因此一度失業。

關於家鄉的問題，他經常和同鄉藤原咲平討論。家鄉是家族的延續，因此，即使做了壞事也應該庇護，對於藤原的這一觀點，岩波則主張：「即使是父母兄弟，也不允許作惡。鄉黨之義是小義，正邪善惡則是天下公道，因此，以鄉黨之故而允許作惡是本末倒置。」即便如此，岩波的鄉土之愛、鄉土自豪感也是根深蒂固的，對於正邪善惡可能沒有故鄉與他鄉之別，但由於生活、社會、地理關係，思念鄉土之心與為鄉土盡力的行動尤為深刻。然而，岩波初到東京時，雖也曾暫時住在家鄉設立的寄宿地長善館，後來就離開到別處去了。而且，長善館館長兼鄉友會會長小川平吉，是有潔癖且無法忍受道德敗壞的岩波最為唾棄的人，為此，岩波也沒有加入鄉友會。戰爭中被相澤殺害的陸軍省軍務局局長永田鐵山中將，是岩波的同鄉，又是藤原的友人，在當時的軍人中是明白事理之輩。永田曾創立信武會，立志培養同縣出身、希望參軍的青年，對此，討厭軍人的岩波沒有加入。但是，岩波和名取和作的弟弟名取夏司等人商量，以當時的貴族院書記官長小林次郎為協調人，以信州出身的老前輩原嘉道、伊澤多喜男為首，與有賀光豐、小坂順造、松島肇、木下信、今井登志喜、小平權一等一起，於一九三五年二月發起了信山會，每月在位於丸之內的常磐家聚會一次，自由討論時事和縣裏的問題。岩波與小林自始至終為信山會斡旋，一直持續到戰爭末期、這樣的集會不能再舉行為止。此外，岩波還成立了神田的信州人會，關心縣裏事務，為縣人盡心盡力地做了很多事情。

二　對家鄉的捐助

首先，從岩波出生的村子——諏訪郡中洲村中金子寫起。一九二八年二月，岩波投入個人財產，在這裏鋪設了自來水管道。原來，岩波的家鄉是湖水的填埋地，缺乏飲用水，村民都從門前的小川中打水，供飲用及日常使用，因此非常不衛生，每年都會出現傳染病患者。就在一九二八年二月，親族平林忠作家有人死於腸傷寒。而在村子的上面，有個叫豆田的地方有清水湧出，雖然知道只要用鐵管引下來即可，但只有百戶的村落承擔不了這些費用，就一直維持原狀。岩波在參加叔母的法事時回到家鄉，聽說了這件事，就想助一臂之力。勞力由全村村民奉獻，岩波負擔材料費二千六百日元。這時，特為此事進京的岩波舊友矢崎九重，讓岩波以書面形式寫下將這筆錢捐獻給中金子區，岩波卻拒絕說不願寫捐獻申請。這樣，由於建成了自來水管道，此後的二十年間再沒出現傳染病患者，收到了極好的效果。岩波經常說：「讓我花這麼點錢竟做出這麼好的事，真是太感激了。」一回到村子，他首先就要喝水管裏的水，這些都是聽矢崎說的。四月二十八日舉行了竣工儀式，但岩波討厭人迎接，就在前一站茅野站下車，直接走回村裏。據說在儀式後的慶祝宴會上，岩波還一直和村裏的青年跳盂蘭盆舞。

還有一件岩波為鄉村捐助的事，特別能顯示他的性格。一九三九年，村長伊東一來東京拜訪岩波，岩波讚揚了伊東的努力，並激勵他說：「只要你還在村公所工作，我就會盡力幫助你，你就向着打造日本第一模範村的方向努力幹吧。」那時，伊東談起了學校校園的擴建，以及需要為農村學校找一塊農業實習地，並指出困難之處是校園擴建需要幾戶人家搬遷，實習地則需要收購土地，因此懇請岩波在有希望實現之時，能給予一些援助。對此，岩波補充說：「我不是向村裏捐錢，而是要支持你的工作，你就用這些錢來做你的工作，不要說出我的名字。」伊東對他後面的話沒太放在心上。費用由岩波關照，伊東由此受到鼓舞，回村之後，他就勸說大家說，東京的岩波都在為此操心，身在村裏的我們如何如何……因此，搬遷和收購土地的洽談都進行得很順利，計劃很快就要得以實現。在這件事發表在地方報紙上的第二天，岩波來到蓼科。村長與校長清水利一一起去向岩波匯報，沒想到岩波非常不高興，正當二人要走又沒法走、手足無措之時，岩波犀利地說道：「剛才看到報紙，上面寫我為校園和實習地操心。我不記得曾說過要給村裏捐錢，我只清楚地記得說要把錢給你，讓你用它來工作，並讓你不要打我的名義。總而言之，我不給你錢了。」村長和校長辯解道，事到如今不能中止計劃，村裏的項目全部需要村公會決議，捐款的採納也要由村公會決議，為此需要提交採納申請，而以村長的名義提交採納申請是自己所不允許的，村公會的決議遲早會刊登到報紙上等等，終於使岩波情緒有所好轉。第二天，諏訪教育會的人陪岩波去附近的晴峰時，岩波讚美這裏一覽諏訪的景色，一邊喝着啤酒，一邊笑着說：「捐款需要交申請啊。」後來，某家報紙組織投票，選舉世間未知的勝地時，據說岩波頻頻投晴峰的票。不久，村長來到東京，向岩波匯報這一計劃全部完成，岩波說「按你想的做就好」，看起來並沒仔細聽。但說到村裏的巡查駐在所報廢了，要將搬遷房屋中的一棟充當駐在所時，岩波突然說：「我討厭駐在所，不同意！」一點兒也不是「你認為好就行」，令村長也大吃一驚。後來，關於公會所和保健同業公會的事宜，在和岩波商量並徵得他的同意後，由他資助所需金額的一半，岩波便向雙方各捐贈一萬日元。村裏體諒岩波的孝心，將公會所命名為「風樹會館」。落成後，岩波來到這裏，高興地說：「沒想到那些錢可以建成這麼好的建築。」後來，伊澤多喜男來到村裏，被領到這裏參觀時，伊澤說：「我不時會遇見岩波，但他從沒說過自己曾捐過這麼出色的建築，真是做了好事。」戰爭末期，空襲激化之時，村子勸岩波到這裏疏散，但岩波說由於自己的關係使用自己捐贈的公會所不好，因此沒有接受。上面的內容是根據伊東的話寫的。據說在岩波死後，會館中掛上了岩波生前拒絕懸掛的岩波的照片。但戰後我拜訪那裏時，不知是否臨時的，風樹會館裏堆放着柴薪等物，已被用作倉庫，清掃也不周到，這恐怕不應是村人報答岩波厚意的做法吧。但又據說，在其他保健同業公會由於醫療費用漲價陷入經費困難之時，這裏的保健同業公會卻經營得非常出色，為村民的保健發揮了作用。

這些對於村子的奉獻，出於岩波對於家鄉的熱愛，但更切實的動機還是對沒有盡孝便早逝的父親，特別是對始終為自己操勞的母親的感恩追善之心。此外，還要補充一件事：一九三二年，由於擴建道路，需要鏟去岩波舊宅地面一尺。岩波雖然同意，但很惋惜要砍去從小就在那兒玩耍的桃樹，為此，擴建設計竟然修改了。在舊宅遺址上——並不是出自岩波遺屬的意願——立着岩波的頌德碑。

他還為自己畢業的學校——中洲村小學捐贈了三千日元（一九三五年）。

三　桑原山事件

在岩波不辭勞苦為家鄉做的事情中，有一件就是桑原山訴訟事件。該事件是現在成為諏訪市的原上諏訪町與岩波家鄉中洲村的鄰村——四賀村的爭執事件，前者就後者的桑原山入會權（一定區域的居民根據地方的慣例和法規，共同享有一定的山林原野等利益的權利）提出起訴，雙方都很熱心，成立了執拗的專門委員會。訴訟進行了二十餘年，花費的費用足可買下幾個桑原山，雙方仍繼續爭執，充分體現了信州人的長處或是短處。正巧岩波的鄉友藤原咲平時任中央氣象台長，其父親光藏在擔任上諏訪町町長時，雖非本意，仍按照町議會的決議提起了訴訟。這件事與咲平自己的工作也有關係：他計劃在包括霧峰在內的相關山上放飛滑翔機，而這又需要雙方的同意。雙方也都贊同這一計劃，但又擔心會對訴訟產生影響，因此都面臨着形式上不能同意的困局，勸說兩村和解的嘗試就此開始。岩波在藤原的請求下，與同鄉藤森良藏一起熱心相助。他自費舉行雙方的和解會議，多次發出勸告信。一九三四年三月，岩波會同家鄉的前輩好友十五人，共同向雙方發出勸告信；一九三五年二月，在雜誌《上諏訪商工會議所報》上傾訴了自己的懇切之情，認為二者之間不可能是一方絕對正確、另一方絕對錯誤，指出霧峰已成為了國家性的區域——可能是指成為滑翔機飛行地一事——帶有國際性的意義，此時大家應脱離一町一村的利害，站在國民的、社會的立場上，主動進行和解，並建議將調停工作全權委托公平無私的第三者，例如藤原博士等。進而又以同縣的伊澤多喜男、原嘉道等老前輩及身在東京的諏訪郡出身者二十八人的名義，勸告兩町村民。直到第二年三月，在當地有力人士的贊同下，終於實現了和解。據藤原説，出現和解的希望後，四賀村的委員十幾人來到東京時，岩波在神田的牛肉店「今文」招待了一行人。高興之餘，岩波以絕世罕見的走調兒之音，與大家一起唱起了盂蘭盆歌：

「河畔的柳樹，你為什麼默默地望着流水度日。」

「若諏訪平原上只有兩根蘆葦，割也好，不割也好。」

一九四零年，岩波為和解而高興，向兩町村各捐贈一千日元。

四　對縣教育的幫助

下面要講述的，是岩波對於故鄉信州的教育，特別是小學教育，以及縣教育會的幫助和傾注的熱情。如前所述，岩波有着強烈的鄉土之愛，尤其為縣教育中優秀的小學教育而自豪，這當然也促使岩波將這種熱愛付諸行動。

長野縣的小學教員絲毫不出長野縣人的性格，喜歡講道理、辯論，還從東京邀請思想家和學者，尤其是尖端的來演講，並以此為自豪。岩波根據縣教育界的希望，熱心推薦，但人選必須是自己原本就敬佩的人。在岩波的斡旋下，很多幾乎沒去過地方演講的人物都去長野縣演講了。如果是岩波尊敬的前輩，他更會親自同行接待，並負擔旅費，盡心盡力，例如三宅雪嶺、佐藤尚武、中村（良三）海軍大將等人都是如此。基督教神學者柏井園、淨土真宗的近角常觀、岩波的友人田邊元、阿部次郎、石原謙、高橋穰、和辻哲郎等，很多人都在岩波的介紹下去過信州演講。實際上，我本人雖然到最後也沒成為「尖端之人」，但年輕時第一次做的演講便是在岩波的勸說下去的諏訪，而且在很長一段時間裏，除了長野縣沒去過別的地方，以至於去得太頻繁，還受到了岩波的批評。

一九二九年，信濃教育會館的建築物落成，但內部設備還沒着落。為此，縣教育界的老前輩守屋喜七來到東京，尋求幫助。岩波說，與教育會關係密切的書店風光館出錢的話，他也出同樣的金額，結果捐了二千日元。這樣的事情還有很多。

岩波對信州教育界和家鄉青年的關心，使他極力關注上述一九三三年發生的小學教員教育思想犯事件，以及一九三七年初報道解禁的黑色事件（一九三五年十月至翌年一月，以長野縣為中心的無政府主義秘密團體「農村青年社」（被稱為黑色游擊隊）三百五十幾名成員的拘捕事件，據傳他們還策劃襲擊連隊（日本軍隊編制單位之一，相當於團。——譯註））。他希望不能將之一概認定為「赤色」而進行壓迫，不能讓他們理想主義的、出於對現實社會不滿的改革性和進步性的精神畏縮。關於前者，他在應邀到文部省社會教育局，被問到對策時，陳述了自己的意見，也給信濃教育會寄去自己的意見；關於後者，他於一九三七年一月投稿給《東京朝日新聞》長野版。

此外，比較顯著的是他在戰時（自一九四二年）對長野縣國民學校訓導內地留學生（內地留學制度，指教員帶現職轉到其他大學或研究機構進行學習。而訓導則是日本舊制中的一個教職。——編註）給予的援助。在長野縣，大家把帶職進京學習作為無上的恩典，但在物價飛漲的東京生活，無論怎麼節約也不能達到留學的目的。岩波等六名顧問在商量此事時，聽說除薪水外還需要五十日元，預計其中一半由縣與地區的教育會支付，結果還差二十五日元，岩波便提出承擔十或十一名留學生每月每人二十五日元的費用。知事聽說這件事後，認為不該讓岩波如此費心，決定由縣裏支付這筆費用。儘管如此，一九四三年七月，位於三崎町的原店員宿舍由於店員紛紛被徵用和應召而空下來，岩波便免費提供給這些留學生作宿舍，更承擔水、電、煤氣費用。這些留學生就理科、文科等他們感興趣的學科，在東大、文理科大學等的教室中接受指導。我等有時也和岩波一起與他們一邊吃晚飯，一邊聊天。岩波還帶他們去鎌倉的西田幾多郎的家，讓他們聽西田講話（其中的一個例子是一九四五年三月），照顧得親切備至。宿舍裏還住着一位叫北島的大嬸，她是以前與岩波常來常往的木工師傅的遺孀，也是岩波的崇拜者，像親人一樣照顧這些留學生。岩波為留學生們沖洗廁所、安掛鐘、掛畫，還為其中一個叫西澤福美的學生的死極盡懇切之意，受到留學生們發自內心的感謝。岩波與信濃教育會的關係最初是由於伊藤長七、岡村千馬太、矢島音次、久保田俊彥（島木赤彥）等長野師範的老畢業生，後來隨着與信州教育界的領軍人物兼當時教育界的老前輩、人格高尚的守屋喜七等的深交，這種關係得到了進一步加強。

信濃教育會由於政府的不加批判的統一政策，於一九四四年七月解散，並成立了大日本教育會長野縣支部。岩波對信州教育界最後的苦心，便是推薦藤森省吾做支部的事務局局長——與其說推薦，不如說是強加於藤森。岩波在自己的長子雄一郎死後不久，便參加了藤森的葬禮，並在葬禮當中病倒，得了致命的重病。岩波強行把藤森推上台的經過，使岩波的性格躍然紙上，因此，我在這裏不厭其煩地寫下來。如前所述的教育會長野支部成立，將由大坪知事擔任支部長，而以岩波為首、身在東京的長野縣有志之士（岩波、藤原咲平、務台理作、今井登志喜、西尾實五人）為了轉達他們的想法，岩波強拉着西尾（現任國語研究所所長），於一九四四年七月到長野會見大坪知事，表示應委任一名優秀的事務局長，最終認為藤森省吾是最適合的人選。岩波受大坪委托，與藤森私下交涉——但據伊澤說，其實在找大坪之前，岩波先找了伊澤多喜男，伊澤也曾勸說大坪——岩波往返於諏訪與長野之間，多次打長途電話，將他的熱情發揮到極至。在交涉的高潮，岩波利用藤森從泉野的山村去上諏訪接受診症的日子，即當年的十月三十日，也是藤森、岩波、西尾三人約定談話的前一天，突然隻身前往泉野拜訪藤森。據說藤森後來曾說過，當他看到岩波時大吃一驚，預感到這次必須出山了。在上諏訪，岩波和西尾二人在岩波喜愛的「牡丹屋」等藤森時，岩波向西尾作了泉野奇襲的報告。岩波首先問道：「為什麼不去長野？」藤森答：「理由有四個。」岩波問：「是什麼呀？」藤森答：「第一，我的性格不適合作事務局局長。」岩波說：「這不能由你自己決定，大家不是都認為你適合嗎？」「第二，我的健康狀況不好。」「你到底打算活到什麼時候？」說到這裏，岩波愉快地哄笑起來。「第三，我打算作為一介村民，最終化為泉野的泥土。」「你只是暫時去長野而已。」「第四，我對這樣的工作沒有興趣。」「現在不是談論興趣的時候啊。」岩波駁倒藤森的興奮勁兒，直到那時依舊高漲。藤森的主治醫師也說沒有絕對不可能的理由，就連最後的堡壘——藤森夫人也被攻陷，說這次可真沒有辦法了。藤森終於投降出馬，於一九四五年四月就任局長。岩波還寫文章寄給了《信濃教育》，以表達高興之情。但不到半年，藤森便倒下了，再也沒有站起來——上述內容幾乎全部根據西尾的備忘錄記載——岩波對愛子之死草草了事，跑來參加藤森的葬禮，其心事是有如此背景的。

藤森省吾是位於神田的岩波書店近鄰、「思考方法研究社」的創辦人已故藤森良藏的弟弟。良藏是企業家脾氣的人，曾因為家鄉的事與岩波共事過，據説二人經常互相爭執。省吾與哥哥莽撞的性格不同，比較內斂。可能由於健康問題，儘管集長野縣教育界眾人所望，他卻辭去了出生地上諏訪的高島小學校教頭的職務，隱身泉野山村，專注於農村子弟的教育，被稱為泉野的二宮尊德（日本江戶後期的農政專家。——譯註）。我也曾見過他，是個文靜但頑強不屈的人。

一九三九年二月，長野市掀起了設立高等工業學校的運動。縣知事、長野市長、商工會所的會頭向當時的文部大臣荒木貞夫提交了請願書，岩波也從側面協助了該運動。

第七章／政治活動

一 對議會及選舉的關心

如前所述，岩波以自由市民為招牌，公言自己厭惡官僚。但是，他非常關心政治，對政界的腐敗和不公十分激憤，要出馬政界的想法經常令他心癢難撓。很多摯友都不贊成，認為與其為政治消磨浮生，不如擴大現在的出版事業，這對社會、對國民更有益處。岩波也說自己是自由主義者，不是社會主義者，當然也不是共產主義者，但由於對現有政黨的不滿和絕望，使他對無產階級和青年階層發起的此類運動寄予同情。而且，在自己的本行——出版方面，由於他主張對於社會主義、共產主義也要先有所認識，因此大量出版此類書籍，觸犯了當局的忌諱，這在前面已經講過了。田中政友會內閣首次舉行普通選舉是在昭和三年（一九二八），但早在之前的一九二零年四月，岩波書店便出版了佐佐木惣一的名為《普通選舉》的小冊子，並在店前立起了大牌子，這也在前面寫過了，岩波非常贊同這種擴大民眾權利的運動。但是，岩波對於無產黨寄予的同情，亦是出於抨擊政友會小川平吉的意圖，在民政黨於大正末期（可能是一九二四年）推出了岩波一高時代的同窗丸茂藤平、政友會推出了小川平吉之時，岩波與藤森良藏等人從理想選舉的立場出發，推薦並援助沒有名氣的太田耕作，但這從開始就沒有什麼希望。岩波對於選舉的關心，如果往前追溯，時間雖不太確切，但我想大約始於大正年間的總選舉。那時，他援助國民黨的古島一雄，當時古島被稱為犬養毅的親信，後來成為在野政客的老前輩。據説那時，杉浦重剛來到店裏，拜托岩波支持古島的選舉。由於神田錦町的松本樓的老闆娘俠氣仗義，古島就以那裏為大本營參加選舉戰。選舉之後，岩波與古島繼續交往，還接手了古島轉讓的位於信州富士見的別墅。昭和初年，無產黨已成為相當大的問題。但在一九二八年二月舉行的最初的普通選舉中，岩波與藤森良藏、今井登志喜一同支援文學家藤森成吉，岩波和藤森（良藏）拿出二百日元，今井拿出隨身現款十日元作為活動資金。當時，據藤森（成吉）自己説，比起對無產黨的支持，還是以打擊小川為主要目的。雖然沒有當選，但藤森卻獲得了意外地多的票數，充分使小川派心驚膽寒了一場。在家鄉，岩波向選民發出了警告：「你們將無恥之徒送上議政壇，無異於放虎歸山。」據説，人們見岩波如此排斥同鄉出身的大人物，都謾罵他是怪人、狂人、大笨蛋。

在一九三零年的國會議員選舉之際，東京的同縣有志勸説岩波報名候選；社會民眾黨南信支部部長野溝勝，以及諏訪無產黨的飯田實治也推薦他。關於政治，岩波本來也有「正中下懷」之處，有時也有意出馬，與盤踞在舊勢力中的巨頭們一戰，但還是下不了決心，再加上有報名候選的誤傳，故草擬《表明信念》一文，聲明自己沒有出馬的意願。岩波在文中明確表示，政治問題的根本解決，歸根結底在於民眾修養水平的提高，以及除惡顯正精神的振興。自己所從事的出版事業並不是單純的盈利事業，還有文化事業、教育事業的一面，在這一方面，自己將以更加緊張的心情，繼續發揚以往的精神，作為一個憂慮時弊的國民，相信這是一日不可掉以輕心之事，從此立場出發，謝絕推薦。同時，自己這次主要是受到無產派的推薦，但不想現在匆忙成為無產黨黨員。他還陳述了對當時政局的意見，即反對政友會的原敬「政治就是力量」、「力量就是正義」的論點。岩波曾經崇敬的犬養毅後來取代了原敬的繼任者田中義一，他也認為政友會更生無望。特別是對於長野縣選出的國會議員、多次位列閣僚的小川平吉，岩波更是進行了執拗、強烈的抨擊。雖然對民政黨的無力表示遺憾，但他尊信濱口雄幸的人格，認為政界罕見——儘管這種信任後來由於某個理由大大減退——並為濱口內閣的出現而高興，贊成其黃金解禁、綱紀肅正的政策。對於政友會內閣的鬆散，他同情內閣不得不採取不受歡迎的緊縮政策。他承認無產政黨作為新興勢力的意義，但對於其中各派不顧自己勢弱的現狀，還在進行無謂的四分五裂的私鬥，他希望停止這種行為，甚至還極端地說，無產黨為了未來的振興，也應協助民政黨打倒政友會。

一九三二年，岩波勸說同鄉的志同道合之士，向鄉黨發出檄文，痛切陳詞道：「使國家腐敗的是賄賂，毒害國民的是賄賂，行賄者必定受賄，受賄者也必定行賄。……對於行賄的候選人，無論他是什麼政黨派別，必須斷然悉數進行打擊。此時，要消滅利用賄賂中飽私囊的選舉經紀人。……這是革新的第一步，只有這樣，才能將議會政治從行將崩塌的危機中解救出來。……」毋庸置疑，這當然也是打倒小川的運動。

一九三三年，岩波在居住地神田推薦了民政黨的赤塚五郎，這也是出於打倒政友的目的。翌年，民政黨在總選舉中獲得勝利時，在給民政系的友人丸山鶴吉的信中，岩波寫道：「鈴木倒了，小川倒了，愉快愉快。小生為民政的勝利而高興，更為政友因為正義勝利而敗北感到高興。」他甚至歡呼道：「為無產黨的挺進感到無上的高興，這使我第一次感到不能對日本社會絕望，社會變得愈來愈光明了。」

由於不喜歡政治的摯友的勸諫以及對事業的顧慮，岩波抑制着自己對政治的強烈關心，但同時，對議會的不信任感可能也成為制約他參政的障礙之一。一九三四年，當《京都大學新聞》問到他對第六十五屆議會的期待時，他闡述道：「我並不是否定議會制度，但對於現在的政黨本身，除希望它迅速消滅之外別無他求。就好像我不否定貴大學的法學部，但對態度不明朗、屈從於強權暴力的留守小組（京都大學瀧川教授事件發生後，法學部全體教授辭職表示抗議，但後來有七名教授改變觀點留任，這裏指的就是他們。——譯註）無任何期待一樣。」一九三七年初，同是關於議會，在回答雜誌《女性與家庭》的提問時，岩波也說道：「我沒有任何期待，也沒有任何要求。但作為尊重議會的國民一員，為了不使新殿堂成為憲政的墳墓，我靜靜地祈禱議員素質的提高。」

儘管岩波對於議會灰心失望，但他那選舉嚴肅的議員、發展憲政的願望，一直非常熱烈。但是，岩波是一個禁不住阿諛奉承的人，在他表示信任而推薦的人當中，也有精明地向他獻媚之人，也有厚顏無恥、任何恭維話都能說出口的謊言家，還有打着自由與坦率的幌子利用岩波的人，以及並不是什麼人物的人，我們不能忽視這一事實。這一方面形成了岩波粗枝大葉、清濁通吃的長處，另一方面也彌補了他神經質般的潔癖，或許這也證明了他是「可欺之以方」的君子。

一九三六年在岩波的故鄉長野縣的選舉中，他推薦了宮澤胤勇和一高時的同窗木下信。戰後被公選為知事的社會大眾黨林虎雄，岩波在一九三零年初次見面以後，就認為他是值得信任的人物，在其後的縣議會議員以及國會議員的選舉中多次推薦他。一九三五年，林初次當選為縣議會議員時，岩波正在國外旅遊。據說他回國後，立即拍電報把林叫來，詳細詢問選舉的情況，為他的當選而高興。此外，在諏訪市議會議員選舉中，岩波推薦了他所信服的久保田力藏（一九四一年二月）。

在長野縣之外的選舉中，他推薦了安部磯雄、三輪壽壯以及一高時代的友人玉井潤次等無產者的支持者。岩波關於選舉的思考不是「黨優先於人」，而是「人優先於黨」。在推薦離開了社會黨的友人玉井潤次時，他說道，雖然也贊成「黨優先於人」，但前提是所有當選者都必須是忠實於信念的公共人物；而悲哀的是，我日本的立憲政治還沒達到僅靠各黨派的政黨綱領就可決定的程度。在其他的場合，如關於上述的林虎雄，他說道，雖然厭惡社會大眾黨，但林很好，社會大眾黨將會因林而佔據重要地位。但在一九四六年去世之前，岩波在回答《東京朝日新聞》的提問時也說：「我當然贊成選舉政黨的建議，但先決條件是任何政黨都要選取確實可靠的人物。……我如果投票，雖然也有一些意見，但我可能會選社會黨吧。」

他一邊宣稱對國會不抱任何期待，一邊也沒放棄盡可能向國會多輸送誠實同志的願望，這清晰體現在上述內容中。而在一九三七年為三輪壽壯和安部磯雄寫的推薦信中，岩波更加積極地、極端地寫道：「在各種新勢力中，有的人在對黨弊失望之餘否定議會政治，關於這一點，我與青年將校一派的見地有着根本的區別，諸如特殊國家在非常時期不得已而選擇的法西斯政治，在我國必須堅決打擊。」

岩波密切地關注故鄉的村縣，同時，對自己居住的東京的市政，以及自己書店所在的神田區的區政也十分關心。一九三六年初，在一高同窗丸山鶴吉的勸説下，岩波參加了市政革新同盟，但可能因為與他們的想法互不相容，幾乎在入會的同時就退出了。據因為厭惡政黨而不想入會的相馬愛藏説，岩波強行推薦他入會，而在出席入會儀式時，關鍵的岩波卻不在，讓自己不知如何是好。沒想到岩波竟有這等神速。岩波一不高興便會坐立不安，任何東西都可棄之不顧，旁若無人。他雖然退出了，但聲明仍然會就市政改革而努力。他闡明目前腐化的市政和魔窟般的市議會，需對正直的市民不關心市政負起責任，並和同鄉的老醫學博士近藤次繁等人，於一九三七年初共同創立了天心會，意欲集合神田區內為數不多的正義同志，對抗不良之徒的群黨。對於市政的革新，岩波説，官選東京都長雖然有悖於自治的本義，但市民沒有自治能力，既然這是打破現狀絕對必要的，官選也是迫不得已。有人希望都長是所謂的大臣級別，但岩波説很難期望大臣級的都長實施革新，應尋找三四十歲、有強烈的正義感、隨時願為東京都殉死的人才。岩波還發表主張，要求減少都議會議員的人數，縮小都議會的權限，擴大都長權限，使都長充分發揮自己的才幹與方策。對於一九三七年三月舉行的市議會議員選舉，岩波希望少壯議員出馬；而且，基於他一個區要推薦一個候選人的主張，雖不是少壯，但作為值得信賴的人物，他熱心推舉了市政革新同盟推薦的神田區的近藤次繁，以及中野區的近藤幹郎兩位醫學博士，並親自給有權者寄去了推薦信。對於助理的選拔，則提出了穩妥的建議：既然選擇了小橋市長，就應遵守這一選擇。

岩波對政治的喜好最終使他成為貴族院議員，這將在後面講述。但在當選後的一九四六年三月的總選舉中，岩波還在二月末，特為婦女參政權的贊成者加藤靜枝寫了推薦信。就在他去世前不久，還為老友玉井潤次寫了兩次熱烈、懇切的推薦信，也為林虎雄以及關係不太密切的船田享二寫了推薦信。三月二十七日，他還給已成為貴族院議員的友人種田虎雄寫信，勸他加入同成會。林當選後進京向岩波報告時，岩波已在熱海昏迷不醒。但在此之前，當他聽説林當選的消息時，他還高興地反覆説道：「太好了！太好了！」

二　貴族院議員

岩波對政治及選舉的熱情，最終使他自己成為貴族院議員的候選人。對此，岩波説道，自己曾立志作一名市民，過獨立的、表裏如一的生活，為此而開創的書店及出版業，竟出乎意料地被世間評價為對日本文化做出了貢獻。他還説，直到今天，自己仍沒有信仰，但一直以正直為理念，並體會到經商也可以做到正直，相信「你能夠，因為你應該」的格言沒有欺騙我們；而且成為議員，對於岩波書店的事業來說，並不是驢唇不對馬嘴的事，而是事業的延長。一九三零年，當家鄉信州推薦他為眾議院議員的候選人時，岩波曾拒絕道，與其成為普通議員，不如專注於現在從事的、提升文化的基本事業上。但當時，岩波需要作為書店經營的主體；而現如今，情況發生了變化，即使他半年不在店裏，也不會妨礙書店的經營。而且，戰局的窘迫造成紙張不足，不允許增印及進行新的策劃；在如今的時勢下，已不是拘泥於自己的興趣、藏身自然、期盼優游自在的時候了，應貫徹多年來心繫的日中親善、提高文化的理想，打破官尊民卑，以基於真知灼見抵制左右兩翼無用的衝突為目標而奮起。在給武內義雄的書信中，岩波寫道：日本政治的缺陷在於學者與政治家的隔離，我要讓兩者握起手來，矯正這一缺陷。他還說，此次報名成為候選人，「緣於諸位前輩的勸導，但另一方面，在很大程度上也有賴於藤森君出馬的心境。」這可能是岩波真實的想法——不能只讓藤森拚命。同時或是更加不能否定，這也正中岩波下懷。

其實，情況也有偶然之處。首先，岩波實際上是東京市的高額納稅人——他於一九二四年就已經是高額納稅人了，一九三六年，某家報紙也曾報道過此事。這既緣於他的收入增加，但更可能因為他誠實納稅吧。其次，高額納稅議員小坂梅吉於前一年的十二月去世，因此，貴族院的同成會會員曾商議推舉岩波為空缺的候補。在同年十二月五日舉行的小野塚喜平次的葬禮上，岩波第一次聽說這件事。其幕後人物是伊澤多喜男，具體運作的主要是次田大三郎。岩波托我為他寫推薦信，推薦人有石黑忠篤、岩田宙造、穗積重遠、大河內正敏、緒方竹虎、筧克彥、加藤完治、米山梅吉、高村光太郎、相馬愛藏、中村吉右衛門、葛生能久、松本烝治、藤原咲平、古野伊之助、小泉信三、鄉古潔、幸田露伴、古島一雄、後藤文夫、青木一男、三宅雪嶺、澀澤敬三、關屋貞三郎共二十四人，遍佈各界。岩波的摯友只有藤原等人，其他人看起來也沒有太大的熱情，而且從戰略上看，列出這些名字也未必有利。伊澤和次田也沒有公開名字。其中，葛生是右翼陣營中的老前輩，店員中有他的親友。葛生自身不想作推薦人，但從戰略上考慮，岩波特意請求他進入推薦人名單。岩波標榜理想選舉，實際上也按此標準來做，並進行了法律允許的個別拜訪，但沒有顯示出一絲哀求的態度。岩波雖然是理想型的人，但並不總是忘記現實的利害得失，讓葛生進入推薦人名單就是一個有力的證據。岩波成為高額納税議員，除了因為他碰巧是高額納税人，有這樣的資格，碰巧又出現了空缺外，有選舉資格的只有二百人左右，規模沒有過大，可能也使岩波容易當選。

候補人員除了他以外還有鏑木忠正，一度傳言此人有優勢，因此，岩波也預測自己會落選，連落選致詞都準備好了。但出乎意料的是，他於三月二十七日以多數票當選，貴族院的席位落在了以伊澤為首的同成會。岩波拿到議員通行證後，首先用它拜訪了房州岩井的旅館橋場屋。岩波還是高等學校的學生時，就經常光顧這家旅館，與女主人忍足堰相處得如同一家人一樣，可以理解岩波用議員通行證首先拜訪那裏的心情。他於五月八日拎着一尾鯨魚等物出現在群馬縣勢多郡的疏散地，使半七翁田中松太郎夫婦大吃一驚時，其心情可能都是一樣的吧。在此之前的四月十六日，岩波在位於小石川小日向水道町的家裏舉行了當選慶祝會，一部分推薦人沒有出席，但伊澤和次田等人出席了。就在幾天之前，我的家被燒毀，便與伊澤一同在岩波家裏借宿，因此也參加了慶祝會。五月，岩波的這棟房子也燒毀了。岩波當選的第二年，曾經為岩波書店發行的《教育》做過編輯的留岡清男拜訪了岩波：「先生是開書店的，在出版優秀的書籍方面，先生取得了前所未有的成就。但先生應該將自己的晚年繼續奉獻給重建出版物配送事業，將優秀的出版物妥當地進行配送，懇請先生不要將自己的事業半途而廢。」坦率地說出了不贊成岩波成為貴族院議員的想法。岩波對他說：「你如果做這樣的事業，無論什麼我都會援助你的。」留岡聽了歡欣鼓舞，為了轉達岩波的話，先返回北海道。可就在途經米澤時，看到了岩波去世的訃告。

作為貴族院議員，岩波首次出席議會是在一九四五年九月四日。前一天，長子雄一郎去世。那天進行火葬，但岩波終日待在會場。五日也出席議會，六日列席閉會式，九月八日舉辦雄一郎的葬禮。

他還寫下了貴族院的提問事項，然而最終也沒有機會在院內提問。但是，提問事項顯示了他生平思考的內容，雖然不很珍貴，但也把它記錄在這裏吧。

一、說到外交，一般認為，它從來就不是以天地公道與世界正義為基礎的。但天地有大義，人間有良心，我認為，就像個人應該遵從這一道理一樣，國家原則上也應以遵從這一道理為目標。關於外交的根本精神，不知政府作何想法？

一、從歷史上看，不應該說日本民族好戰。但是，由於滿洲事變和軍閥抬頭，日本軍國主義發展強勁，結果引發了毫無大義名分的滿洲事變、日中戰爭、三國同盟、大東亞戰爭，我認為這些都是興隆日本的莽撞之過。不知是否妥當。

一、中華民國是有着四五千年悠久歷史的大國。在文化上，我日本有很多地方仰仗中華民國的恩義。維新以來，日本在輸入近代文化上有着一日之長，位於兄長輩分，但不能因此忘記舊恩。對於中華民國的態度，日本政府沒有一定的方針，特別是在滿洲事變以來如何對待中華民國的問題上，我認為那不是酬答鄰邦恩義之舉，不知是否妥當。如今的戰敗也是應該思考的事情，日本指責民國排日，但作為民國人考慮，這是理所當然的。我如果是民國人，即使作為一介兵卒，也要奮起做排日的急先鋒。不管怎樣，我認為在滿洲事變、日中戰爭上，我們做了對不起民國的事。對此，不知政府作何想法？

一、弱肉強食是禽獸的行徑，而在人類社會，無論個人還是國家，都必須把正邪善惡作為規範、作為目標，不知是否妥當。我們以前一直在說富國強兵，但還有句話叫作「自反而縮，雖千萬人吾往矣」，我認為，需要教育國民昂揚道義，不知是否妥當。

一、貴、眾兩院議員在查明戰爭責任，這非常好。但對於戰爭，議員的責任又是什麼呢？我聽說咢堂先生的意見是議員應該堅決全體辭職，對此，不知政府作何想法？

所有的提問都是堂堂正正的，但與往常不同，內容有些模糊、凌亂，恐怕政府當局的回答只能是：您説的每一條都很有道理，我們將盡最大努力，實現您的願望。最後的提問雖然強烈衝擊議員心魂，但問題是，全體辭職的首倡者尾崎自己到底又是一個有多大責任感的人呢？這恐怕也模糊不清吧。

三 岩波與政界人士

岩波對社會和政治的關心，與他原本喜愛結交的性格相輔相成，並體現在他對政界及其他名士人物的關心上。緒方竹虎曾説岩波「癡迷於人物」，無論學者、文學家還是政治家，岩波喜歡接近他所感興趣的、敬仰的人物，並款待他們，可以説這完全是他的嗜好。比如熱海伊豆山的別墅，在戰時物資匱乏之時，成為岩波絡繹不絕地招待這些人的場所，而不是他曾期待的自己休養的地方，這在前面已經講述過了。實際上，就在他去世之前，尾崎行雄還帶着秘書於一九四五年十二月初來到這裏，他非常喜歡這個地方，延長了原定一個月的逗留時間，正月、二月、三月、四月，一直到岩波去世前，他都佔着惜櫟莊的和室。岩波當然以此為榮，非常高興，但也為此不停地操勞病體。當時，尾崎在戰敗後博得了異常的人氣，回國的共產黨野坂參三也是在這棟別墅裏拜訪了他。岩波再度腦溢血發作倒下時，尾崎還住在那裏，當他看到岩波病倒後，便慌忙撤離了。這裏要事先説明的是，岩波對於他認定的人物會立刻相處得親密無間，特別是當對方是老前輩、身份高的人時，更會奉上滿腔的敬意，並要提供最好的服務。在這裏提及的政界人士，雖沒必要與「私生活」篇中講述的交友區別開來，但前者都是世人皆知的知名人士，是岩波懷有敬意並尋求交往的一些人，而且大多是從戰爭剛剛開始、岩波也成了社會名士之後的交往。我們與岩波的不同之處是，如果是我們，即便在政界或財界名士中有自己喜歡的人物，如果沒有萬不得已的事情，也不會前去拜訪。但岩波只要想見這個人，想向對方闡述自己的意見，或聽取對方的意見時，就會即刻付諸實施。而且，對於那些年長者或是有身份的人，他會毫不吝嗇我們無法做到的敬意與奉獻。這並不全因為岩波是招待能手。實際上，他對於尾崎亦是如此。自從認識尾崎之後，岩波每年都會在尾崎生日的十一月二十日送去禮物，即使是一九四五年病後，也送去了皮背心。岩波將尾崎視為清節之士並崇敬他，自從尾崎在戰時遇到口舌之災後，岩波對他更為同情，關係也更加密切。我卻認為尾崎缺乏政治節操，經常滿不在乎地改變自己的觀點，例如，即便撇開明治中期的支那分割論，他曾一邊入閣大限內閣、贊成增設二師團，一邊又馬上變身為軍縮論者；作為東京市長，他對老闆言聽計從，沒做一件工作。總之，我批評他僅是口舌英雄，但岩波根本不聽那些事情，僅以激憤作答。

岩波把對尾崎的奉獻視為光榮、視為人生的價值，甚至忘記了自己生命將盡。因此，轉述岩波那時的心情也不是沒有意義的吧。在上述一九四五年十一月二十日尾崎的生日那天，岩波獻上短歌：祈禱昌齡永繼，生命有意義。尾崎也作歌回覆：此生已無意義，唯以久存之生救世。這首短歌表現了尾崎特有的活力。

一九四六年元旦，岩波又為尾崎作歌：

尾崎先生所謂的新日本紀元二年，賞晴天日出之美。有幸於櫟廬（惜櫟莊的別稱）與尾崎先生共迎充滿生命價值的春天。

迎幸福喜悅之日，事憲政之神，我心歡喜

自櫟廬眺望海上旭日，與憲政之神共賀春天

於櫟廬迎幸福喜悅之日，共談國之前景

國之界限消失、四海皆同胞之日待何時

我問憲政之神，國之界限何時消。

此歌雖拙，卻足可窺見岩波像一個質樸的年輕人一樣為尾崎奉獻着崇拜之情。

就在岩波死前一個月的三月份，岩波向尾崎呈上了這樣的信：

先生曾說過，哪有什麼「輔相天地宜」和「天地宜」之類，是因為您認為這是異想天開的思想嗎？在抨擊異想天開的思想這點上，我也和您一樣，但我不認為這句話是異想天開，它與康德有名的「Starry sky above me, and moral law within me.」一樣，我所說的「輔相天地宜」（輔相天地之宜）是易經中十分嚴謹的話，我對此懷有無限的感動。因此，我想請教先生的意見。

即便該對此話一笑置之，我也必須加以思考。

這可能是因為尾崎耳朵背，所以寫在紙上討教的吧。

其中的英文是康德在《實踐理性批判》中的最後一句話，也是岩波喜愛的句子，他按照自己的風格翻譯為「天上星空燦爛，我心道念盤横」。岩波以前就喜愛「輔相天地宜」這句話，還曾遣小林向幸田露伴確認過。開始還以為是「輔相天地大道」，但露伴翻看《易經》正文，發現寫的是「天地宜」，它和「參贊天地之化育」一樣，是儒教，特別是易經的教誨，不僅與人類，還與宇宙有關，是對人道與天道關係的闡述。我也銘記着這句話，岩波也對此有充分的認識。岩波並無特別相信人格上的神，卻相信貫通宇宙與人生的「宜」和「道」，在這點上，可以説他是宗教性的。但事到如今，岩波又向尾崎討教這句話，其態度可能的的確確是打算向神請教吧。

岩波崇拜的人還有頭山滿。他對我們來説，是個來歷不明的人，不知能否稱他為政界人士，但聽説他是撼動政界的幕後勢力的中心。岩波以前曾在會議等場合見過頭山，一直希望有機會密切接觸。河野與一的夫人多麻很早就認識頭山，在她的斡旋下，岩波於一九四一年二月拜訪了頭山，自此，崇拜之情更深。多麻懷着對頭山和岩波的敬愛之請，詳細記下了拜訪時的情景。岩波給頭山看了他在中學時代寫的《呈給杉浦重剛先生的信》，頭山讚揚道「寫得很好」，岩波害羞得手足無措，非常高興。但當談到日中戰爭時，面對與蔣介石關係密切的頭山，不知何故，岩波沒有更深入地闡述自己的一貫主張，也沒有請求頭山努力。岩波到底知不知道頭山對該戰爭的想法與做法？他認為頭山的態度與自己對中國的態度一致嗎？在頭山面前，岩波的一貫主張好像變得模糊了。在這點上，讓人不禁感到遺憾。之後不久，岩波向頭山獻上了感謝金一千日元，據說頭山也高興地接受了。

岩波曾向友人渡邊得男講了這次會見，還炫耀説醫生限制十分鐘的會面時間，竟談了近兩個小時，並稱讚頭山是大人物。第二年，一九四二年初夏，在頭山八十八歲壽宴上，頭山與大井憲太郎、中江篤介（兆民）等自由主義者親善，岩波迅速斷定，這正符合他讓左右兩翼會面、舉行圓桌會議的主張，甚至讚美頭山是「超越左右兩翼，為天地大義而生的國寶級人物」，對此，我很難首肯。但是，岩波為頭山的人格魅力深深傾倒，之後還招待頭山一家，岩波的妻子與女兒等也參加了。

岩波還接近作為同鄉前輩的原嘉道和伊澤多喜男，就同鄉的事情尋求他們的幫助，晚年與伊澤的關係尤為密切。我聽岩波説過，田邊元不喜歡岩波接近官僚頭目兼政界幕後人物的伊澤，緒方竹虎也評論伊澤是認識那個時代所有實權者的男人；伊澤也嘲笑緒方，説他如果穿上禮服也很了不起。按伊澤的説法，自己作為自由人士接近每個內閣，讓他們做好事、絕不讓他們做壞事，他或許做過這樣的辯解。總而言之，他以自己的政治貢獻自居。田邊可能通過報紙等厭惡伊澤，但岩波曾力説，伊澤反對治安維持法，不像世間評論的那樣是個冥頑的老爺子，他有信州人的性格，喜歡辯論，富於求知欲，願意聽學者的言論。實際上，岩波也曾介紹自己尊敬的學者給伊澤，創造他們談話的機會。晚年的伊澤敬仰甘地，儘管除了消瘦的身體與臉外，他沒有一處與甘地吻合，但他還是自稱「冥頑的老頭兒」（日語發音與甘地相同。——譯註）。世間認為他是個陰險、足智多謀的謀士，但接觸後會發現，他是一個稚氣、坦率、親切的老翁。從戰爭末期到戰後，只要岩波來到伊豆山的別墅，就一定會給住在伊東的伊澤打電話，詢問起居。他還經常去伊澤住處拜訪，或請伊澤來伊豆山，每次必會迎送腰腿不好的伊澤，遇到坡路還要攙扶他。這對晚年深感身邊寂寥的伊澤來說，確實很高興。特別是在戰後，在伊澤被視為官僚的幕後人物、險遭驅逐之時，岩波也不惜為他奔走活動。伊澤很是感激，說岩波為此縮短了壽命，但這恐怕是他以自己為中心的誇張吧。岩波生命的縮短不僅僅是為了伊澤，而是以向尾崎的奉獻開始，殘酷驅使已經違和的身體，為社會、為他人奔忙所致。

岩波曾利用各種各樣的機會，指責近衛文麿沒有作為首相與蔣介石直接會面，沒有控制日中戰爭的混亂狀態，但不確定他是否直接對近衛説過。一九四四年五月初夏，應當時在野的近衛的邀請，我與岩波、小泉信三、和辻哲郎一起來到荻窪的荻外莊。據近衛講，他曾計劃讓宮崎龍介面見蔣介石，打開議和的開端，但在宮崎出發途經神戶時被軍部阻止。我因些許的酒量催生睡意，沒弄清岩波是否有向近衛直言自己平素的意見。據同席人的講法就是沒有，但不確定他在其他時候，是否向近衛闡述了這一意見。

這裏有一個例子，表明岩波對於像頭山那樣的巨頭，以及像近衛那樣門第高且當過首相的人充滿特殊的敬意。那是岩波的同鄉有賀精——他所喜歡的諏訪旅館牡丹屋的遺孀的弟弟，他家曾來過一個叫布拉什的德國人。岩波與布拉什關係密切，在紀念三十年宴會上，他是唯一被邀請的西方人。由於強制疏散，布拉什的房子被奪走，不得不頻繁地尋找住處，因此，岩波就請求有賀把房子借給他，有賀說：「既然你們交往那麼密切，把你自己在熱海的房子給他住不就行了。」岩波回答說：「不，我家和你家不一樣（有賀解釋為建築上的），我熱海的別墅，如果是頭山滿或近衛文麿的話才能借，不能借給一個德國人。」有賀雖然對岩波的話感到不滿，但又可憐毫無關係的布拉什，便把在真鶴的房子借給他住了兩年。岩波的這一點就是年輕人所說的陳舊吧，但不管是新還是舊，我等的想法也無法與岩波苟同，要是我的話，恐怕誰都不會借。如前所述，岩波厭惡政友會，因而也不喜歡原敬，對於原敬橫死於東京車站，他認為是報應，反而同情刺客中岡艮一。但他喜歡繼任總裁高橋是清恬淡的性格，不知通過誰，弄到了高橋寫的、意思是「天下不可一日無嬉笑」的橫幅掛在房間裏。

岩波尊敬米內海軍大將（光政）是忠誠的軍人，在他還是鈴木內閣的海軍大臣時，岩波與友人鄉古潔（米內的同鄉）一起拜訪了他。據鄉古講，岩波說希望米內聽一下草莽布衣的意見，便訥訥地、但充滿熱情地講了二三十分鐘，傾吐憂國至情，海軍大臣也頗為所動。岩波雖沒從米內那裏得到確切的答覆，卻得到某些啓發，稍稍平靜。我想，鄉古說的可能是和談的事。記得可能是在此之前，我與小泉信三、田島道治、金井清等曾兩次受到岩波邀請，與米內共進晚餐。其中一次是在星岡茶館，米內曾感慨道，他本想逆水行舟，沒想到卻被沖走。在料理店「濱作」時，他還在彩紙上寫下「東西南北人自老」送給我，這句話對眾人來說都感慨萬分。岩波在「回顧三十年感謝晚宴」上宴請的政界的高官名士，除友人同鄉外，大部分都是自由主義者，或是當時受到軍部排斥的人。上述中除頭山、近衛、尾崎外都有參加，此外還有牧野伸顯、宇垣一成、中村良三（海軍大將）、古島一雄、緒方竹虎等，彷彿宴會本身就是自由主義者對當時軍國主義者的抵抗運動。此外，佐藤尚武主張和平主義外交，由於幣原喜重郎贊同他的對中外交方針，佐藤也對幣原有好感。一九四五年十月，幣原受命組閣，佐藤在發去賀辭的同時，闡述了自己對日本未來的信念。

順便說一下永田鐵山，此人不是政界人士，他於一九四三年八月，成為軍部派閥爭鬥的犧牲品，時任軍務局局長。在永田中學時代的同窗藤原咲平的斡旋下，岩波與寺田寅彥一同在「星岡」招待過永田。當時，寺田說陸軍的兵器等一心一意地模仿國外，但真正決定勝敗的王牌兵器，不能剽竊外國，製作出色的武器需要基礎研究，永田也同意他的想法。當時的陸軍次官小磯國昭（後成為首相）還邀請理學界的重要人物，計劃進行這一基礎研究。但僅僅過了兩三周，永田就被殺害，計劃因此中斷。但是，即使永田沒有遭此厄運，在當時的形勢下，這一計劃可能也沒有希望完成吧。

第八章／對時局的態度

一　國內問題

瀧川事件

由於軍部的專橫與政治家、國會、學者、文化人的無力或者說是阿諛的追隨、民眾的不自覺，在昭和十二年（一九三七）爆發日中戰爭前，令岩波義憤大發的，是京都帝國大學的瀧川教授事件與美濃部達吉的天皇機關說問題。瀧川幸辰成為問題，是因為他的《刑法讀本》。在他的刑法理論中，他認為，社會在以報復式態度處理犯人之前，應充分探討犯罪的原因，並認為在通姦罪中，只懲罰妻子是不當的。對此，右翼狂熱的論客蓑田胸喜攻擊其為赤化思想。該事件發生在一九三三年五月，當時，齋藤內閣的文部大臣鳩山一郎受理該問題，他不顧京都帝國大學法學部教授會的反對，於五月下旬給予瀧川停職處分，這就是所謂的瀧川教授事件。京都大學法學部的教授、副教授、講師等全體三十九人聯袂辭職，予以反抗；京都大學法經文學生聯合會也發表了反對決議，但都無功而返。到了七月，辭職的七名教授改變立場，決定留任；佐佐木惣一、末川博等六名強硬派教授被罷免；恒藤恭教授等依照本人意願被免職。岩波激憤之餘，以先憂子為署名，投稿給《東京朝日新聞》的讀者專欄「鐵箒」。在文章中，他首先讚揚了為信念而生、為大學玉碎的法學部辭職教授，認為瀧川的學說如果真如文部當局説的那樣有害於國家，那麼，豈止關閉京都大學法學部，也應關閉附和瀧川學説的所有大學。如果京都大學法學部的主張是正確的，文部大臣當然應立即辭職，內閣的數次更迭也不能避免。首先，應該查明這個問題，可就連事件的鼻祖京都大學，也不服從這一批判，這是為什麼？自己也讀了《刑法讀本》，作為一個有常識的人、一個社會人，很奇怪這本書為什麼會惹出這樣的問題。瀧川學説會激起內亂、鼓勵通姦，此等説法完全錯誤。實際上，就在這本書的發行之初，大審院（相當於現在的最高法院。——譯註）牧野院長在《東京朝日新聞》的讀書欄目上還推薦了這本書。岩波甚至極端地寫道：「現今社會的通病是敬仰真理、熱愛正義的思想不夠。不是不能判明正邪善惡，而是判明之後，不能根據正邪善惡決定去就，而曖昧地採取『胳膊擰不過大腿』的態度。」但報紙方面卻以「缺乏信息」為藉口沒有登載。可能因為瀧川平時沒有得到京都大學教授的尊敬，岩波也曾勸説他所尊信的西田幾多郎，以及友人田邊元、和辻哲郎，但他們都不贊成，我也聽西田説過，不能因為一個瀧川毀掉大學。岩波對此非常不滿，他曾就這件事向我感慨道，學者和思想家是後來屈服於凶暴的軍部和右翼的始作俑者。

岩波從他秉持的信念出發，一方面支持法學部的主張，認為《刑法讀本》在教育上沒有障礙；另一方面，強烈譴責了自己曾經欣賞的前校長小西重直，指出他沒有威逼文部省「讓瀧川停職前先開除我！」的魄力，反而被文部當局安撫，甚至承擔了安撫學生的重擔——這本應是當局自己的責任——厚顏無恥地將辭呈原封不動地拿了回來。對於後來繼任的新校長松井元興，岩波也沒有收回追究之手，他攻擊京都大學評審員會沒有對問題的核心——文部省和瀧川二者的主張哪個正確，進行表決和公佈；他又攻擊新校長不決定這個問題，也不主張瀧川復職。在這個問題上，全日本最有熱情的恐怕就是岩波了。而且，他的主張的根源在於，不論是這個問題還是後來的美濃部問題，岩波都不把它們視為政治問題，而把它們當作比政治問題更深的真偽問題，即學問問題來思考。

美濃部的天皇機關說

美濃部達吉因為自己的天皇機關說，被代表在鄉軍人的貴族院議員菊池武夫中將，視為提倡反國體學說的「學匪」、「謀反者」，在議會會場上遭到彈劾。對此，昭和十年（一九三五）二月二十六日，在貴族院議會的會場上，美濃部進行了明快的申辯。儘管陸、海軍兩位大臣及內閣大致了然，但內閣和議會無法抵擋軍部，以及圍繞在軍部周圍的右翼份子的謬論浪潮，特別是政友會將其利用為倒閣的手段，以至於議員親自表決了葬送國會的「國體明徵」決議。結果，美濃部辭去了貴族院議員，才暫時免於被起訴。關於這一事件，美濃部是岩波書店的作者，岩波也尊敬作為學者的美濃部，因此，他按捺不住心中不滿，以《危險思想》為題，投稿給《東京朝日新聞》的「鐵箒」欄目。文中，他讚揚美濃部的品格，認為學者對國君的忠誠在於他作為真理的忠僕、為信念而生。學說的多樣性是發揚開國大精神的原因，國體的根本意義不會由此發生動搖。在偉大的皇國精神中，就包含着對持不同見解的無數愛國者的包容。忠君愛國不是部分人士的專有物，它是全日本國民光榮的特權，以狹隘的忠義觀、固陋的國體觀將其他都作為非國民對待，這才是最可怕的危險思想。我在贊同岩波的忠君愛國主張的同時，也欣賞他利用敵人武器的謀略。但在當時，就連表達這樣的想法，也很有可能給岩波及書店帶來災難，因此，岩波的店員堤常和小林勇請求朝日新聞社退還了此稿。可能報社也無意冒險登載吧。據説直到最後，岩波也不知道店員們的用心，還一直罵朝日膽小懦弱。策動這一打擊活動的，仍是一高時與岩波同年級的三井甲之及其同夥蓑田胸喜等「原理日本」一派。後來，岩波書店也多次沒能逃脱他們造成的災難。是年四月九日，美濃部的著作《現代憲政評論》受到修訂處分。後來，在城戶幡太郎和留岡清男編輯、岩波書店發行的雜誌《教育》上，計劃採納這一機關説問題，岩波也同意，還特別請求關口泰，要他安心執筆。但堤經理提出：「希望暫緩稿件的登載，這已作為書店的整體方針決定了。」為此，城戶、留岡等全體編輯人員向岩波抗議，不料岩波卻説：「編輯之事全權委托城戶、留岡二君。……但鑑於時勢，只求各位編輯人員最好不要將反駁天皇機關説打擊派的文章刊登在雜誌上。」留岡對此不服，向岩波傾訴不滿，大意是岩波是雜誌的所有者，自己是編輯，岩波自己禁止登載稿件，那就自己拿着稿件向關口説明吧。岩波極其坦率地説：「最近，幾個暴徒來到我這裏，我確實害怕，無辜吃他們的杖打可不划算。」

岩波經常説：「街上狂犬大鬧時，能撲殺者應撲殺之，可沒有實力撲殺的人唯有退回家中待狂犬離開。」岩波也不是在任何形勢下都會鼓起勇氣的。當時，城戶等人蔑視岩波年老昏聵，如果岩波也考慮周圍形勢，就不能一味地嘲笑朝日的軟弱無力吧。

瀧川事件雖然沒有關係，但美濃部也好、津田也好，蓑田胸喜盡可能地利用他們給岩波書店作祟。但戰敗後，當岩波聽說蓑田自殺時，說了句「果然是真貨」，並送去了奠儀。

五條誓文

岩波的文化政策以及其政治的根本，一言以蔽之，就是明治維新的五條誓文。不可否認，岩波將五條誓文作為他向軍部及右翼發起攻擊的盾，但他們違反五條誓文的宗旨，以及岩波衷心贊同五條誓文也是事實。戰爭期間，他將這五條誓文寫成大字，掛在岩波書店的他的房間裏。一九四五年的九、十月，當他病臥長野時，他將五條誓文掛在病房的座邊。他認為五條誓文值得向世界誇耀，無論是平時還是非常時期，都適用於日本文化、政治的一切，並在任何事情上都要彰顯它。對於這五條誓文，很多人可能已經忘了，或者不知道，因此，就把它們寫在這裏。

一　廣興會議，決萬機於公論
一　上下一心，盛行經綸
一　文武一途，下及庶民，各遂其志，勿使人心倦怠
一　破除舊有之陋習，秉持天地之公道
一　求知識於世界，大振皇基

岩波認為，五條誓文「不僅是維新開國之指南，亦為萬世之國是」。在戰爭期間（年月不詳）播放的《一町人所感》中，岩波也提出了這五條誓文，其結尾是這樣的：「看到這莊嚴偉大的大遺訓，誰能不正襟端坐，誰能不感到精神昂揚？我將它掛在桌邊，要為誓訓的實現盡微薄之力。萬望一億同胞朝夕誦讀、反省。」而且，岩波在其他場合曾說過，五條誓文的宗旨「尤其要在武人中貫徹，比起海軍，更要在陸軍中貫徹」。

一九三九年三月，內閣情報部就強化《國民精神總動員》（始於前一年的九月）徵求意見。在岩波的答覆文章中，五條誓文的精神得到充分的發揮。雖用詞當中有非常客氣之處，但我相信，它是岩波在當時下了相當大的決心、對時務進行的恰當評論，因此，下面列舉部分內容。

總體來說，我對一直以來的國民精神總動員不感興趣，覺得它不是發自國民內心的運動，其理由有如下幾點：

一、對於這樣的大戰爭，國民至今仍不十分瞭解它的理由。

二、戰爭（日中戰爭是前年，也就是一九三七年爆發的）從結果上即便是迫不得已，但對最初在和平解決上盡的熱情與努力不甚瞭解。

三、不瞭解國家對於本戰爭的大方針。

四、雖說是國民精神總動員，但以大多數中小工商業者為首的國民終日勞作，尚且只能維持生活，還有更加緊張的餘地嗎？

五、對於學生與文藝之士來說，為國家盡忠的途徑是研究與發表言論。但由於現在的統管，對於這些人來說，為總動員奉獻的途徑屢屢受阻。

六、現在雖看起來平靜，但暴力隱然統治着社會，我認為他們妨礙國民表露忠誠。

在上述內容基礎之上，他還附加了幾點忠告：第一，如前所述，他提倡貫徹五條誓文；第二，應採取「使民知之、使民由之」的方針。日本人皆忠誠，因此，關於物資匱乏的狀態、學術水平的低下，還有世界對日本的輿論、該戰爭的嚴重性及日本處於危機的實情，應向國民提出警告；第三，在官尊民卑的日本，要讓總動員取得效果，就應讓官吏主動申請減俸，增加或嚴守辦公時間；第四，應通過排除暴力、確保言論自由等手段，開放國民盡忠之路；第五，停止以狹隘的思想約束一切，應謙虛地學習有利於皇國發展的事物，例如，青少年的訓練應向德意學習，尊重勞動應向蘇聯學習，言論自由應向英美學習；第六，國民精神總動員有待於國民的犧牲性的奉獻，為此，特別希望不用一分錢的國費；第七，關於海報，在紙張匱乏、必要的出版物也受到限制、國民教育使用的教科書正忍受着粗劣的紙張之際，應停止官方的豪華版海報，如果在舊報紙上墨痕淋漓地書寫，不花費用且效果百倍。

這篇文章的宗旨是與五條誓文的精神相通的，這是誰都不能否認的吧。自一九三七年，正木旲開始出版個人雜誌《從近處》，大肆進行自由議論。岩波與他頗有共鳴，在紙張等方面也為他提供方便。據正木說，岩波曾指着居室中的誓文說，沒有任何不妥之處吧！對此，正木說道：「最後的『大振皇基』這句話顯示了日本皇室的利己主義。什麼天地公道呀、萬機公論呀、求知識於世界呀，都僅限於振興皇室，因此一旦影響皇基，就會違背前文，這就是日本的皇道。為此，日本才會發動戰爭、延長戰爭並造成諸多損傷，日本的罪惡根源就在於此。」岩波聽後「嗯」了一聲，若有所思。一九四六年二月，當正木將《從近處》的復刊第一期定為皇室廢止論時，岩波為他提供紙張，並買下三百冊分發給眾人。正木好像據此相信，他影響了岩波的主張、岩波贊同他的見解。戰爭結束後，岩波在鎌倉家中的起居室裏又掛起了「憶明治維新，為秉承天地公道的誓文精神而生存！此乃新生日本之根本原理。如果日本真能因無條件投降而復活，那麼任何賠償都不是高價的學費。」這確是事實。但正木忽略了他大書特書的「大振皇基」的維新的歷史條件，將它完全歸於皇室的利己主義，我無法信服這樣的偏頗言論。同時，有些人一邊在戰爭中熱烈地唱着戰爭的頌歌，一邊又將一切責任與罪惡歸於皇室，自己則勁頭十足地發表議論，我也無法心悅誠服。皇道並不是皇室創造的，有些人對軍閥或一派論客將皇室當作謀取自家權勢的工具這一事實缺乏認識，無視皇室地位在戰爭中與戰後極其不同的事實而提出的天皇制論，我對此持反對意見。岩波的誓文論是針對軍部打出的旗號而利用這一旗號的戰略，我非常贊同。同時，無論誓文是因何種歷史情況產生的，我與岩波都相信，其精神光明正大，應長期成為日本的根本方針。而且我認為，這也證明了在岩波的感情中，懷有對重振日本的明治天皇的崇敬、對當今天皇的愛戴，以及對其境遇的同情。岩波本來就不擅長辯論，即使真如正木所說「嗯」地一聲窘住了，但也不知是否真的信服他的見解。我不十分瞭解正木，但知道岩波中意於他，並真心地為他撐腰，還聽說他是個才子、能幹的人。

順便說一下，有一件事岩波很為正木撐腰，那就是「無頭事件」。一九四四年二月，有一名煤礦役夫在茨城縣大宮警察署內離奇死亡，正木從臨時埋葬的墓地中割下這名役夫的頭，由東大法醫學教室得出他殺的鑑定，正木由此進行了檢舉揭發。岩波與正木相識，也是緣於這一事件。據正木說，岩波從他那裏聽說這件事後，便讓他與伊澤多喜男見面。該事件於四月起訴時，岩波還贈送了兩尾大鯛魚及蝦表示慶祝。由於報紙上禁止刊登關於這一事件的消息，岩波為了讓《從近處》可以大張旗鼓地報道，分給他很多紙張。這些也是顯示岩波不允許社會不正的一個證據。

二　對中國及中國人的同情

岩波對日中戰爭的反對是毋庸置疑的。如前所述，岩波的一貫主張是，為不使事態發展成戰爭，近衛首相應去大陸，與蔣介石親切會談。而且，岩波也多次抨擊近衛不負責任：一邊宣傳「不理睬蔣介石」、「原地解決」，一邊被軍部拖住，致使事件不斷擴大，最終陷入深不可測的泥沼。他認為，「將此戰爭當作聖戰，甚至聲稱是為中國而戰，卻為民國人所憎恨，被歐美視為侵略國」是遺憾至極。事到如今，聲明等都是無用的，應在事實上、行動上發揮聖戰的意義，真正讓民國人理解這是為東洋的和平而戰。同時，必須讓世界徹底瞭解日本的正義，即使賭上國運，也要讓世界知道有遵守道義的一國的存在。這看似在繞遠，但實際上，這是根本、永久的賢明態度，又是解決事變的捷徑。上述內容是他在一九三九年十月的雜誌《大陸》上發表的、向阿部新內閣寄予的希望。

上述內容多少考慮過社會影響，但當個人談話時，岩波就會變得不客氣、不加體諒。時隔很久之後（一九四四年），他曾對長野縣的內地留學生劍持（和雄）說：「發動了沒有必要的戰爭。如果正義信念在我，雖千萬人吾往矣。為了世界人類，即使一億玉碎，也應主張正義。如果知道錯了，就應該毫不猶豫地改正，像個男人一樣重新開始，為此，即使需要百年時間也行啊！竟發動不義的戰爭，欺瞞陛下，使國民徒然喪命！」當時軍部的所作所為是顛覆正義的行為，日中戰爭戰事不斷，為世界帶來和平、將正義遍佈世界已不可能。因此，雖千萬人，吾亦無法往矣。錯是肯定錯了，但非常明顯，他們沒有果斷道歉的想法。岩波的理想與日中戰爭的現實之間，存在着天壤之別。儘管岩波也知道這些，但他還是不能不那樣寫、不能不那樣說。

岩波每每遇見人，都要攻擊日中戰爭的暴行，他從一開始就反對這場戰爭，說中國自古以來是日本的恩人、恩師，討伐中國實際就是忘恩之舉。在日中戰爭爆發前的昭和十一年（一九三六）十二月，當得知張學良綁架並軟禁蔣介石的西安事變終於得到解決，蔣介石平安無事時，岩波面對齋藤茂吉，就像自己的事情一樣反覆說：「真的太好了，聽說平安無事，我也放心了。」齋藤說：「不知岩波為什麼對蔣介石那麼賣力氣。」一九四三年，宋美齡去美國發表演說，受到美國人的同情與歡迎。對此，齋藤非常憤慨，那時，他和岩波一起拜訪住在伊東的露伴，席上，齋藤說：「宋美齡喋喋不休地說着英語」，岩波回說：「不能用英語喋喋不休地說嗎？」結果引得露伴大笑。另外，在我的介紹下，岩波曾給一個關西出生的華僑青年出過學費，這個青年名叫王鳳鳴，從一高進入東大。他初次與岩波見面時，岩波室內掛着孫文的肖像匾額，岩波好像對着匾額，又好像不是對着匾額，自言自語地痛切說道：「日本不對，蔣先生絕對不希望和日本變成這樣。是日本自己逼得蔣先生必須與美國聯手。真的對不起蔣先生。」王作為中國留學生，經常有日本人問他如何看待日中戰爭，他總是感到很痛苦，但聽了岩波的話，他從心裏高興地說：「我們中國學生想聽的就是這些話。」岩波認為，現在也為時不晚，日本應雙手觸地向中國道歉，共同為亞洲的和平與興盛盡力。據說，岩波每次和長期居住在上海、為魯迅效力的內山完造一起談論完中國之後，總要說：「內山君，我最後的王牌就在中國，因此，只要是你決心做的事，無論什麼都告訴我，我完全支持你，可要二人一起幹呀。」

據說，當同縣的有賀精問岩波，能不能為長野縣的滿洲開拓協會提供捐助時，岩波說：「我對這樣的問題沒有一點興趣，不想為這種事頻繁出錢。如果是與專門排日、抗日、侮日的重慶政權的首領們促膝交談，不談日本也不談中國，而是談如何結束毫無價值的戰爭，如何為東亞、為世界的和平握手合作，如果是這樣的事情，我是打算略微湊些錢款捐助的。但是，我的友人藤原和小平與開拓協會有關係，為此我已捐了一萬日元。」

岩波所尊敬的學者友人田邊元，曾這樣評論岩波的政治立場：「自由主義者共通的弱點是理想與現實的矛盾，還有由於理想的抽象性產生的、對現實的妥協。不能否認，你的身上也有這些痛處。尤其隨着你的經濟實力增強、社會地位的提高，政治上的自由主義理想不得不受到反動掣肘的情況也日漸增多，你自己內心不就有很多相當焦慮之處嗎？」田邊在這樣觀念地、抽象地評論岩波的同時還說，「在你的見解中，我感到最難企及的」就是容易被普通人輕視的日中兩國的親善提攜，認為岩波對此帶着非常的理想主義熱情，極其純粹地強調它的必然性。這一點，應該作為岩波高邁的見解，或者說意外獨創的眼光，要永遠傳給後世。對於後一點，我深有同感。今天，當想到日中親善的機運與妨礙它的困難的政治形勢時，希望岩波活着的，肯定不止我一人吧。實際上，他對日中親善的熱情、強烈的信心，以及純粹的人道之愛是他人無法企及的、岩波的可貴之處。

實際行動上與日中親善完全相反的軍部也說「日中親善」，他們自己一邊無知無謀地策劃軍閥獨裁，一邊厚顏無恥地斷然說討伐中國軍閥、解救民眾。岩波相信，只有理解中國自古以來的文化，並對它懷有敬意，才能達成日中親善，而只有這種敬意，才是通向和平的道路。岩波經常說起這一見解，又要通過出版使之得以實現。就這樣，岩波尊敬中國文化，尊敬中國人文雅、從容的性格。岩波的日中親善不是口頭禪，它是不可奪之理想，同時也是熱烈的、實質性的實踐。岩波衷心地認為，作為國家，日本對中國與中國人犯下了種種罪過，因此，他要在個人力量能及的範圍內進行補償，要作為個人盡力為國家贖罪，並將其付諸行動。岩波曾經幫助的中國學生，除上述的王君外，還有廣東出生的胡朝生，在一高的三谷隆正教授的介紹下，由岩波提供了日中戰爭期間由一高到京都大學畢業的學費。戰爭時期，他在工學部機械專業學習，由於是中國人，因此連實習也不能去。岩波聽了他的傾訴後，便打電話給同鄉的大東亞大臣青木，向他請求——這願望可能沒有實現吧——但還有很多這樣人所不知的例子。現在成為中共科學院院長的郭沫若，在日中戰爭開始後，立刻逃離了日本。岩波得知後，找到了他住在市川的家人，並援助了後來的生活費用——還有一種説法是岩波受本鄉文求堂的主人、郭的熟人已故田中慶太郎之托——郭的長子和夫從京都大學畢業後，為表感謝之意，送給岩波一條領帶，這令他非常高興。郭的次子博從京都大學建築專業畢業後回到中國。在岩波的次子雄二郎的關照下，市川的房子裏現在住着岩波與我共同的朋友久保勉。

要説岩波與中國人的個人關係，那就屬錢稻孫了。他畢業於慶應義塾，日中戰爭時，任北京大學文學部部長，還翻譯過萬葉詩歌。以前，錢從岩波那裏訂購書籍，因此得以結交。一九一六、一七年間（？），岩波還給時任北京圖書館館長的錢寄過書籍。由於這些原因，錢每次來日本都要拜訪岩波書店，最後，兩個家庭的關係也親密起來，錢還讓長子端仁——曾在大塚的高等師範學校學習，後畢業於東北大學理學部——住在岩波家裏，委托岩波照看。後來，端仁甚至與岩波夫人的侄女時子結了婚——岩波曾以侄女不配為由反對——婚後成為北京大學物理學副教授。一九四五年秋，他將妻子留在北京，隻身投奔中共，後來又回到妻子身邊，如今一家人都健在。最近，端仁的長子紹誠還寫信給岩波雄二郎，信中說，他今年已十九歲，加入了中共的青年共產同盟（共產主義青年團。——譯註），正「向着重建祖國的目標前進」。稻孫由於涉嫌協助日本，被作為戰犯判刑，後獲保釋，一家人仍然健在。據說，稻孫將餘生奉獻給了《源氏物語》的中文翻譯。這是岩波與中國人毫無隔閡地交往的一個例子。

蔡培火被中國驅逐，在台灣做新聞記者時，與一九二七年去台灣旅行的矢內原忠雄相識。在矢內原的介紹下，其自費出版的《告日本國民》（解決殖民地問題的基調）就是由岩波書店發售的。岩波與蔡因為日中親善而意氣投合，後來，蔡由岩波書店出版的《東亞之子如斯想》出現問題，被杉並警察署拘留、受到處置時，岩波親自探望他，又為他的釋放盡心盡力。蔡在新宿開辦台灣料理店「味仙」時，岩波也爽快地做他的保證人。此外，岩波還向蔡贈送了感謝金一千日元。去年，蔡來拜訪我時，我才第一次見到他，他正為台灣政府工作，關於他的人格，我無從得知。總而言之，岩波利用一切機會接近中國人，為了中國人，只要是自己能做的事，無論什麼都願意做，而且將其付諸行動。清水安三在北京城外的貧民窟經營崇禎學園，教授中國姑娘們手工藝，並進行基督教教育，岩波給清水寄去感謝金一千日元，其志所在也是基於上述內容。

岩波尊崇新中國的先驅者孫文，這從他在書店自己的居室裏懸掛孫文的大幅肖像也可以看出。關於魯迅（本名周樹人），一九三五年，岩波去歐洲旅行途中停靠上海時，據說在內山的介紹下，與魯迅暢談過一夜，岩波回國後，說他是個了不起的人。一九三七年八月，正值日中戰爭爆發，岩波通過內山，捐贈了一千日元作為魯迅文學獎金。

岩波與蔣介石的顧問、娶了日本人為妻的蔣方震（本名百里），是在吉野作造的介紹下結識的。此人是日本陸軍士官學校畢業的日本通，是在對日政略方面起作用的人。據說西安事變時，他也曾擔心蔣介石並出謀劃策。王大楨是民國大使館參贊，曾為岩波寫下「坐擁書城稱南面」，岩波將它掛在居室中。他還熱切盼望能與在中國的志同道合者會談，戰爭前夕，在金田鬼一的介紹下，他曾和孫文的弟子陳延炯會談。一九四五年，即戰爭結束那年的春天，小磯內閣邀請的繆斌由於和平工作失敗回國，在回國前夕，嘉治隆一等人主辦了與日本文化人的聚會，岩波由於一些不便沒有出席，他為此深感遺憾。

岩波的同窗關世男與日華學會有關係，岩波注意到該會的中國留學生宿舍很簡陋，為了給中國留學生舒適地在日本學習，他還進行了修建宿舍和設備的策劃。另外他認為，真正的日中親善應是民間的志同道合之士通過文化結成的，便計劃讓若干中國的抗日學生來日本，並打算承擔全部費用，正要一步步地實現時，戰爭爆發，這個好計劃也化為泡影。

在最初的《岩波新書》中，收錄了矢內原忠雄翻譯的克里斯蒂《奉天三十年》，這在當時的形勢下，表現了相當強烈的抵抗意識，但岩波仍斷然為之。對於日中戰爭，岩波最終也沒為軍部捐過一次款。不僅如此，每遇到一個人，他都會痛擊發動戰爭的日本政府及軍部，並強調說自己絕對不會合作，連鐵錢也不出一文。朝日新聞社請他為捐獻軍用飛機捐款時，他也拒絕了。這事傳到了社會上，某檢察官通過平野義太郎提醒他要言語謹慎，他又得意地將此事張揚出去，在這點上，岩波有時真像個孩子。不可否定，這樣的事情在戰時連累了岩波書店。但對於日美戰爭，他的想法多少有些不同，向海、陸軍各捐獻了一架飛機。

提到美國，關於美國對日中戰爭的態度，曾任駐美大使的齋藤博說，美國人無論何事，只要道理正確，還是通情達理的國民。岩波相信齋藤的話，認為一般來說，美國人是熱愛和平與正義的、快活明朗的國民。他說，美國對日中戰爭的態度是公正的，即使本國的軍艦和商船受到無妄之災，國民也未出現太大的騷動，大總統也只是交由當地妥善處理，這表明他們具有大國國民的風範。美國對日中兩國都禁運武器，南京轟炸時，美國大使館跑到呂宋號軍艦上避難，對此，蔣介石表示不滿也是理所當然的，但美國採用最佳手段，努力不捲入別國戰爭也是理所當然的。岩波不僅作為日本人，而是從國際立場上也支持美國的態度。一九三七年十二月，日本海軍誤沉美國軍艦帕奈號時，岩波立刻交存《東京日日新聞》一千日元慰問金，但據說美國一般不接受這種捐款。

關東大地震時，岩波曾堅決否認朝鮮人的襲擊，這在前面已經講過了，這也是基於岩波的國際感情，以及對東方人的人道愛心。岩波曾庇護一名叫高基鉉的朝鮮學生，幫助他的研究志向。高在自己房間的桌子上，始終擺放着岩波的照片。

另外，岩波為朝鮮人做的事還有幾件。在學生中，有任文桓及他的日本名叫新井的兄弟。記得任文桓畢業於東大法科，據說他回到朝鮮後成為官員，現任南朝鮮的大臣。在他從學校畢業、將要回朝鮮之際，岩波特地為他定製一套漂亮的西服，還在自己最喜歡的料理店「濱作」為他開了送別會。

在太平洋戰爭最盛的時期，發生了遣送朝鮮人回本國的事件。那時，在神田的某家商店裏有位長期在那裏工作、人非常好的朝鮮青年，儘管本人不願意，但也不得不被遣返。岩波聽後大怒，立刻來到那家商店瞭解情況，並遍訪外務省、內務省，以制止遣返。結果，有人教他，如果當了日本人的養子就可以不回去。最終，岩波也找到了收養他的人家。

一九三七年，日中戰爭爆發前夕，岩波計劃向中國有代表性的大學贈送岩波書店出版的書籍，可惜沒趕上，這在講述他的出版事業時已經提及。岩波去世後的昭和二十二年（一九四七）三月，岩波書店通過中國代表團的張鳳舉、謝南光二人，向北京的北京大學、武昌的武漢大學、廣東的中山大學、上海的暨南大學、南京的中央大學五所大學贈送了岩波書店新版及再版的書籍共計二百零五種、一千零二十五冊。中華人民共和國成立後，也是只要有機會便送書。岩波生前由衷的夙願得以實現，下面記載的是附在贈書上的兩封信。

隔海仰望貴大學的盛名，在此，謹獻上敝書店部分出版圖書，這完全秉承祈禱中國與日本永遠親善、終生不渝的已故岩波茂雄的遺志。如能有幸承蒙貴大學笑納，繼承故人遺志的吾等小輩將不勝欣喜。

已故岩波茂雄一貫以文化振興、民意暢達、中日親善為主張，自三十五年前開創敝書店以來，始終不曾阿諛權勢，作為一民間人士，為出版事業獻身，為敝國學藝的崛起聊作貢獻。其間，他為留日中國學生諸君及諸位學者先生提供後援，以個人身份盡可能地為他們傾注微薄之力，致力於中日兩國相互理解與融合。

一九三一年，敝國軍閥侵略東三省以後，我對華政策愈發強硬，中日關係逐年惡化。故人的憂慮與慨嘆無法形容，每有機會，便鋌而抗爭時代潮流，不斷抨擊敝國軍閥的暴戾與政治要人的無能。固然，不能寄希望一市井出版者能力挽狂瀾，因此，故人渴望能向貴國轉達，至少在敝國人民中間，仍有敬愛貴國國民之人存在。同時，為有助於兩國文化交流，便提議將敝書店的全部出版書籍敬呈貴國諸著名大學。此計劃日漸成熟，以至於到了商議實施方法的階段。時值一九三七年六月，華北風雲暗湧之時，僅過兩旬，便爆發了盧溝橋之不幸事件，最終失去了實現該計劃的機會。

自此，歷經八載星霜，中國舉國皆成戰場，敝國軍隊所到之處，都市變為廢墟，田園荒廢，四億民眾之痛苦罄竹難書，對此慚愧欲死。此間，已故岩波茂雄一貫認為敝國的行動有悖道義，倡導即刻撤兵、向中國謝罪。只要事關此事，即便對平素尊崇的前輩博學，也毫不退讓，有時不惜激烈辯論。因而觸犯軍部及檢查當局的忌諱，不斷受到間接、直接的彈壓，甚至經常擔心自身危險。儘管如此，之所以能夠保身，完全因為天下讀書人眾望所歸，暴吏亦不敢違犯。

一九四五年八月，驅敝國赴史上空前暴舉的軍部財閥隨着敝國的慘敗而瓦解，敝國人民首次享受新自由。故人為此嶄新的歷史開端而歡喜，期待着為自己平素主張的三主義，即文化振興、民意暢達與中日親善進一步工作，但不幸身染痼疾，於一九四六年四月，成為不歸之客。如今，中日文化提攜脫離一切政治野心，不為其污染而得以實施的時機終於到來，望前途赫赫之希望，志未竟而身先死，這不僅是故人千秋之恨事，亦是吾等痛惜不已之處。在吾等繼承故人遺志經營敝書店之時，首先期待實現故人未能得實現的、向貴國諸大學呈獻圖書之舉，待貴國代表團來日，懇請其斡旋。有幸承蒙該團的熱心斡旋，使數年來的夙願有機會得以實現，戰後發行的敝書店全部出版書籍得以提供貴覽。今日，敝國戰後的疲敝已達極點，印刷出版事業仍未恢復，紙張、裝訂粗糙，恐不堪高覽，萬望體諒，笑納故人獻芹微衷。

此外，今後將繼續依次敬呈新版圖書。

一九四七年三月　日

謹向中國人民對外文化協會會長楚圖南先生呈報。在中日兩國之間建立不可動搖的友好關係，是當今兩國人民的衷心希望。最近，此氣運如潮水高漲。在此之時，岩波書店向中國學界敬呈一九五三年三月以來小店出版的全部新刊圖書五套。這是秉承祈禱中國與日本的親善、即使在不幸的戰時亦不渝此志的已故岩波茂雄的遺志。一九四六年，由於日本前一年的戰敗，兩國恢復國交的希望初現，我們奉故人遺志，通過當時的貴國代表團提出此獻書之議。後來，在該代表團的斡旋下，從一九四七年一月至四八年三月，分四次向北京大學、武漢大學、中山大學、暨南大學、中央大學五所大學贈送了小店出版的圖書各一套，合計四百三十種、二千二百冊。之後，由於貴國的政變，贈書中止，直至今日，為此，我們深感遺憾。此次敬呈圖書，意在將此計劃再次繼續下去。如有幸承蒙笑納，將欣喜之至。務請與上述五所大學聯繫，將這些書籍與已經贈送之物一併保存，希望能為中日友好的文化交流起到些許作用。

一九五四年十一月三日

岩波書店社長

岩波雄二郎

三　太平洋戰爭與岩波的歐美觀

一九三五年，岩波進行了為期七個月的歐美旅行。我敬服岩波的洞察力，即便對於世界形勢，他也能憑直覺把握大要。對於英國，他説，英國雖然正在走下坡路，但日本的所謂上坡路與英國的下坡路交匯僅是數日之事，並對日本人侮蔑英國之舉提出警告，認為英國可畏。對於德國，當時，日本有很多人被希特拉的成功所迷惑，相信他能稱霸歐洲。對此，岩波首先憎恨獨裁主義對自由的壓迫，以及對猶太人的非人道虐待，直覺認為這種蠻幹不會持久。但對於第一次世界大戰戰敗後不知所措的德國，對於同樣渙散、無法控制的意大利，岩波承認希特拉和墨索里尼強硬手段的時代意義，同時認為他們錯在「不知道停止的界限」。對於蘇聯，他驚嘆於史太林的政策——以強硬的獨裁政治，不介意意識形態，毫無顧慮地採用資本主義方式而取得極大成功。他讚美莫斯科地下鐵路規模宏大，預測蘇聯將與美利堅合眾國一起統治將來的世界。東條英機作為滿洲軍的參謀長促發日中戰爭，挑起對英美的戰爭，使日本陷入無法挽回的戰爭泥沼，岩波對他極其憎惡。一九四一年春，松岡洋右外相去了柏林，受到希特拉的籠絡。歸途中順便去了蘇聯，締結了日蘇中立條約，據説還與史太林舉行了直接會談，洋洋得意地回國，倍受世間讚許。那時，岩波就曾對人（原田和三郎）説：「真拿松岡的輕浮沒辦法，不久就會出現僵局啦。」

對於盎格魯－薩克遜人的稱霸世界，岩波尤其憎恨英國對亞洲貪得無厭的劫掠、榨取和非人道的壓制。他崇拜、讚美以非暴力抵抗英國統治的甘地，將他瘦弱的半裸肖像與孫文的肖像一起掛在居室裏。一九三九年強行舉行的日英會談，其目的是要將英國排擠出中國，當時，岩波説，「應帶着對中國國土與民眾的熱情參加會談，要讓民國人理解這是為了東洋和平而戰。」其要表達的就是排斥英國一貫的利己主義，真正為民國的國土與人民帶來和平。當亞洲，特別是中國的民族意識高漲，英國過去的專橫已行不通時，軍部卻以不遜於英國，不，是超出英國的蠻橫與魯莽，在中國實施英國曾經實施的侵略。而且，他們沒有英國那樣厚顏無恥的強烈意識，只是隨性而為。岩波熟知軍部的這種手段，也知道自己的主張都無濟於事，然而，他還是敢於説出來了。九月，德國入侵波蘭時，英法理應站出來懲罰希特拉的慘無人道，但是，正如岩波挖苦的那樣，英國「有着以人道之名摧殘殖民地的膽量，有着一邊放任豐沃的土地不耕作、拒絕勤勉的國民入境，一邊還若無其事地倡導世界正義的強韌心臟」，卻在權衡利害後不打算站出來。但最終，就連英法也到了不得不參戰的地步。這裏，我們可以看到岩波的世界正義的理想——世界不能被某個強國所壟斷，世界各民族、亞洲人、日本人都應參與到人類共同的利益與幸福中。

軍部為挑起國民的抗敵情緒，稱呼美軍為「鬼畜」（惡鬼與畜牲，用來形容殘酷的、不知恩義的行為。——編註），並宣傳敗北之日，日本人不知會遭受何等災難。對於這樣的宣傳，岩波曾對人說：「美國是文化國家，不會做出那麼愚蠢的事情，絕對不會，現在投降對日本有利。」岩波沒有被初戰的奇勝所迷惑，從一開始就認識到對英美的戰爭沒有勝算。但另一方面，岩波坦率地承認，在一九三五年的歐美旅行中，自己作為日本人一點兒也沒有感到羞愧，其理由是托武力日本的福。同時，他還闡述道，在軍部飛揚跋扈的世上，武力日本雖然了不起，但日本的科學和文化水平遠遠落後於歐美，如果日本人不謙遜地承認這點，一如既往地向歐美學習，提高科學水平，就不可能維持武力日本。他還認為，除理性主義外，無法期望世界一家。大政翼贊會躲在帝劇（帝國劇場。——編註）或東京會館閉門不出，揚言昭和維新，卻沒表現出欲罷不能的大和魂以及背負十字架的革新氣概，岩波對此感到憤慨。日中戰爭爆發以後到對英美戰爭期間，岩波反覆闡述的是，日本缺乏能說服國民趕赴戰爭的道德意義，為此，對於這場無名無謀的戰爭，他提出一個不可能做到的要求——應立足於世界的正義與和平。用來對抗，不，用來證明武力日本的文化日本和科學日本還很劣弱；為實現國民願望，希望允許言論自由，不要讓顯示了狹隘的日本精神和國體觀念的思想統管，抹殺來之不易的國民忠義；特別對於作為言論機關的報紙，對於他們毫無骨氣地盲從這一統管，傳達虛偽，毫無忌憚地犯着與封建時代的格殺勿論同樣的錯誤深感不滿。用岩波自己的話來說，應該發揮五條誓文的真精神打擊他們。

但是，當戰爭終於告急，美軍飛機頻頻對以東京為首的幾乎所有城市進行轟炸，以致非戰鬥人員的無辜良民也遭到殺戮時，岩波也對英美的態度十分憤慨，有時也為日本的立場辯護。一九四五年五月，岩波寫下題為《寄美英》的文章，雖未公開發表，但文中可見以上傾向。他在文中寫道：儘管和平、幸福與繁榮是人類國家的理念，但他懷疑，戰爭實際上是為達到這種理念的迫不得已的過程。「這次的大東亞戰爭是因為沒能實現和平對話，為了自存自衛，我們作為領導者，為東亞民族解放而迫不得已發動的，這正如詔書所示。」他指責道，美英諸君一邊喊着為人道、為正義、為自由而戰，一邊企圖將日本民族從地球上鏟除，將日本國家抹殺。但是，英國對三億印度人民、美國對印第安人又做了什麼？正是美國踐踏了威爾遜總統為確保世界和平而建立的國際聯盟。美國甚至犯下如擊沉阿波丸（它載着留在新加坡、西貢等東南亞地方的日本人中希望回國的人，在美國也允許的情況下，設置白色十字標記，卻在航行中被擊沉。但據說船上裝載着很多戰略物資。）等殘忍的惡行，當中沒有倡導正義、人道、自由的資格，有的只是使日本國民滅亡的信念。他還說，自己自中學時代起，就主張東亞民族必須脫離盎格魯－薩克遜人的束縛，以印度獨立為開端，與諸君一起贏得共存共榮、自由平等，卻從未想過要滅絕諸君，日本人從未要像諸君那樣，以強韌的執着實施暴行。諸君已經奪取瓜達爾卡納爾，殲滅塞班島，攻破雷伊泰島，攻陷硫磺島，登陸沖繩，每日空襲帝都，科隆大教堂、名古屋城也化為灰燼，伊勢大廟遭到破壞，宮城被燒毀等等，這些非人道的暴行只會激發秉承二千餘年萬世一系的皇室、山水秀麗、醇風美俗、選擇王道而非霸道的我大和民族的鬥志。岩波又改變他常常向軍部提出的、文化日本與武力日本相比仍然劣弱的宗旨，指出日本文化雖非圓滿無缺，但也不是諸君口中文明未開的好戰之國。日本人不像諸君那樣老奸巨猾，諸君有所不知，「朝聞道，夕死可矣」的道義日本是我等存在的根本。即使諸君的炸彈一天殺害一千人，殲滅一億人也要三百年。不，即便能奪取日本人的生命，也不能消滅他們的良心、道義心與氣魄。為了諸君，日本人決意戰至最後一人。這與岩波平日所言大不相同，可能因為那時日本戰敗的跡象愈來愈明顯，國民愈來愈沒有精神，他的愛國心，以及盎格魯-薩克遜人的執拗、殘忍、非人道都刺激着身為亞洲人的他，使他說出那樣的話吧。就像他曾說希特拉那樣，英美的行為過甚，現在是應該收手的時候了。但是，我們可以認為，他冷靜的判斷使他熱切希望日本早日向美國投降吧。順便說一下，在其他場合，他曾大聲呼籲保護奈良和京都古都。他自稱陛下的赤子，熱愛日本國土，稱日本「山水絕美」，特別是對於富士山，懷着深深的讚美之情。他這樣表達，是要對軍部及其追隨者顯示自己才是真正的愛國者，也不無策略，使之成為保護自己免受軍部攻擊的盾。他承認信州人的缺點，也為自己是信州人而自豪，他愛信州，為信州不惜任何努力，對日本也是如此。可以說，在我的友人中，像他這樣熾烈的愛國者也很少。但與齋藤茂吉、藤原咲平等人樸素的愛國心相比，他的愛國心是被世界的、國際的陽光照耀着的吧。

一九四一年初，在回答雜誌《從近處》的提問時，他說，日本人的缺點是「缺乏熱愛宇宙真理的熱情與追隨世界正義的氣魄」，從這裏也可以看到他的世界心、國際心。宇宙真理，就是他所說的「天地公道」、「朝聞道，夕死可矣」的「道」。必須承認，由於理想主義者的抽象性，在他關於日中戰爭和大東亞戰爭的言論主張中，與現實的距離很大。但他對於宇宙真理、世界正義的信念與熱情，可以說出乎意料地，是日本人心中應該珍視的東西。而且，諸如他對中國的敬愛、對中國人的同情和善意，已不再是抽象的觀念，而是作為具體行動表現出來，通過前面所講的內容，讀者可能已瞭解這點了吧。岩波承認盎格魯－薩克遜人的優秀，同時憎恨他們，當中也有這種正義存在。第一次世界大戰結束時，他為戰爭中受盡苦難的法國和比利時兩國國民感到高興，並在店前懸掛兩國國旗，這也是他的世界心的體現。對本次戰爭中的芬蘭國民，他懷有深深的同情，亦是如此。特別是對於中國人的同情，他迸發出來的直截和勇往直前，是日本人罕見的。由於語言不通，也沒學過禮儀，岩波與西方人幾乎沒有交往過，但如果有機會和有好的介紹人，他可能會擺脱日本人式的顧慮，與他們密切往來吧。日本戰敗後，隨着國際對抗的激化、擴大化，國際交流也前所未有地頻繁，看到這種形勢，我的這種感觸更深了。

第九章／日本投降後的活動

一　感謝與希望

一九四五年八月十五日，日本向盟國投降，這場戰爭終於宣告結束。但岩波於九月三日失去長子雄一郎，第二天，他看到被他強行推薦成為大日本教育會長野支部事務局局長的藤森省吾的訃告。九月十日，他在藤森的葬禮上腦溢血發作，後在長野臥床養病，十月中旬回京，於第二年的四月二十五日長眠。在此期間，店務的復興大體交給了小林、吉野、長田等人。儘管他的健康狀況禁止他活動，但他的愛國心和對社會關注的欲罷不能的表露，使他不能充分靜養，頻繁往來於鐮倉、熱海與東京之間，為人、為社會奔走，這對身體強壯的人來說，也是過度的辛勞。他為戰爭結束而高興，這自不必說，一九五六年突然故去的緒方竹虎也曾寫信說：

我最後遇見岩波君是在前年（一九四五年）的十一月二十九日，當時，三宅雪嶺翁的告別儀式在代代木未被燒掉的翁的藏書室舉行。那是十一月末非常寒冷的一天，岩波君與古島一雄君及我一起站在棺前，向送殯者致意。看到沒有送殯者時，岩波君就反反覆覆地說「戰敗是神風」。戰敗當然是遺憾的、痛苦的，但正如這次太平洋戰爭證明的那樣，日本最終沒能憑自己的力量阻止軍部的為所欲為。從這個意義上來說，這次戰敗可以說是神意代替人，教給日本抑制軍部的方法。如果反過來是日本獲勝，那才是日本真正的滅亡。由於戰敗，日本才開始變好。岩波帶着真正地迎接到黎明的表情，不顧周圍大聲地說自己相信戰敗就是神風。

對此，緒方還補充說道：「岩波一邊說一邊不停地搓着兩隻手。」關於戰敗神風說，岩波對幾乎所有遇見的人都會說起，我也完全贊同。將其作為神風是日本人的一種解釋，可岩波認為，今後的日子會變得愈來愈精彩，「有生存價值的社會」（在獻給尾崎行雄的短歌中也曾吟詠）前途有着光明的希望，但他沒有看到這樣的前途便死去了。

一九四五年秋，當岩波在長野縣靜養之時，作為縣裏的內地留學生、曾受到過岩波關照的內山信政去看望他，岩波對他說了如下的話：「這場戰爭應該失敗，就像水從高處向低處流一樣，是自然趨勢。軍部派閥不好。……他們那些人絲毫不懂世界立場。」

然後，岩波談及對西田學派的迫害，並為三木清的慘死（九月二十六日）悲傷。正巧當時司令部剛剛發表婦女參政問題，因此，岩波說：「這是完美至極之事。日本婦女以前學習不足。一部分人認為為時尚早，但還是早些給為好，給的愈早，女性的覺醒就會愈早。今後，女性必須更加努力學習，更加自覺。」他繼續說道：

必須將陛下之意分毫不差地傳達給庶民。雖然說擺放了宮城的照片供人禮拜，但有些孩子向照片扔皮球時，老師會訓斥他們吧，孩子的心情受損，這不是陛下之意。而且，聽說發生了對奉安殿（戰前，日本的學校裏用來供奉天皇與皇后的照片以及教育勅語的建築物。——編註）不敬的事件之後，校長一個個地被解僱，這太可憐了。最近，某位皇族在疏散到某地時，孩子將飛機模型飛到了那位皇族的車子上，據說村長、校長等人臉色蒼白地遞上請示去留的辭呈，但班主任老師卻一個勁兒地鼓勵孩子做飛機模型，說不必為那種事情驚慌失措，我認為這一訓導有見識。……教育也要全部重新開始，要大幹。然後，日本人才能理解美國、蘇聯、中國的國情。

客人擔心對病情有影響，便告辭了。這些話，在戰時會作為不敬之言遭到禁止，但戰後，社會突然轉變為所謂的民主主義，將藐視皇室視為了不起，當這種風潮風靡言論報道時，即便是這些話，可能又會作為保守反動言論招致蔑視。但是，與那些戰時追隨軍部的人突然標榜民主主義或共產主義、自命為時代的領導者的態度相比，我們應該信任哪個呢？

下面通過岩波留下的草稿概要，展示一下岩波對投降後的日本及盟軍當局的希望。文中寫着投降後幾個月，據此推斷，這是在一九四五年末或四六年初寫下的：

日本的無條件投降是開天闢地以來的國恥，但這一屈辱是日本自己招致的。由此向世界作出的約定也無論如何應該遵守，為了履行這一約定，數十萬的盟國士兵駐留在日本。但要說理想，應讓世界相信，日本有無需一兵一卒就可履行約定的信義。不必為錯誤感到羞愧，應該羞愧的是犯錯不改；不必為戰敗感到恥辱，應該感到恥辱的是不承認失敗、掩蓋失敗的心理。

戰敗幾個月後的今日，我擔心國民會變得卑躬屈膝。承認戰敗、履行約定的義務是必要的，但我們不能忘記，要赤手空拳地、積極地、自主地致力於勝敗之外的真理世界。

阻擋日本人優秀素質的發揮，妨礙未來日本文化的發展，即便盟國有一點點這樣的念頭，也必須堅決予以打擊。拿走仁科博士的迴旋加速器，停止鈾的研究，甚至取消全部航空研究，此類行為就屬上述情況。這可能出於杜絕日本軍國主義再次抬頭的意圖，但它極大地妨礙了文化日本的發展。我希望，我們日本人應給予他們足夠消除這種擔心的信義，使他們敞開道路，讓文化國民獲得研究的自由，專心致力於學問，極大地發揮賦予我們的能力，在文化上，為人類社會做出貢獻。

權力無法戰勝正義，利劍不能斬斷思想。日本人缺乏放眼世界的眼光。以國粹和傳統的美為榮耀是好的，但想以此統治世界就困難了，這次戰敗在很大程度上是因為這種自命不凡。我希望日本能夠領會五條誓文的精神——它是日本取得驚人進步的根源，是日本永久的理念。想想看，納粹德國在羅馬教會上懸掛起德國國旗，而英國皇帝卻跪拜着從大主教手中接過王冠——不能想着增強國家權力、統治世界，而是要遵循天地公道，以熾烈的熱情追求真理，以實現世界一家。

我們不是憑一己之力，而是靠盟國鏟除了我國的癌症——軍閥，又給官僚以極大的打擊，獲得言論和結社的自由。對此，我衷心感謝麥克阿瑟元帥，但不能允許美國的軍國主義。盟國的要求是使日本成為好國家，但為此奪去了日本的軍隊，妨礙了文化日本的發展，這不是盟國的初衷吧。

不能否定，岩波的意見裏有着理想主義的幼稚，但是，能夠看到其中也有藏在背後的道義熱情。特別是此文是他抱病、繁忙之時所作，更可以看出他的拳拳愛國之心。

二　病中斡旋、奔走

隨着戰爭的結束，岩波成了各界拉拽的風箏。一九四五年十月在長野病臥之時，有請他當社會民主黨發起委員的，被他拒絕了。他還接到了電報，新出版團體設立準備委員會一致推舉他為出版會長，還附加了一個讓岩波高興的條件——正在交涉讓留岡清男任事務局長。但是，岩波以健康不堪重任為由，推薦了鈴木文史朗。可他又接到了鈴木發來的電報，請求岩波答應任會長，岩波再次堅決回絕。此後，委員會那邊又傳來消息，說鈴木答應就任理事長，並以不勞煩病體為條件，再三再四地屈尊請求岩波出任會長。回京後，準備委員會委員長奈良靜馬、日本評論社的鈴木利貞發電報之後又登門拜訪，屈尊乞求就任，但岩波最終也沒有答應。

到了一九四六年，最使岩波身心疲勞的，可能就是放送協會會長的選拔。一月九日，當時的遞信院總裁松前重義對岩波說，在被選為放送協會會長選拔委員的十五人中，由於觸犯了本月四日麥克阿瑟司令部發佈的命令，已有八人失去資格，之後讓馬場恒吾擔任，他無論如何要推薦岩波當委員，而且司令部也同意了。岩波其他的事情都拒絕了，但認為這件事很重要，就答應了。實際上，當月十九日，他被邀請出任東京都教育會會長時，也堅決拒絕，沒有接受。據放送協會會長選拔委員中的重要人物瓜生忠夫講，在他們商量出了讓岩波出任會長的方案時，岩波也說只願意擔任選拔委員，拒絕擔任會長。

一月二十二日舉行的好像是首次會議，當時，除岩波和瓜生外，還有馬場恒吾、加藤靜枝、宮本百合子、土方與志、荒畑寒村等共計十八名委員。經過各種各樣錯綜複雜的情況後，委員會於三月二十八日決定由高野岩三郎任會長。在此期間，有四五次為了參加商談會，岩波從鎌倉或熱海趕往東京，或打電話、或登門拜訪，奔走如往常一樣無所不至。開始時想推舉高野，但有人反對，結果，又定為小倉金之助第一、田島道治第二、高野第三。三月中旬，曾懇請臥病中的小倉出任，但小倉由於岩波介紹的醫生武見太郎的診斷結果推辭了。下面就輪到田島了，但高野的贊成者比田島多，就決定由高野擔任。岩波認為一旦決定的事又推翻，對此非常憤慨，但大勢已定，而且岩波本來也贊成高野，因此，第二天他就單獨拜訪高野，勸他出任。據説瓜生曾説過，他為岩波的這種行動力大吃一驚。高野年事已高，委托岩波推薦合適的人作為助理，岩波就推薦了精通英語的古垣鐵郎任理事。

這是岩波在世時的事，但據瓜生說，放送委員會決定的會長遭到理事會的反對，理事會與委員會之間又舉行了協商，但那時岩波已經不在了。岩波死後，在委員會的推薦下，小林勇被選為委員。

另外，有一位曾在司令部一部工作過的、名叫麻野幹夫的第二代日本移民，他畢業於京都帝國大學，在京都時與久野收、青山秀夫等人非常密切，由於這種關係，與小林和吉野也有交往。他自己家在美國經營小型廣播電台，他想根據這一經驗，在日本也經營一家，因此進行了各種研究：利用愛宕山的舊廣播電台，或接收九段上的燒焦大樓，在那裏架設天線，就連機器只要花五十萬日元也可在日本的工廠製造出來這樣的事都調查好了。一月末，他帶着該計劃拜訪了住在鐮倉小町的岩波，談了一夜，岩波非常感興趣，竟説就這麼幹吧。但後來，司令部規定了不實施民間廣播的政策，該計劃就不了了之了。就在此事加強了岩波對廣播事業的關注時，發生了上述選拔委員會的事。

岩波代表了信州人的性格，知無不言；他又超越了信州人，有「言出必行」的氣概，他認為好的事，便為此奔走；他認為好的人，便向相關者推薦並説服當事人，奔走周旋，這從上面的例子也可以看出。在文教方面，他也進行了各種各樣的勸説、斡旋，這從戰時關口鯉吉在荒木文部大臣手下任專門學務局局長時就開始了。戰爭結束後，前田多門任文部大臣、田中耕太郎任專門學務局局長時，田中還一度被任命為音樂學校代理校長，在專家中找不到校長的合適人選，便廣泛尋求理解藝術的人物。當時，還是東北帝國大學教授的小宮豐隆被推舉為第一人選，此事也和我商量過，我便說可能合適吧。而與岩波經常往來的、音樂學校畢業的鐮倉居民高橋均，也暗示岩波推薦小宮，岩波不知前面的經過，向田中推薦了小宮，田中便委托岩波說服他。由於我湊巧在前田之後就任文部大臣，世間便將小宮的就任稱為安倍人事，但事實上，在我任文部大臣時只是發佈了任命，而前田時就已經內定了。

我於一九四六年一月出任文部大臣時，岩波高興地說要推薦優秀的文部次官，並為此找了很多人商量。但對岩波推薦的一個人，我不樂意；另一個我樂意，可本人沒答應。那時，我的一個友人為我提供了交際費，並說如果岩波提供的話，世間會有很多議論。辭職後，我又還給了他。但岩波並沒有提出要為我提供交際費，我也沒有期待。

第十章／文化貢獻

一　感謝金

隨着岩波書店事業的日漸興隆，岩波也強烈意識到出版事業的文化意義，這自不必説。但岩波並沒有自詡為文化的創造者，而自認為文化的傳遞者或灑水夫，對學者、作家、藝術家、藝能家真誠地獻上尊敬與謙遜之心，這是我們最佩服他的地方。特別對於那些一心獻身學問和藝術的人、那些忘我地為社會奉獻的人，岩波所懷的尊崇與感謝之真，深深地打動了我們的心。岩波絲毫沒有「給錢施恩」的想法，他為自己多少能幫助點兒對方而感到光榮、高興，這種心情的純粹是無與倫比的，我們也常常感嘆無法企及。實際上，岩波也強烈希望對方帶着感謝之情衷心接受這種厚意。

昭和八年（一九三三）八月五日，正值開店二十周年。那年年末，作為紀念出版，《岩波全書》創刊。為進一步實現這一紀念，岩波決定向學問、文學、藝術、藝能、社會活動各領域捐款，以表達自己的感謝之意。這一決定的啓發來自他人，但這完全出自岩波自身的選擇與感激。在學問、文學及藝術領域，忘記自身的快樂和利益，潛心鑽研的認真態度以及反抗權力者的勇氣，好像最令岩波感動。雖然這完全是岩波的個人意願，但我相信，這對接受感謝金的人來説並不是不榮譽的事，因此，在這裏作為岩波不為人知的行徑發表。

第一次是一九三四年五月，岩波向為培養農村青年而傾注熱情的、國民高等學校的加藤完治，日本的羅馬字社（田丸卓郎等），《日本資本主義分析》的作者、博學的山田盛太郎，岩下壯一為之鞠躬盡瘁的、收治痲風病患者的神山復生醫院，埋頭學問、態度認真的哲學家田邊元五人，各贈予一千日元。據田邊元自己說，大正年間，田邊元留學歐洲時，岩波也曾送給他錢。

第二次以後的年代不太確切，但大體是從一九三五到三六年。高橋文（Fumi）子是西田幾多郎的侄女，從東京女子大學畢業後進入東北帝國大學學習哲學，在留學德國時，岩波贈予她一千日元。還贈予在巴黎的高田博厚六百日元。一九三六年四月出發歐洲的武者小路實篤，同年七月，忍受着病痛與貧困、在新築地劇場奮鬥的山本安英，以及對其治療抱懷敬意的東京帝國大學物理診療所的真鍋嘉一郎，岩波向每人各贈送一千日元，對前述的加藤完治又贈予五百日元。這些人中，高橋與真鍋已經故去。

第三次好像是從一九三七到三八年，向歌舞伎演員中村吉右衛門，西洋畫家安井曾太郎，在北京崇禎學園教育貧民少女的清水安三，在濱松從事私塾教育的齋藤謙三，由於非軍國主義的、毫無忌憚的言論而離開東京帝國大學的矢內原忠雄，各贈一千日元。此時，岩波出版的矢內原的著作被禁止發售，還附加了司法處置。中村和安井溫和、謙遜、鑽研藝術之道的態度可能吸引了岩波。對清水則可能出於對他獻身中國人的感謝。矢內原作為學者不屈從於官僚權力及軍閥的毅然態度，引起了岩波的共鳴，這是當然的。據說在一九三八年三月，矢內原被免官才二、三天，岩波去矢內原家拜訪，正巧矢內原不在，岩波手足無措，不好意思地將錢放下就離開了，矢內原夫人為他的態度深深感動。

第四次以後的年月更加不精確，只知道贈金的對象是安井哲子、高村光太郎、從事阿伊努教化事業的英國人巴徹勒博士、從事救助痲風病事業的光田健輔、北海道土木技師山口武治，還有救世軍山室軍平的遺屬。山口武治是北海道的技師，上級官員強行要他作堤壩的虛假施工報告，他斷然回絕並放棄了工作。岩波曾經介紹過此人的著作《糧莠記》，但對於此人以及此人的著作，我只瞭解這些。此外，對於安部磯雄，岩波可能被他的清純人格與多年的無產運動所感動；而且，也是年月不確切，還贈予了植村正久的女兒、熱情的基督教傳教士植村環。蔡培火的事如前所述。據說長野縣教育界的老前輩、岩波尊敬的守屋喜七堅決拒絕了贈予提議，沒有接受。此外，岩波又為太田正雄（木下杢太郎）的痲風病研究贈送了三千日元。一九四三年，贈予據說在上海經營書店、與中國的文人志士交往並幫助他們的內山完造。除了岩波崇拜的尾崎行雄外，一九四一年還贈予頭山滿，這些已在前面講過了。外國人除巴徹勒外，還贈予了阿伊努研究者尼爾．哥頓．芒羅（Dr. N. Gordon Munro）。芒羅是岩波從北海道帝國大學教授、從岩波書店出版過幾種橋梁建築著述的鷹部屋福平那裏聽說的。關於此人，瞭解他的世人可能很少，因此根據鷹部屋的文章，在這裏簡單記述。芒羅與阿伊努教化者巴徹勒的傳教士身份不同，他是科學家，曾任輕井澤療養院院長，一九零五年就已入日本籍。有著作《Prehistoric Japan》（史前的日本）、《Coins of Japan》（日本的貨幣），據說前者發掘了從北海道到鹿兒島附近的原住民的遺跡，提供了豐富資料，是一部大作。從這部《史前的日本》的研究開始，他感到有必要研究阿伊努民族，便處理了輕井澤的醫院，來到被稱為「阿伊努族的麥加」的日高國平取部落定居，埋頭研究阿伊努族。一九四零年，在熱海至東京之間的車上，鷹部屋邂逅岩波，向他講了這件事。之後不久，岩波就給札幌的鷹部屋寄去了贈予芒羅的感謝金一千日元。鷹部屋花了一天的時間，來到交通不便的平取部落，把錢交到芒羅手中。據說，當時不如意的芒羅非常高興，但不久他便故去了，終年八十歲。在告別儀式的前夜，守夜的阿伊努人都訴說着他的好處，說芒羅為患者看病時，給窮人開藥後再添上一升米。鷹部屋寫道，芒羅的名字固然不為世間所知，而知道岩波為他提供這樣的幫助的，可能也只有岩波自己吧。

岩波這種陰德，僅我耳聞的還有很多。後來，岩波進一步發展了這一志向，成立了風樹會。

二　風樹會

風樹會成立於一九四零年十一月二日。其宗旨、動機，我相信在下面岩波自己寫的兩篇簡明扼要的文章中已經闡明，因此，岩波的想法雖已多次重複，但為了說明他的這一志向認真、無奈地產生，到成立風樹會的經過，故在下面登載這兩篇文章。正如「回顧三十年感謝晚宴」時，該會監事明石照男說的那樣，當時岩波所處的境地是拋出百萬日元都紋絲不動，其做法不像坊間的育英會那樣一點一點地、小氣地使用零散的利息，而是只要需要，就不惜用盡全部基金，尤其幫助見效慢的基礎理論研究。雖然基金的拋出方式很暢快，但岩波秉承着作為出版者的謙遜態度，不參與該會業務，只承擔雜務及辦公費用。這些內容在這兩篇文章中也有體現。

戰敗後，部分風樹會財產化為泡影，其餘的部分也由於通貨膨脹大打折扣。但是，在岩波在世期間，仍對八十名左右的哲學、數學、物理學等研究人員，提供了約合十七萬日元的援助，相當於每人每月五十至一百五十日元。當時，這一金額足夠年輕學者維持生活、專心研究。受到風樹會援助的大部分學者都活躍在現今學界的第一線，可以說，岩波期待的成果也在某種程度上得以實現了吧。

風樹會設立的宗旨

岩波茂雄

今天，我國取得世界性的飛躍發展，武威照耀四海，文運之昌隆也指日可待。站在世界水平上看我國學術進步之現狀，痛感尚需以謙虛的態度向歐美學習。學術的進步與修養的提高必須是我國現時急迫、根本的要求。今日，即便強調要建設高度的國防國家，其根本理念也應從哲學獲取，除此以外別無他選。而且，最新、最精鋭的武器彈藥皆出自此深奧的科學，這自不待言。沒有學術的振興，就決不可能期望興隆日本的颯爽英姿。我作為站在文化戰線上的一兵卒，經常祈禱的唯有一事，那便是領會有關尋求知識的明治維新的誓文遺訓，為學術進步做出些許貢獻，報答君國。

近來，社會也知道應尊重學術，對實際應用方面的研究給予扶持的趨勢漸強，但為基礎理論研究提供幫助的設施還很少。想來，僅靠單純的應用研究，其效果模糊，只有根本的學術理論研究才能達到實用目的。我不顧微弱之力設立財團，幫助哲學、數學、物理學等學術基礎研究，就是為彌補這種缺陷。

我少年時代喪父，青年時代喪母，無處報答父母的海岳慈恩，這是我終生最大恨事，至今仍因懷念父母而黯然。我意欲為世上做些許貢獻，不過是要慰此風樹之嘆，本捐助行為的名稱便來源於此。生於此尊貴的國家，際此值得紀念的皇紀二千六百年，再過幾日，又將迎來我敬仰的明治天皇佳節。今天，很高興能在父母靈前告此獻芹微衷，並向多年來扶持我事業的江湖諸君子獻上深深的感謝。

一九四零年十月三十日　教育敕語頒佈五十年紀念日

關於風樹會的設立　　岩波生

關於我為何設立風樹會，其目的是什麼，又為什麼起名為風樹會等，已在前面的宗旨書中闡明。我附上宗旨書，提交財團法人的設立申請，是在教育敕語頒佈五十年紀念日的十月三十日。有幸承蒙以文部省本田學藝課長、內山秘書官、岩見史朗為首的諸位的盡力，更勞煩橋田文部大臣、岡田東京府知事，僅兩日便得到批准。就這樣，在對於像我這樣生長在明治時代的人來說記憶猶為深刻的明治節前夕，即十一月二日，風樹會正式成立了。能夠實現多年夙願的一部分，以此迎接今年的佳節，對我來說，實是感慨萬分之事。

想來，我擔心誤人子弟，辭去教職，暫以此業求藏身之家，已是約三十年前的事了。預想的失敗沒有到來，由此，也沒有機會過上我所憧憬的晴耕雨讀的田園生活。事業能發展至今日，並成立了風樹會，這對我來說也是意外之事。這一是由於創業多年來，不惜對我指導、鞭撻的諸位先生及知己諸君的高助，還由於熱愛文化的各位知識份子的大力支援。首先，我要向他們獻上衷心的感謝。

關於風樹會的運營，有辱西田幾多郎博士（理事長）、高木貞治博士、岡田武松博士、田邊元博士、小泉信三博士就任理事，又請第一銀行行長明石照男任監事，一切全權委托上述諸位。以往，在編輯方面，有很多仰仗諸位理事之處，在事業運營方面，有很多仰仗監事明石之處；今後，在這個計劃方面，能夠得到諸位一如既往的協助，這對我來說是無上的歡喜。能請得諸位權威作風樹會堅實的磐石，在本會的運營方面，我沒有絲毫的不安。更何況，學界之事原本不應在我一介出版商插嘴之限。世上的這種事業，往往僅因設立者的緣故而使無關者坐上重要位置，鑑於這一弊端，我不僅不擔任風樹會的理事，就連資金的用途也全權委任上述理事會。只是業務上的雜事不敢勞煩諸位先生，對此，我願作為一個辦事員，效犬馬之勞。

另外，出資的百萬日元及其利息將純粹用於研究人員的生活供給等費用，不允許有毫厘用於他處，本會的業務經營所需的所有費用，規定由我自己負擔，今後，此項費用將永久地另行捐助給本會。而且，以往此類財團的習慣是僅以利息運營，以期財團得以存續。但我認為，不應將此類事業視為對自己的紀念，因此，我決定不採用僅靠利息經營的方法。只要理事會認為用途有效、正確，即使即刻支出全額，我也在所不惜。我衷心祈願的，是我學術的茁壯成長與我國民教養的提高，特別是在風樹會所及範圍內，取得基礎研究的輝煌進步。為達此目的，我希望風樹會盡早用盡全部財產。我此次設立財團的方法及事業運營的方式，如果能為今後的公益財團設立者提供些許參考，此願足矣。

風樹會成立以來，承蒙知己諸君及素不相識的諸君子無數激勵之辭，使我受到意想不到的感動。不能一一回覆，在此做簡短報告之際，謹向諸位表示深切的謝意。

三　文化勳章

一九四六年紀元節，即二月十一日，岩波獲得文化勳章。在此之前的一九四零年七月，由於多次為公益事業捐贈大量私人財產，岩波被授予藏青綬帶獎章。文化勳章是裝點岩波事業盡頭的光榮，對岩波來説，也是極其喜悦之事。正如前面提及的那樣，岩波説，「我是向日本社會散佈並普及學問、見識、藝術的傳遞者、撒水夫。」（一九四零年十二月，在帝大新聞社招待宴會上的致辭）像自己這樣的一介市民、文化的傳遞者，能與像自己的作者那樣在學界、藝術界一世卓絕的人們一起獲得勳章，感到光榮至極、誠惶誠恐。他也確實想過堅決推辭，但聽說已經決定，便終於接受了。又聽說世間為他的獲獎而高興、祝福，他也確實非常高興。據說，在決定之時，當時的樞密顧問官南弘，以岩波也承認的、他不是文化的創造者而是傳遞者為理由，曾強烈反對。勳章的授予也是在我擔任文部大臣的時期，因此也有人說這是我的安排，但事實上，這也是我的前任前田在任時內定、我上任時公佈的。伊澤多喜男說自己是斡旋者，這應該不會錯吧。最近，我對此類事情不是很關心，只在我認為不配的傢伙獲得勳章時會有點生氣。我並沒想推薦岩波，但我認為，岩波獲得勳章是應該的、或者說完全應該的，我絕不認為岩波與後來經多方活動而獲得同樣勳章的大谷竹次郎是五十步笑百步。岩波一發表不顧得失的言論，就有人輕率地批評他是偽善者。但如前所述，我敢斷言，岩波對理想的熱情、無視利害得失的公眾精神，在天下的學者、文學家、所謂的文化人中，幾乎無人能與他匹敵。

岩波在那時的致辭中，詳細表述了自己慚愧的心情，以及對獲得勳章之後，世間意外為自己高興而感激。如果岩波的母親還活着，一定會喜極而泣吧。二月十一日上午十一點半，在文部省舉行拜受儀式，受勳者入宮參見、登記，然後再返回文部省，我也與他們一起舉杯，共進午餐。一同受勳的有法學博士中田薰、理學博士宮部金吾、同為理學博士的仁科芳雄、工學博士俵國一、能樂師梅若萬三郎。除仁科以外，年齡都比岩波大。其中，宮部可能因為八十五歲的高齡，沒有從北海道來京。當時還是物資匱乏之時，宴請僅為一盤壽司，但還記得特別讓人取來的鯛魚壽司相當好吃。午餐大約只有一個小時，但全場氣氛和諧。

第四部——私人生活

北輕井澤山莊　與家人一起　1934 年夏

第十一章／興趣愛好

一 登山、旅行

岩波是個呆不住的男人，因此，從很久以前開始，他就經常旅行。少年時代參拜伊勢，一直走到鹿兒島，這在前面已經講過了。特別是他出生在山區，平時就仰望崇山峻嶺，慣於登山，富士山對他來說更是真正象徵日本的、令人嚮往的山。後面將要講述的昭和十年（一九三五）的歐美旅行，當問他為什麼去時，他回答是為了看阿爾卑斯的群山及名畫。下面，就沿着記錄中保留的他的登山足跡，逐年簡單講述，這也是為他立傳者的義務吧。

我認識岩波不久，就聽他說登乘鞍岳的事，這可能是他在一高時登的。他本人關於登山的記錄可能只有東駒岳，那時他還在一高上學，我想是在二十世紀初的一九零一、零二年，同行的Y君可能是比他高一年的舢板夥伴山本唯次。看了這篇文章，如親臨實景，展示了岩波不可小看的文才。從火車中仰望東駒雄姿，突然靈機一動，在小淵澤下車，連食物都沒準備就計劃登山等等，從開始就是岩波式的。他們從山頂朝伊那前進，下山途中遇上大雨。終於找到溪水，在水花飛濺的巨大岩石邊，二人冷得發抖，在一高制式的麥秸草帽中，將金剛枴杖削得像鰹魚乾一樣，終於燃起火來，勉強防止指尖凍僵。第二天早晨，又遠遠地逆流而上，渡過溪水，看到一縷煙，好不容易來到一處燒炭小屋，這才撿回一條命，這也是直線登山下山帶來的災難。儘管如此，每當出現登山遇難者時，岩波都感到遺憾，責備他們對山不惶恐、不虔敬，並攻擊他們準備得不夠周到細心，可能他自信自己的登山是特殊的吧。他沒有因為這次遇險而接受教訓，在伊那町休養了兩天後——他在那兒喝了二合（一合等於十分一升。——譯註）牛奶，並說從沒喝過這麼好喝的東西——接着又登西駒岳（木曾駒），遇到暴風雨，與陸地測量部的人在山頂的小屋中待了兩晝夜後，與Y君分手，又登上御岳，這不能不讓人驚訝。

一九一一年夏，岩波攀登信州越中境內的阿爾卑斯山嶺後，與我去了酒田、秋田、角館旅行，這在前面已經寫過。那時，我們都是登山外行，是發起人田部重治為了創造攀登赤牛岳、黑岳的記錄，我們就像被他拉着去的。我們帶着帳篷等物品，又僱了四個腳夫，一行裝備簡單，岩波更只是穿着碎白花的單衣，脖子上掛着包袱。那時，登山的行家好像也是日行不過三四里，慢慢地走。看到我們這些外行能走多遠就走多遠，懶惰的腳夫們好像非常不滿。其中還有像岩波這樣腿腳強健的，連田部也不曾料到，驚嘆不已。

還有一件事田部至今銘記於心。那是一九一二年秋，過了十月中旬，岩波與田部去登山旅行，非常精彩，下面就寫個大概。首先，岩波突然來到當時大久保附近的田部的家，問去不去日光深處，據說還拿着地圖，因此，二人便乘山手線去上野車站。在車中還發生了一件事，岩波在纏綁腿時，包袱被偷走了，裏面裝着青森寄來的蘋果。夜裏兩點在西那須野車站下車，本打算夜行至鹽原溫泉洗個澡，可不知什麼時候走過了。突然發現路邊有個雜貨店，岩波徑直走進客廳，連個招呼也不打就睡了一個小時——這裏田部可能多少有些誇張——田部擔心地向屋主解釋，面相不好的屋主一大早起來，邊在爐旁喝着燙酒邊說：「有這樣不請求就進屋的傢伙嗎？」但岩波卻不顧田部的焦急不安，睜開眼睛就說，走吧。然後，他們越過山口，在湯西川溫泉住了一夜，第二天抄近路去川俁，可在去川俁溫泉的途中走錯了路，夜裏十二點又回到了川俁。第二天走了十一里的路，就連岩波也筋疲力盡，最終到達了今市。田部說，後來和岩波說起旅行中的事，可他幾乎不記得了，只是把去川俁溫泉時走錯路的責任推給自己，太讓人為難了。

大正年間，岩波已經成為書店主人的一九一五年八月末，他與藤原咲平探望了當時在日光湯元的上野直昭，逗留了一周。他們登白根，越過金精山口，經過笈沼、丸沼岸邊，來到會津大路，在伊香保住了一晚。

一九一八年八月，岩波邀上野和高橋穰，從燕岳登槍岳。從槍岳出發，走在去德本山口的路上，上野因為腹瀉，身體虛弱，岩波背着他的背包，不停地向前走。

一九二二年，岩波參加了上伊那郡教育會主辦的縱行南阿爾卑斯活動，從七月下旬到八月上旬，以高遠為起點，走遍了從仙丈岳到鹽見岳的崇山峻嶺。

同年十月二十八日，他與速水滉、上野直昭、中勘助、和辻哲郎、津田青楓、安倍能成等，再加上當時還年輕的篠田英雄、高橋健二，從夜裏出發，第二天在信州飯田住了一宿，第三天的三十日花了一天的時間，從天龍峽出發，晚上六點到達遠州濱松的在鹿島。關於此次登山，在同年十二月的《思想》上，和辻以《蝸牛的角》為題發表了紀行。非常罕見，這次旅行是由安倍組織的。

一九二三年晚秋，岩波與小林勇登三峠。這是因為那一年，《東京朝日新聞》舉行《尋找》徵文活動，要求尋找看富士山的地方，還要盡可能近地看到山的全貌，最好隔着水，在滿足這些要求的投稿中就有三峠。他們來到御殿場，經吉田，住小沼。第二天早晨，要登頂峰時，途中下霧了。岩波在路邊坐了兩個小時，向小林講霧對登山的可怕之處。夜晚，他們住在三峠的山上小屋。第二天早晨，由於沒有零錢，本該付二日元卻付了十日元，岩波非常遺憾，但小屋的老翁後來將自己削的石楠木手杖送給了他，這讓岩波非常高興。小屋裏有廁所，可岩波想難得上山，便故意到戶外拉野屎。那時，因為下雨，沒能攀登愛鷹山，但在兩三年後，他還是和小林一起攀登了。據說難得僱了帶路人，岩波卻獨自行走，讓同行人很為難。

一九二五年七月二十四日，岩波又向着槍岳出發了。八月初，岩波登上了朝日山嶺，其偉容及大觀是山形高等學校山岳部首次向世間介紹的。在大朝日岳的山腰，山形高等學校教授安齋徹遇見了岩波，岩波由東大山岳部的豐川武衛門帶路，與酒井由郎一起登山。安齋徹講述了當時的印象：登上山頂後，岩波擦着汗坐下來，馬上解下草鞋、脱去短襪，好讓腳涼下來，這首先讓安齋佩服。接着，他徐徐地站起來，脱下褲子，解下白色兜襠布，指着遠處的越後海岸，兩手揮舞兜襠布，這舉動讓安齋大吃一驚。岩波表情愉快，一語道破：「那不就是信濃川的河口嗎？」安齋又為岩波那登山家的敏感而折服。歸途中，從「熊越」的山坳到小朝日岳的山頂高二百五十米，岩波不斷用手抓住陡坡上的灌木，一氣呵成登上頂峰，這樣的岩波恐怕是無與倫比的吧。

從一九二六年的七月二十日歷時一周，岩波與小林勇、長田幹雄一起登赤石山。他們乘伊那電車，在片桐下車，又特意請求搭乘久原木材會社的貨車，節約了穿行山谷到大鹿的一日行程。約好三個腳夫第二天凌晨兩點來，可岩波不等他們來就出發了。三人分了小林的便當，當他們餓着肚子到達山頂小屋時，暴風雨跟着就來了。小屋裏有個伊那的年輕人，分給了三人一點剩飯。第二天早晨，在附近相隔一百米的矮松中避難的腳夫又給他們一些飯，這才填飽了肚子。當時，登上赤石頂峰，正巧幾個青年也登上山頂，岩波好像在斥喝他們一樣說道：「不許欺負雷鳥！」青年們大吃一驚。第二天凌晨兩點從小屋出發，放棄攀登當初計劃的荒川岳、東岳，越過三伏山口，一口氣來到大鹿村的大河原。當扛着行李的三個腳夫與小林晚一步到達旅館時，岩波與長田已經穿着浴衣在喝啤酒。關於雷鳥，在岩波剛開書店不久，一天，田部重治路過書店，看到岩波正怒氣沖沖地發脾氣。原來，岩波看到某高等學校的學生在山上捕食雷鳥的報道後非常憤慨。當時，雷鳥剛剛成為禁獵鳥，據說岩波要和田部聯名向那個學校的校長提出抗議，還硬逼田部寫草稿。

昭和年間，大約是一九二七年七月下旬，岩波與前輩，即信州的登山老手兼松本女子師範學校校長矢澤米三郎一起，歷經一周，攀登了仙丈北岳、間之岳、農鳥岳。在登山之前，他們住在一個叫戶台的村子裏的一戶人家，岩波從東駒九死一生逃出來後，就是受到這家人的關照。而且，就在此行出發之前，他接到了芥川龍之介之死的電報。

一九二九年正月四日，岩波與長田幹雄一同踏雪，登箱根的二子山。然後，在昭和初期的幾年中，年月不詳，他曾遊加賀，獨自登上白山。

一九三零年八月下旬，岩波再次攀登西駒岳。一九三四年七月，從尾瀨沼出發，經法師溫泉、三國山口來到湯澤。他最後嘗試登山可能是在一九四二年中旬，與小泉丹、酒井由郎及長子雄一郎登越後的苗場山吧。

關於岩波登山寫得有些囉嗦，是因為他的形象在這裏最栩栩如生：岩波登山的熱情與旺盛的體力、慣於登山的強健腳力與技術、登山的直往與獨往、等不及腳夫到來的急躁，以及自己的住宅裏很早就安上了水洗廁所，卻故意在大自然中拉野屎的愛好。他一方面待人關心備至，另一方面給人添麻煩、讓人照顧卻毫不在意。不只是在登山方面，還有他那百忙之中、像着火一樣説幹就幹的實行力也是如此。

如果再搜尋的話，或許還能找到更多登山的事跡，這裏就不再勉強尋找了。

關於其他的旅行不再一一列舉。他為了給書店辦事，也多次旅行過。為了前輩友人的紅白喜事，慶弔、拜訪的旅行也很多。為了觀光和美術鑑賞，還有為了溫泉治療、休養，或滑雪等運動。旅行的同伴有前輩、友人、家人、店員等各個方面的人，與店員的旅行多是每年春秋兩次，每次兩日一夜。他幾乎不請人去遊樂酒館，但確實經常請人吃飯或旅行。其中比較長的旅行有：自一九二七年末歷時二十日，與三木清去滿洲旅行；一九三三年六月，與幸田露伴、小林勇夫婦一起去十和田湖；自一九三六年十月十一日歷時約兩周，與野上豐一郎、三女美登利相伴去朝鮮旅行，在京城與上野、安倍等友人會面，還探訪了金剛山名勝；一九三九年夏，在四女末子的陪伴下，與十河信二去北海道旅行。最長的旅行還是從一九三五年四月到十二月中旬的歐美旅行。

此外，我與岩波一起去的旅行，能想起來的是從一九四一年九月六日到九日，我們與一高同窗、一日會的同伴十幾人一起去新潟市看望同級的白勢量作，看他收藏的長井雲坪的畫。然後，岩波又與安倍、藤沼莊平、荻原井泉水一同去了出雲崎，看木村家收藏的良寬的書法。可能是第二年，記得還是從新潟出發，我與岩波、十河信二，還有同窗佐藤政太郎一起去了山形縣的溫海溫泉，然後拜訪了十河的熟人石原莞爾，他住在高山樗牛在鶴岡的舊宅。那時，石原被東條英機趕出滿洲軍，回到家鄉，好像正在籌劃農作物改良的事。在物資匱乏的當時，記得岩波在溫海溫泉買了小豆。總之，他那不能安穩在一處的熱烈，驅使他一有機會便去旅行。心情不好時，去登山；有要事時，去札幌、仙台、京都；親屬去世了，或某某結婚了，馬上登上火車趕去。

在他的旅行中，幾乎沒有為了脫離平日繁忙的靜養。他在一個地方待得時間最長的，便是一高時代在野尾湖待了四十天，這十分罕見。即便在那裏，他也游泳去對面的村子，在湖上划船，最後還跑到房州，強行參加三里的遠泳。靜養、閒居，他幾乎做不到。他登山也是在沒有路的陡坡上左衝右撞，就像在自己的領地內一樣。總之，為了讓過於旺盛的精力與熱情迸發出來，經常登山、旅行是岩波的興趣。

二　歐美旅行

岩波的歐美旅行恰巧是在他五十五歲那一年。旅行費用既非出自官廳，也非出自書店，完全是他自己的錢，這是自不待言的。他帶了五萬日元，這在當時也是一個壯舉。旅行時間短，但因為他照例不厭其煩地東奔西跑，看得很多，應該看的地方沒落下，關鍵的要點也領會了。歐美旅行沒給岩波的意見和主張增添什麼根本性的新意，但給了他具體的見識，並強化了他以往的主張。

昭和十年（一九三五）五月四日，岩波乘靖國丸從門司揚帆起航，周遊了歐洲和美國後，於同年十二月十三日乘淺間丸進入橫濱港結束。歷時二百二十三日，約七個半月。

讓我通過岩波的談話（《日本古書通信》一九三六年二月十五日記錄），追尋他的此次行程。首先，從門司到達上海，後經香港、新加坡、檳城、科倫坡，渡過印度洋，經亞丁、紅海、蘇伊士。在開羅，參觀了上古的獅身人面像和金字塔。從賽得港出發，渡過地中海，順便去意大利的那不勒斯。六月五日登陸馬賽，開始了歐洲之旅。

他先在巴黎安頓下來，稍稍參觀了鄉村（古城等）。然後去比利時、荷蘭、英國，回到巴黎。去意大利、瑞士旅行後，再回到巴黎。去瑞典、挪威，從斯德哥爾摩渡海，在柏林安定下來。

然後去萊比錫、德累斯頓周邊遊覽。還順便去了波蘭的華沙，然後途徑蘇聯的莫斯科、列寧格勒，到芬蘭的赫爾辛基遊覽。渡過波羅的海，遊覽拉脱維亞、立陶宛小國，看過哥尼斯堡，再回到柏林。遊覽萊茵河，第三次返回柏林。然後去了捷克．斯洛伐克的布拉格、匈牙利的布達佩斯、奧地利的維也納。第三次進入德國，遊覽紐倫堡，第四次返回柏林。這期間，他利用很短的時間，從巴黎進入西班牙，去了馬德里、托萊多，再返回巴黎。從法國的塞夫勒出發，乘坐英國船隻在紐約登陸，遊覽華盛頓，拜謁華盛頓墓，又返回紐約。還去了波士頓，參觀美術館，遊覽了尼亞加拉瀑布、芝加哥、科羅拉多大峽谷、洛杉磯、約塞米蒂國家公園，經舊金山、夏威夷回國。歷時七個多月，快馬加鞭地走遍歐美二十多個國家，如果像現在飛機這樣便利的話，他還會去更多的地方吧。

據岩波出發時乘坐的靖國丸號船長大矢新次講，在船上，岩波馬上成為一等艙中的受歡迎人物，沒想到還成立了「靖國丸五月會」，約定回國後聚會。一九三六年十二月舉行了第一次聚會，之後由於戰爭的關係沒再舉行，戰後，由於中心人物岩波的逝去，就不了了之了。船上經常舉行化妝舞會，岩波找來茶褐色的厚窗簾，一圈圈地纏在身上；又不知從哪兒找到像拂塵一樣的東西，威嚴地拿在右手上，露着多毛的腿，緩慢地走出來，在一片喝彩聲中得了二等獎。不用說，岩波非常得意，但岩波自己説，他想自稱甘地，想作甘地的弟子。不管怎麼説，岩波的脂氣與肉感肯定比甘地本人多。在該船的船客中，他與宮內省的林野技師長谷川孝三的關係尤為親密。在柏林逗留期間，他們決定一起去蘇聯，但簽證遲遲不下，岩波就打電話給駐日本的尤萊奈夫大使，很快，簽證就下來了——岩波是這樣寫的，但還有一種說法，就是岩波在出發之前，已和他的朋友、當時的同盟通信社社長岩永裕吉商量過去蘇聯的事，這是得力於岩永的斡旋——這次去蘇聯，給岩波留下了強烈的印象。途中，在波蘭華沙的街上，岩波意外遇到當時的小平夫人、岩波自己的女兒百合，但僅此而已，並沒好好地說說話便去蘇聯了。看到同行的長谷川非常吃驚，岩波便說：「這次旅行，我沒對任何人說就來了。旅行還是這樣好啊，輕鬆。」

岩波最喜歡最初到達的巴黎。他對巴黎的印象並不罕見：與預期相反，巴黎並不華麗，而且驚嘆於其暗淡和低調。羅浮宮美術館的繪畫是他的主要目的，去的時候，他吟道「離開嫩葉薰香的大和島根，尋訪羅浮宮之鄉」；與巴黎惜別時，他又吟道「尋訪羅浮宮之鄉，心意滿足，見藝術之巔峰，百看不厭」。「羅浮宮之鄉」有些奇怪，據說也有人嘲笑他，說以為指的是蘇聯，但他本人好像很得意。

他為巴黎人的興趣和喜好所折服。據他說，只有黑色與白色，其他彩色衣料一概不用，這樣的服裝店只有巴黎才有。巴黎婦女從衣服的顏色到攜帶物品都很協調，就連女傭也如此。他看不起倫敦、柏林等地的俗氣和低下趣味。岩波讚美巴黎的料理、葡萄酒和麵包的美味，貶低倫敦、柏林，這和很多日本遊客沒有不同。他看到黑人與白人美女毫無顧忌地走在大街上，讚美巴黎超越人種的氣氛，這也是任何人都注意到的。

前面已經說過，他旅行的另外一個目的便是山。為了看原版的阿爾卑斯，他來到瑞士的因特拉肯，乘電車登到頂峰附近，眺望少女峰，又在靠近馬特峰、勃朗峰的地方眺望它們。瑞士的山沒有讓他失望，給了他極大的滿足。如果再有奢求的話，岩波認為缺點就是樹木種類少，山麓和山麓邊緣的原野不美，水不清洌。但他又說，當遊完瑞士回到法國後，就覺得法國看起來很污濁。他說，對斯堪的納維亞半島的峽灣很失望。據他觀察，瑞士山麓平原不美，可能因為那不是火山的緣故，而斯堪的納維亞的景色則過於老舊。

在岩波到蘇伊士之前，他看到英國殖民地勢力的強盛和榨取的嚴重、亞洲人被奴役的狀態以及印度人對獨立的渴望。他承認英國人了不起，但對英國人徹底的現實主義、為了利益全然不顧正義的、無動於衷的態度沒有好感。但同時，他也沒有忽略英國的可怕，這在前面已經講述過。岩波甚至說，英國博物館裏的珍寶全是從國外掠奪來的，可英國人卻無動於衷地說，現在能看到這樣的珍寶是誰的功勞？「要感謝我！」他還說，英國人沒有美感，德國人也說英國人不懂音樂。

對於希特拉治下的納粹政治，岩波的見解也擊中要害，這在前面已經講過。他指出，德國現在看起來很有活力，但實際上經濟已經相當停滯。

關於蘇聯，他看到那裏生機勃勃的新氣象，由於第一個五年計劃等政策，國家經濟正一步一步地發展，增強了他對蘇聯的恐懼感，這在前面也已講過。他還舉出具體事例：在波羅的海與北海之間，據説動用一萬多名政治犯開鑿了運河；莫斯科地鐵還有八十米長的大理石製扶手電梯等。他說，莫斯科宛如震後的東京，雖然有着火災現場般的擁擠、混亂，但要想一想十年、二十年後。只要是史太林的想法，不管是什麼主義，馬上成為法律，切實得到執行。物資豐富了，生活好了，也開始不斷向右傾斜。有必要讓日本的左翼和右翼看看實際的蘇維埃。在德國時，都說去了蘇聯沒有酒、沒有水果。可去蘇聯一看，事實上非常豐富，見與聞有着極大的差異。但岩波也注意到，從華沙進入俄羅斯的土地後，俄羅斯的國土的確廣大，沿線沒有村莊，火車走了不知幾個小時才看到農舍。據他觀察，和在瑞典等地看到的小巧牢固的農舍不同，這裏的農舍不像它的國土那樣大，而像豬圈一樣慘不忍睹，實在不可思議，這是漫長的帝制榨取的結果嗎？如若這樣，暴力革命在俄羅斯也是自然、必然的產物。

他參觀了國立出版社、書籍零售店、勞動者之家、為賣淫婦女提供工作的設施等，但最讓他感動的是歌劇。意大利米蘭的斯卡拉歌劇院由於過季沒有看到，維也納的歌劇雖也令人感動，但俄羅斯歌劇的規模之大、背景之壯觀、技術之嫻熟堪稱世界第一，給他留下深刻的印象。在他看來，歌劇不是意識形態的藝術，而是民眾厭倦了宣傳劇，追求真正藝術的現象吧，並講述了觀眾的異常熱心的喝彩。

看他的蘇聯觀，感到他對左右翼意識形態的差異漠不關心，以及他對正義與真理是統一的中庸想法；同時，還能感受到他對史太林強有力的、認為正確就勇往直前地實行的獨裁，發出了英雄崇拜式的讚嘆。

同是盎格魯－薩克遜人，岩波偏愛美國，還特意參拜了華盛頓墓。首先，岩波是美國精神——清教徒尋求自由，在新天地創建國家——的讚美者、信仰者。而且，第一次世界大戰後，首倡國際聯盟的威爾遜也曾經是岩波讚美的對象。他在大西洋上航行一星期後，看到紐約的摩天樓群，在感到「極端物質」的同時，對其底下湧動的年輕生命的精神進步充滿期待。他說，感到美國國民是快樂、表裏如一、熱愛和平的國民，他還說，當時議論紛紛的日美開戰論，作為常識幾乎是無法想像的。

他遊歷世界，感到祖國的可貴。第一，他讚美祖國位置優越、草木繁盛、百花絢麗、自然山水優美。與很多時髦人士相反，他依然是富士山的禮讚者，又為以皇室為中心的、相對和平的幸福而感到高興。看到近代日本取得的令世界震驚的飛速進步，他不懷疑日本人優秀的資質，只是認為應該警惕島國式性格——氣宇狹隘、不從容、急躁、心胸狹窄的弊病，極左極右的思想都源於心胸狹小。他主張日本應廣求知識於世界，遠溯歷史，從中瞭解社會的發展，這樣才能避免自以為是地將他人都視為不合理的錯誤。他還熱切地議論道，蘇聯、德國、意大利都是通過革命實施獨裁政治，但從日本的國民性考慮，應漸進地促進國家革新，堅決打擊像國外那樣極端的暴力革命。

我認為，他遊歷世界的所見所感，比很多知識份子不發自內心的、抽象的議論更有價值。他的確把應看的都看了。當然，七個月的旅行不能吞下整個世界，儘管後來的世界也發生了預想不到的激變與混亂，但他大致看清了主要的趨勢，再次對岩波表示敬意。

順便記錄一下他的本行——有關出版的所見所聞。一九三五年八月一日，法國 N. D（不知道是什麼報紙）上刊登了他接受記者採訪的報道，他在回答對方的提問時說，日本的讀者是認真的。他在萊比錫看了福克、勞倫斯、雷克拉姆等書肆。特別是雷克拉姆，它雖然是《岩波文庫》的樣本，但如今的實際情況是只有校對員兩三人，主要出版舊版書籍，沒有喚起岩波太多的感動。令他佩服的是倫敦泰晤士報社的書友會，這個組織每月從會員那裏收取一定費用，讓他們輪流傳閱與金額相應的幾冊書。後來，由於戰時的紙張管制，日本的出版數量減少時，岩波建議出版商和書籍經銷商應擴大眼界，不能厭惡租書店，而應效仿這種書友會的做法，這在前面也已講過了。最吸引他的是蘇聯的出版事業。據他講，蘇聯、德國、意大利都屬國家社會主義，但蘇聯不承認個人資本的企業，這是與其他兩國的根本差異。國立出版社社長是個勞動者出身的七十歲老太太，這裏的委員會制定全年的出版方針。岩波聽說，那時紙張也豐富，出版的書很快就賣完了，在日本大使館等想買小說都很難買到，不用擔心剩餘書籍的處理，也沒有餘暇再版。據岩波講，當他聽說有關地鐵的、非常漂亮的書印了十萬冊很快就賣光時，也氣焰囂張地說，你們花十日元製作的書，我們資本主義國家用一半的錢就可以做出來。國家做的未必就便宜吧。

還有一件事，作為岩波歐美旅行的逸聞順便記述一下，那就是去看當時在布達佩斯的夏目漱石的長子純一。岩波到了車站，沒看到純一，便氣憤地立刻去了酒店。而純一來到站台迎接，沒看到岩波，過了一會兒，燈也熄了，就想回自己的住處。但為了慎重起見，他還是順便去了酒店。據純一講，「那傢伙（岩波）已經睡下了」，叫起了他，他還生氣地說：「你幹什麼去了？」第二天，岩波各處轉轉，說要讓家人看看，便買來八毫米膠片的照相機，為純一照相，結果後來才發現沒放膠卷。還有，純一從東京的匯款斷了，岩波便和郵船公司商量預付船票錢，將他送回了國。順便說一下，正如多次講述的那樣，岩波因漱石獲得成功，這是不可否認的，但是，岩波為夏目家傾注的真情與幫助，的確有令人敬佩之處，這裏不一一列舉。儘管如此，夏目家族的某些人，或者是指責岩波一邊標榜正義一邊發財的弟子們，經常做出無視岩波好意的行為，一有機會便誹謗岩波，在瞭解事實的我看來，這實在令人不快，也太無情了。

還有最後一件事要補充。岩波從美國到達橫濱港，據說他在這條淺間丸上也很受歡迎。堤、小林與雄一郎、雄二郎一起乘駁船去迎接，岩波從船上認出了駁船中的他們，便朝兩個孩子大聲斥責：「怎麼不去上學？」堤與小林讓二人回答「放假」。迎接岩波的策劃是三木清等人提議，以幸田露伴、長谷川如是閑、岡田武松、寺田寅彥、小泉丹、和辻哲郎的名義實行的。第二天，岩波就造訪幸田、岡田、寺田、和辻——寺田臥病在床——向他們致謝。第三天，他請店員到「幸樂」，發表了回國致辭和漫長的演説。儘管岡田和小泉（丹）要盛情款待岩波，但被他謝絕了，反而是這兩個要請客的人被岩波邀請到偕樂園。岩波的這一喜好可能與他出發之前誰都不告訴的喜好相通吧，只是這一喜好也太執拗、太頑固了。

三　騎馬

說起岩波喜歡的運動，登山是其中之一，還有高等學校時期的舢板、游泳以及曾一時熱衷的騎馬。除此以外，他有時也去滑雪，例如一九二零年正月，曾去過東大滑雪部在赤倉溫泉的住宿地。第二年正月，又帶着兩個女兒百合、小百合去了，但他的滑雪技術還不熟練。至於室內運動，如圍棋、象棋、麻將、撲克牌等，他完全不屑一顧。下面，關於之前未曾講過的騎馬運動簡單講述一下。

據岩波的馬友、宮內省的侍醫小田正曉介紹，岩波騎馬是從一九一九年前到一九三五年。岩波自己有馬，那是宮內省轉讓的名馬，老師是一個叫山內保次的人。我住在小日向水道町的岩波租的房子時，我房子的後面是馬廄，有三個年輕人輪流照看。據小田說，比起馬場的馬術，岩波更喜歡在野外騎馬。原海軍將校、後來成為哲學教授的鹿子木員信，評價岩波騎馬「僵硬」。本人也騎馬的嚴本善治說，他為岩波大膽粗暴的騎法大吃一驚。而後來，曾與岩波一起騎馬遠行的馬友佐藤達次郎（原順天堂醫院院長），說岩波的馬拙笨。但也有人評價岩波騎馬的姿勢是「石佛流」。與游泳一樣，岩波騎馬的技術好像也不好。但是，這種一時的熱衷非常厲害，他甚至說，有時夢見自己騎着馬在天空中縱橫馳騁，前後的事情都忘了，只記得非常愉快。一九二二年八月十四日，岩波在代代木練兵場騎馬時墮馬受傷，首先被送到附近代代木山谷的《ARARAGI》發行所，後來轉到馬友築地的片山（國幸）外科醫院住院。

有人說他是為了躲開前面的一隊孩子而勒馬的，也有人說是因為馬踩到蜂巢，遭到蜜蜂的攻擊，馬受驚而致。據說夫人去探望他時，他還精神百倍地說要騎馬出院，但還是暫時停止騎馬。他與佐藤、中村是公一起騎馬去伊豆，又從伊東去御殿場，可能是墮馬事件的前年——一九二零年秋或二一年春。一九二四年晚秋，岩波帶着小林在富士山腳下遊玩時，住在精進湖的旅店，第二天從本栖去大宮的途中也騎馬了，他自己騎着老馬，讓馬夫牽着繮繩，給小林騎年輕的悍馬。

到了昭和年間，岩波還去過華族會館的馬場，可能是在一九三五年去西方旅行之前吧，時間已經不確定了。但那時，他已沒有馬了，他的愛馬讓給了當時還是石本惠吉夫人的加藤靜枝，這可能是在墮馬後的一九二三、二四年。可是，不知聽誰說那匹馬被賣給了東中野的騎馬俱樂部，便帶着胡蘿蔔和小林一起前去看望。岩波覺得馬雖然可憐，但被人殺了吃則更了不得，就沒有贖回來。菅忠雄在一九二五年一月的《文藝春秋》上發表了小說《賣馬的夫人》，這可能是他聽了岩波的憤慨後，按自己的想像寫下的，裏面的小山田書房主人、岩本夫人等人物名字相似，但故事與事實不符。

四　口味

關於飲食，岩波一直炫耀自己飯量大。據小林勇說，昭和初年或是大正末年，岩波經常去市谷見附近溫灸，自那以後，肚子突然大起來，飯量也增加了。但之前，他的飯量也絕對不少。無論是開書店以前，還是舊書店時代，岩波經常帶着朋友和店員去烤雞肉串、中國麵等的路邊攤去吃飯。而且，在出版《漱石全集》的一九一七、一八年間，他還在石切橋邊的「橋本」將三人份的鰻魚一掃而光。總之，他食欲旺盛，而且吃得快，在中華料理店，經常將別人的份也吃得精光。

打算減少飯量是在岩波近六十歲時。一九三九年（五十八歲）三月（十一日），同鄉友人名取夏司（名取和作的弟弟）去世，為回鄉參加葬禮，岩波於二十三日早晨從新宿出發，在車上碰到名取的親戚朝吹常吉，留下如下片斷：

與朝吹氏的談話。

朝吹氏曰：

心靜則睡深

少食、淡女色乃長壽要訣

早飯：蘋果

牛奶

煎餅 兩塊

午飯：麵包 一片

湯

晚飯：酒

刺身（白肉魚）

小豆餡不好，名取就是為此傷胃死去的。

以大米為主食不好。

自己（朝吹）蕎麥麵一份（十五錢）就夠吃了。

從三B主義　美食、暴飲、暴食（日語發音皆以「B」開頭。——譯註）

轉變為三S主義　粗食、少食、咀嚼（日語發音皆以「S」開頭。——譯註）

可能是在這次談話之後不久，據小林講，岩波住在鎌倉的名越時，將寫有三S戒律的卷紙貼在厚紙板上，立在餐桌前。可據說有一次，有人送來了鹽烤鯛魚，岩波拿在手裏狼吞虎嚥地吃起來，還把眼前的紙板藏在桌子下面，並說「今天這個就停了吧」，最終吃了一整條魚。

還聽堤說，夏天，在富士間的別墅，可能是一九四四年之後吧，他依舊注意少食，將飯定為三碗，前兩碗忘乎所以地吃，最後一碗捨不得，於是中途離開，寫一兩封信後再回來吃。

岩波的飯量從很早以前就大，但飽嚐美食則是在發財之後。儘管如此，在家裏時，他經常與夫人不在一起，照顧他的是一個叫池田夏（Natu）的老太太，所以，他也不提什麼要求，不管什麼都默默地吃掉。本來，在他出生的中洲及諏訪地區，在他成長時期，沒有特別有錢的人，但也沒有特別貧窮的農戶，大家都很簡樸，揮汗耕作。岩波也曾說過，在村裏每七年舉行一次諏訪神社御柱祭——從八岳砍大樹製成柱子，每七年在神社的前後四角更換一次——時，能吃上諏訪湖的鯉魚和鯽魚就算美食了。岩波說，當地固有的農家菜也並不是沒有風味，諏訪平原的蔬菜實在很香，這些都是事實吧。赤彥在詩歌中吟詠的「透黃」的硬鹹菜，雖不是諏訪特有，但有信州的獨特風味。將大葱、蘿蔔、芋頭、胡蘿蔔、牛蒡、魔芋等放在大鍋裏，滿滿地加上水，咕嘟咕嘟地燉，只添加醬油調味，岩波愛這道「雜燴湯」中的鄉土味道。他曾寫到，在節日等時節，會再在裏面加入鮭魚，「就像東京人不知道米由什麼種出來的一樣，我們以為鮭魚在海裏時就是鹹的，稍稍加點兒這樣的鹹鮭魚，就會想起飯菜極其豐盛的兒童節。」與城市裏長大的人相比，岩波缺少味覺的磨煉確是事實，而正因為以前沒吃過什麼美味，對美味的迷戀也就愈深。如此說來，信州有句諺語「用別處的牛蒡做法事」，意思等同「借花獻佛」，它與「雜燴菜」一樣，體現了地方特色。

岩波偏愛的料理店有「濱作」、雞肉料理店「末發（Hatu）」，還有雷門的「金田」。岩波誇「末發」的女主人文雅細心，又對「濱作」非常偏愛。早在一九二八年開業的時候，「濱作」還只是泥地房間，岩波就勸他們擴建二樓。二樓開業時，岩波包下了二樓招待客人。還經常借給他們掛軸字畫，幫他們品評房間，「濱作」也將岩波視為認真的老師尊敬他。但就連這樣偏愛的「濱作」，其態度也有讓岩波不滿意的時候，一度曾有半年沒去，再去時，「濱作」的主人夫婦都非常高興。岩波說，在「濱作」的泥地房間吃飯最香，並稱讚複雜、清淡的「丸吸」（甲魚湯）和保留了蔬菜原味的烹調方法。在「濱作」的二樓備辦飯菜時，他指出順序、份量等的欠缺之處，表現得像個美食家的樣子。當中多少有些人云亦云的成分，有時也會老實地聽信別人的話點破真相，有時一天早晚去兩次也不稀奇，這種勤奮也讓他受益匪淺，未必會受到城市長大的美食家小看。但是，據小林說，他們曾一起去「濱作」吃飯，小林讚嘆擬鰺魚的刺身實在好吃，可岩波說我這兒怎麼沒有，就把小林的吃了，然後說確實好吃。這是因為他吃得太忘乎所以，連自己吃的是什麼魚都沒意識到。酒上來後，他先喝點兒，再等小林喝，然後問小林酒怎麼樣，小林如果說好，或者說有點兒不好，他也會跟着說我也這麼覺得。他的嗅覺極其不靈敏，連燒焦的飯也毫不在乎地吃下去。據說有一次，小林奚落岩波連香味都聞不出來，還對料理說長道短，太滑稽可笑了，結果岩波面露不悅。

下面的事與飲食無關。岩波招待客人去「濱作」時，他在客人來之前總是坐立不安，並讓小林給某處打電話。小林覺得煩，一次便搶先問道，給哪兒打個電話吧？岩波苦笑着，當時就沒打了。以反應快著稱的小林，經常和岩波有這樣的對話交鋒。

震後，由於一橋商科大學出版《復興叢書》一事，浦松佐美太郎與岩波有過接觸。據他講，他曾和岩波說起天婦羅，岩波極力稱讚下谷御徒町的「天民」東京第一，他也說，自己常去的「天一」與「天民」味道不同，但也很好吃。這事他說完就忘了，後來因為別的事與岩波見面時，岩波說，我去「天一」了，味道不好，還是「天民」最好，那口氣好像在說浦松的味覺也不好。比起岩波對天婦羅的味覺，浦松更佩服他到處尋找美食的認真勁兒。可能確實如此吧。

最後的內容有些粗俗下流。岩波自己曾說「我像馬」，正如他所說，岩波有個毛病，飯後馬上排洩，去廁所「嗯嗯」三聲馬上結束。而且，大吃以後一定服用乳酶生等消化藥。

五　讀書、藝術

岩波雖然是書店的主人，或者說正因為是書店的主人，所以他不是什麼讀書家。友人上野談及此事時曾說，正如岩波說過的那樣，「讀書就不能出書」。但自少年時代起，岩波對讀書就有自己獨特的選擇。例如，羽仁本（Moto）子在創辦《婦女之友》之前，曾創辦封面淡褐色的《家庭之友》，在未得到世間認可時岩波就喜歡讀它。他還愛讀巖本善治的《女學雜誌》，這些都是彰顯編輯個性的讀物。如前所述，內村鑑三的《聖經之研究》是岩波始終喜愛的讀物。在報紙當中，他很早以前就偏愛《東京朝日新聞》，但戰爭時期，對它懷有極大的不滿與訴求。當時，作為花邊報紙而為知識份子不屑一顧的《都新聞》——今天的《東京新聞》——岩波讚賞它的質樸、貼近民眾的態度，尤其愛讀「商量的商量」。在書籍中，一九零二年出版的加藤直士譯的托爾斯泰的著作，特別是《懺悔錄》等給岩波以極大的感動，這在前面已經講過。在岩波書店的《哲學叢書》中出版的、阿部次郎祖述的狄奧多·利普斯著《倫理學的根本問題》，作為人格主義的倫理學，是岩波既感動又推崇的讀物，甚至想讓所有日本國民都讀一讀。另外，在中學時代，他讀德富蘇峰的《吉田松陰》，受到極大的感動，以第二吉田松陰自居，燃起了勃勃的理想與野心。後來，在書店出版的松陰全集等書籍中，也可看到岩波感動、愛好的印跡。岩波崇拜三宅雪嶺，但岩波書店只出版了一部他的著作《同時代史》，而且還是在岩波與三宅死後。

對於音樂，岩波完全是個五音不全的人，跑調跑得厲害。高等學校畢業後，岩波一度想進音樂學校，被阿部次郎阻止了，在第三者看來，這甚至有點可笑。但岩波和我們一樣，雖然不懂音樂，卻喜歡音樂。一九二二年，知識份子中掀起了音樂熱的時候，岩波在板垣鷹穗的家，聽到羅馬聖伯多祿大殿西斯廷禮拜堂合唱的唱片，非常感動，立刻訂購，並在他墮馬住院時送到，在得到醫院的允許後播放欣賞。他還經常以一種獨特的調子在我們面前朗誦漢詩、和歌，心裏好像非常得意。

他又經常寫和歌，直到晚年有時還朗誦它們，其中也有真情流露、音律好的作品。他熱誠幫助《ARARAGI》，主要因為被同鄉島木赤彥的熱忱所打動，但也因為他本人熱愛和歌。雜誌《日本短歌》（一九三六年四月號）曾計劃登載窪田空穗、齋藤茂吉、石原純、前田夕暮、北原白秋、與謝野晶子的自選短歌各一首，在向岩波徵求意見時，他說，石原和前田的歌內容上有趣，但不適合熱衷於舊式韻律的自己；對於齋藤的「街上一隻貓，碾壓如線斷」，他認為就像從鋪好的道路中間自然湧現的一樣，非常好；但最符合自己興趣的，還是白秋的「山川至今轟鳴，向岩石詢問」。他説記得學生時代就喜愛與謝野晶子的處女歌集《散亂的頭髮》中的歌，以及鐵幹的詩集《天地玄黃》中的詩。

對於書畫古董，就像他曾回答別人的提問那樣，「要盡量消除收集欲」。即使在後來財力允許時，他也特別戒備。這可能是擔心沉溺於天性喜愛的書畫興趣中吧。他曾說，比起不明真偽的手跡，自己更喜歡照相版的印刷品，例如，他在別墅惜櫟莊中懸掛的，除少數自己尊敬的今人手筆外，皆是如此。但也有特例，僅限於羅丹的雕刻、岸田劉生的麗子像，以及夏目家轉讓的漱石的書畫及漱石的少量珍藏。麗子像是某個青年向武者小路實篤借錢，武者小路附信讓那個男子帶來時得到的，據説那個男子拿到錢後就跑了。關於羅丹的作品，從中可以看到岩波獨特的鑑賞能力與對藝術的熱情，他將自己獲得這件作品時的心情，以《心境的變化》為題，發表在《文藝春秋》（一九三一年四月）上。在寫這篇文章很早以前的關東大地震時，岩波從店裏逃出來時，只帶了這件雕刻，因此，他得到這件雕刻應該是在關東大地震之前。他去上野看「法蘭西美術展覽會」，第一次有機會接觸有名的羅丹的眾多作品。最吸引他的，是在裏面屋子的角落裏，有一件照片上未曾見過的男子的軀幹。「我站在前面目不轉睛地盯着它，怎麼也看不夠。又從側面、背面看，愈看愈敬佩。在我看來，它是力量的聚集，我甚至感到它不是人類創作的，而是宇宙的一角飛過來凝固在這裏的。」岩波如此感動，以至於想要得到它。但考慮到價格，感到與自己的身份不符，百般煩悶之後，竟盼望早些被人買走。偶爾向高村光太郎詢問此事，並將自己的煩惱向他傾訴時，高村問他作品的大小，岩波回答說有人的軀體那麼大，高村將兩手打開一尺左右說，沒有那麼大，也就這麼大吧。然後，他對岩波說，你真是行家，那件作品與外行不對路，因此沒人買，或許會被帶回法國，一定要想辦法把它留在日本。岩波的心境頓時發生變化，他興奮地感到這超越了自己的喜好，成為藝術問題、國家問題，感覺變得英勇起來。以往的煩悶消失的同時，他又焦慮起來，擔心這件作品被賣掉了怎麼辦，便即刻驅車趕往上野。途中，軀幹被貼上紅標籤的幻覺不斷驅使着他。急忙進入會場一看，大小正如高村所說的不太大，也沒貼紅標籤，便決定馬上買下，帶回家中，就像看第一個出生的孩子一樣，忍不住朝夕端詳。東駒的攀登記也好，這篇文章也好，寫的都是岩波自己的真實感受與經歷，形象情景栩栩如生，是篇優秀的文章。總之，無論鑑賞家、批評家如何批評，他就是喜歡自己喜歡的東西。他曾去鎌倉拜訪鷹部屋福平，不巧他不在家，岩波極力讚賞他那幅大海的畫（在德國買的百號大畫），就是個例子。在繪畫方面，他尊敬平福百穗，還喜愛長井雲坪的山水畫。他曾在長野、新潟拜訪雲坪作品的收藏者，鑑賞他們收藏的畫。

岩波對於衣物的花樣、隨身物品等的選擇也很有自信，因此，他喜歡去百貨商店等買東西。這也是因為夫人在這一點上與他沒有配合，而且，她也缺乏這方面的興趣。但有一段時間，他身着和服、穿着藏青色的短布襪出席酒會等，這就很難說搭配協調了。

六　建築

——惜櫟莊

關於建築，現在的岩波書店是原東京商科大學的三井會館，岩波喜歡這個裝飾少、堅實的建築。小日向水道町的住宅，買的時候房子就相當舊了，岩波把土牆倉房以及圍牆改造成鋼筋水泥，這也顯示了他的愛好。這座倉房在戰火中也保留下來了。

岩波自己建的房子只有位於熱海伊豆山東足川的別墅。這棟別墅建得精心細緻，傾注了岩波極大的心血，但以岩波的財富來看並不奢侈。而且，要是想到直到岩波去世前，他幾乎每天都在這裏款待前輩、友人、知己的話，不如說可以把這棟別墅當作岩波向朋友奉獻的工具吧。決定建這棟別墅的直接動機在前面已經講過了，是岩波書店出版的津田左右吉的幾部著作觸犯了出版法，作者和發行者雙雙被起訴，岩波做好了進監獄的準備，為了出獄後保養身體而建的；而且，溫泉地區的信州人岩波原本就喜歡溫泉，在離東京三小時以內的地方擁有溫泉早就是他的願望，這對他的決定也起了促進作用，便決定買下這裏。在被起訴的昭和十五年（一九四零）三月八日當天，他得到了這塊地與溫泉。土地臨熱海酒店一側的海岸，岩波過去經常住這裏，特別在該事件發生時，他一度把自己關在這個酒店的房間裏，可能因此看中了酒店附近的土地，選在這裏。別墅的建成是在第二年，一九四一年的秋天。

這棟別墅由於當時的建築限制，佔地面積不過三十坪，房間也僅有十六張榻榻米的西式大房間、八張榻榻米和三張榻榻米的兩個連在一起的和室、女傭的房間與浴室。這在當時是特別奢侈、講究的建築，據説每坪一千五百日元（當時一般僅為五百日元），建築費用約五萬日元，總費用八萬五千日元。

按照岩波當初的想法，食物從熱海酒店買來，甚至沒必要設女傭的房間，但最後還是設了。一開始時委托了清水建設，但在築地的料理店「錦水」，他看到一種裝置，能把所有的門和隔扇都收入門窗箱（用來收納往橫拉到一邊的門窗的箱形空間。原文「戸袋」。——編註），房間可以全面開放，便馬上和清水組交涉，清水組欣然同意，就把建築委托給了「錦水」的設計者吉田五十八，該裝置是吉田的創意。西式房間與和式房間都有套窗、紗窗、玻璃窗、隔扇及各三根門檻，我稱之為十二層單衣。西式房間裏有一個沉重的整塊大玻璃窗（六至八尺），送入三個門窗箱後，海風立刻吹滿房間，十分清爽。如果把西式、和式的兩個房間、浴室、衛生間的窗戶都打開，就可以望見大海。據説當岩波向幸田露伴驕傲地説起時，露伴感嘆道：「真是山區出身的人啊。」一早晨起來，打開浴室的窗戶，泡在溫泉裏，從老松之間眺望海上日出，感受從太平洋吹來的海風，那種心情不僅在夏天，即便在冬天也是絕好的。即便是現在，當我泡在浴缸裏時，也會不知不覺地對死去的岩波説一聲「謝謝」。浴室的浴缸和地面都是黑色花崗岩，牆上鋪的是意大利產淡黃色大理石。玄關的淡綠色大理石也是意大利產，它和浴室的大理石都是當時日本最後的意大利石材。據吉田説，現在日本也沒有同種的。當時，戰時運輸極為困難，岐阜縣的批發店想把大理石板切成兩塊運輸，岩波不肯，硬讓他們整塊運來。而且，浴缸的大小考慮到身高六尺多的長子，深度也是岩波拿着卷尺現場確認箱根其他的溫泉旅店後決定的，在一家旅館裏還弄壞了瓷磚，要賠償。我和岩波一起在根岸的「鹽原」洗溫泉時，也看到岩波拿着卷尺頻頻測量浴室。浴室中當然有花灑，還有一種裝置，可以用流出的熱水為冰涼的石地加溫。各個房間也有溫泉取暖裝置，但現在已經不用了。據説岩波開始時還想建造帶有防雨裝置的露天溫泉等，但在這樣的建築中當然不可能。岩波喜歡木料原色，外側及室內的裝飾柱都是用優質杉木製成的圓柱，其他則是方柱，各房間的門、天花板也都使用正切的杉木，用於阻隔來自其他房間的聲音。西式房間的地板是柚木的，剛剛打過蠟。和室裏沒設壁龕，只在松板之間留出一個角落。西式房間考慮到要坐下，就在兩塊板門覆蓋的地櫥上，將壁龕抬高。天花板僅限於西式房間，與牆壁一樣，塗成典雅的淡褐色，在橫跨天花板的、貼有裝飾板的角材之間，是否加上細小的角材成為大家爭論的問題，後來決定加上。在與玄關相連的走廊上，鋪着在禪寺的佛殿等處常見的四方瓦。屋頂的瓦是來自京都的最上等貨，在東京，一般用於名人的瓦頂屋。檐端的曲線非常優美，由於擔心雨水管妨礙這種美，因此沒設雨水管，而是在下面設排水溝，並在排水溝的水泥格柵上覆蓋小石子，屋檐滴落的雨水就落在上面。聽了吉田的介紹才知道，這也是岩波的用心，我還以為是因為討厭雨水管中落葉堆積時的嘈雜。的確，檐端的瓦的曲線很美。

室內的日常用具盡量簡約，盡量少數。聽説西式房間裏的矮櫥與和室裏的一張松木小桌，與門窗一起都是名人南齊的作品，尤其那張小桌，做得簡單漂亮。那時，由於時局的關係，熟皮革是違禁品，但又大又結實的椅子上卻貼着它，這是鑽禁令的空子，強行讓人把皮拿到現場貼的。戰後，這裏與隔壁的樋口旅館被進駐軍徵用，美國人的孩子穿着鞋上去，狗也啃咬，弄得不成樣子。

從別墅的選址上也可看出岩波的嗜好與講究。已故關口泰引用夢窗國師的泊船庵的詩句，稱這棟別墅是「以山為籬，以海為庭」，的確如此。通到半山腰的街道上有巴士往返，這棟別墅就建在山的坡面向海上傾斜之處，別墅後面是樋口旅館。如果打開西式房間後面的玻璃窗與隔扇，前面可望見伊豆海上的大島與初島；右邊依稀可見野村別墅的輪廓，山很矮，但遮住了旁邊的山；左邊即東北方向是十幾株大黑松，後來在松樹之間種了孟宗竹，透過樹影，可以看見拍打在真鶴岬端的「三石」上的碧浪。進入入口後，小路通過自南側上下的矮小的懸崖間，雖然狹窄，卻形成一處乾坤，是絕好的隱居之所。西式房間的正面是一株大櫟樹，吉田為了建築要把它砍去，岩波誇張地說：你要砍它就先砍我的胳膊，堅決反對，這棟別墅也因此命名為「惜櫟莊」。據説露伴曾說，不用那麼屏氣用力吧，叫「櫟廬」就是了。這棵樹邊上只放了長長的一字形石頭（貴船石），小小的庭院鋪着草坪，石牆邊種着矮松。左側和室一邊種着山茶花，從花瓣散落的松蔭可以走到入口的小路上。說到樹木，岩波喜愛松樹，據說赤彥死後，岩波去拜訪遺孀保田不二子，在離開時，他特意折返回來說：「夫人一定要珍愛松樹啊。」在物色上州北輕井澤的山中別墅時，他也是找松樹多的地方，伐去雜木，命名為「十八公莊」。他看不起山上的白樺等，認為它們是無用之材。

岩波照例精心講究，木材、石材、瓦都是用當時最奢侈的，選擇第一流產品，堅持自己的喜好。據說在建築期間，沒有什麼特別的事，有時一天也要找當時住在大森的吉田兩三次。他是個只要沉迷於某件事就呆不住的人。總之，這棟別墅使岩波的理想極大地具體化，可以說是一件簡約、牢固、乾淨的作品，設計者吉田對這一作品也難以忘懷。只是它照例有點僵硬，房間的韻味有些不協調，這可能也是岩波的愛好吧。這棟房子裏沒有匾額，除照相版的明本的書法、牧溪的雀與柳、柿、栗（《六柿圖》、《栗》。——譯註）外，幾乎沒有應該掛的書畫。岩波還在靠近這棟別墅的上方，建了一棟二層建築，但它與這棟別墅相比非常粗糙。就在岩波去世的一九四六年，承包的木匠中途把材料賣了，令岩波極其氣憤、焦急，從而加重了病情。雖然也有生病的原因，但岩波激動起來也是超乎尋常的。

第十二章／交友

關於岩波社會生活中的交友大體上已經講述了，儘管無法嚴密區分，但下面簡單講述一下他私生活方面的交友。

前面也曾經提到過，緒方竹虎曾説過岩波「癡迷於人物」，如果把他身上把交友抽走，岩波無論如何也耐不住那種寂寞吧。對誰都好，而且那種好非同尋常，這就是岩波的人際關係。據説，岩波的店員稱岩波是「冠婚葬祭負責人」。的確，慶弔吉凶、參加儀式、贈送禮物或供品、掃墓等他都不辭勞苦。一九三五年的元月元日有人曾問他打算做什麼，他回答跑五十八家拜年，給凱比爾、夏目兩位先生掃墓，就是一個例子。而且，這並不是為了表面上的交際或為了利益。其數目之多我等無法相比，原本也因為他事業上交際廣泛，但即便一個一個拿出來比，數量多的他比數量少的我們更情意深厚，對此不得不讓人驚奇。例如，我的哥哥住在阪神地區時，岩波到那裏辦事，雖然只是順便，但沒想到竟探望了關係不算很親密的哥哥，如果換作我的話，是萬萬想不到的。但岩波這個人，卻只因為是自己摯友的哥哥，應盡點心意，便前去造訪了玄關，雖然只是一陣風似地來又一陣風似地去，但他的誠懇、親切卻讓他欲罷不能。一般人對於舊交情誼深厚，但他絕不限於舊交。例如，去歐洲旅行時靖國丸上的同船夥伴，岩波也親自款待，組織聚會。只上了一年學的日本中學的同窗會等，他也盡力周旋。高等學校的同室會、同期會等，他經常招待同學，組織聚會，還提議給經常缺席的友人寄送大家的留言。一九四五年八月，在諏訪的牡丹屋住宿時，他心血來潮，打電話給故鄉中洲村的小學時代的朋友，款待他們，一夜盡歡。在岩波書店三十年紀念晚宴的章節中已經講過，那時邀請的客人，除岩波交往的天下名士、學者、作者、學友之外，還有無名的同鄉舊交、常來常往的人們。喜歡交往，或者說喜歡聚會，或者說喜歡請客，有人說這可能因為岩波富有，或是因為他周圍有需要照顧的人，但絕不是這樣，這來自岩波的天性。

岩波見到人就說「吃飯去吧」，這是回憶岩波的人異口同聲之處。經常去的是「濱作」，稍微嚴肅點兒的就去「錦水」。岩波不太飲酒，但經常與人共進美食，這或許是使他血壓升高、以至早逝的原因。但毫無疑問，他的目的除美食外，更在於客人。打算作為靜養場所的惜櫟莊，也成為絡繹不絕的待客之處，這在前面也已講過了。他沒有客人就不安穩，據說沒有客人來時，他甚至還請經常出入別墅的小夥計吃晚飯。

岩波所到之處都能找到知己，這在前面也已講過了。他與房州岩井橋場屋的女主人忍足堰相處得像親戚，在岩波的介紹下，我和天野貞祐等也常常光顧那裏。岩波在很早以前，大約是一九零六或是零七年去那裏時，與在那裏養病的大森忠三、小池元武相識，這在前面已經講過了。在信州上伊那郡朝日村為早逝的大森舉行紀念碑揭幕式時（一九二四年七月），岩波也特地出席。後來，他還為小池斡旋東京牛込的埼玉縣學生扶助會宿舍舍監一職，該扶助會是澀澤榮一主辦的，由岩波的友人渡邊得男照看。岩波的友情除前輩、友人外，還遍及弟子、店員和常來常往的人，儘管數量極多，但其真情實意仍是普通人無法企及的。岩波的一個年輕男店員曾指責道，某個忠實的校對負責人因病入院花費了一些費用，儘管自己就這筆費用的處理方式提醒過岩波，但岩波仍將其算作書店借給這位校對的；這位店員並說，與那時岩波給予患病的山本安英的待遇相比，原來岩波的好意只限於名人呀。但是，指責岩波把店員的住院費當成借錢，這是一種過於自我中心、只顧要求別人、缺乏反省的態度吧。

總的來看，接受過岩波好意的人，經常會感到岩波只對自己這樣好，但這並不是因為岩波的技巧，而是源於他的真誠。

岩波求友於天下，在故鄉信州人，特別是教育者中有很多摯友，這在前面已經講過了。其中一人就是東京府立第五中學校長伊藤長七，在他臥病期間（一九三零年），岩波率先籌集慰問金。還有岡村千馬太，他是一名多年為信州教育界盡心盡力、獨立不羈的人物，在他不幸的、病弱的晚年，岩波也給予很大的關懷。矢島音次離開教育界後進入政界，不是十分得志，但岩波直到晚年都推崇他為自己的商量對象。久保田俊彥（島木赤彥）一絲不苟地致力於《ARARAGI》，岩波對此熱心相助，也由於這個緣故，與平福百穗、齋藤茂吉等人也交情深厚。對於太田水穗，雖不能說傾倒，但因為受到過他的幫助，一生都有交往。晚年，岩波尊敬諏訪市議會議員久保田力藏，二人同為尾崎行雄的崇拜者，結成了深厚的友誼。而在同鄉學者中，岩波尊敬前輩的哲學家北澤定吉。一九零九年，北澤患肺病時，岩波誠摯地去平塚的杏雲堂醫院探望，安慰病人夫婦。與低他兩三年的後輩、氣象學者藤原咲平，二人在作者與出版商的關係上也非常親密，這也在前面講過了。

說到同鄉，岩波對舊交小松武平的深厚友情還惠及他的兒子攝郎、醇郎及女兒細谷澪子。對於其他我認識的，或者不認識的同鄉友人的厚意不能一一列舉。岩波曾經的店員、已故橋本福松，以及從一九四一年末到四四年擔任岩波的秘書、其後代管岩波富士見別墅的小尾喜作（及他的妻子），原本都是信州的教員。

岩波原本就是英雄崇拜之情很強的男人，在「回顧三十年感謝晚宴」上，他說道：「我雖不才，但希望向着高遠的理想再靠近一步。我之所以能夠駑馬加鞭地沿着一條道路走到現在，極大地仰仗於杉浦重剛先生，他教給我貫徹至誠之道義的可貴；凱比爾先生，他教給我作為人的崇高境界；內村鑑三先生，他教給我什麼是永遠的事業；福澤諭吉先生，他教給我獨立自尊的市民之道；還有以公益精神貫穿整個生涯的青淵澀澤翁。」這五人當時已成為故人，但對於活着出席這次宴會的三宅雪嶺，岩波也懷有極大的崇敬。在文化勳章制度設立的時候，他首推三宅作為應授勳者。岩波本人在三宅之後也被授予這一勳章，他一定感到誠惶誠恐，認為是特殊的光榮吧。對於夏目漱石，除了尊敬之外，作為使岩波書店獲得成功的作者，岩波與他的關係很深。漱石去世後，漱石喜愛的弟子寺田寅彥又作為作者以及出版方面的賢明指導者，受到岩波的尊敬。據說寺田曾對學友高嶺俊夫說：「岩波君說得真好，據說要發揮我的全部人格。」曾任第一高等學校校長、京都帝國大學文學部部長的狩野亨吉（一九四二年十二月二十二日去世），是漱石敬畏的友人，也是岩波尊敬之人。晚年，狩野不考慮自己的能力性格，投資朋友的銼刀製造業等，岩波雖然不贊成，還是讓他寫些出版物的書脊文字等，暗中幫助狩野擺脱窮困。岩波對幸田露伴的欽佩、愛慕，雖然表面上被店員小林勇搶了風頭，但他在露伴的生活等其他方面也非常用心，並通過小林幫助他。晚年，岩波委托露伴寫澀澤榮一的傳記，這是因為他真誠希望以露伴之筆，將自己尊敬的澀澤的一生傳給後人，但也是為了讓露伴安享晚年。

在岩波尊敬的諸前輩中，他學生時代與內村鑑三的關係已在前面講述過了。而開辦書店之後，他也為銷售內村出版的著述和雜誌盡心盡力。一次，神田的青年會館宣傳內村將在此演講，但其實內村沒有答應，當岩波聽內村説起此事時，立刻找當事人談判，讓他擦去告示牌上內村的名字，又在告示牌下面貼上內村寫的紙條「小生沒有約定今晚在青年會館演説——內村鑑三」。據説內村高興地對弟子藤井武説，岩波真是個勇敢的男人。

由於與內村的這種關係，讓我從岩波緬懷內村的文章中引述他的內村觀：

> 從先生致力宣揚的基督再臨開始，我終究沒能理解純福音，只停留在仰慕托爾斯泰的所謂「沒有信仰就沒有生存」的境界，最終也沒有過上有信仰的生活。對於先生來説，我是沒被救贖的後輩，也是讓先生悲傷的人之一吧。沒有信仰的我應該不會理解先生的偉大之處，但我確實受到了先生的人性感化，儘管這樣的人性感化時常為先生所忌諱。即使我終究沒有理解神國的幸福，但先生的教誨讓我深切領悟到此世榮耀的微不足道，領悟到永恒

的事物與夢幻泡影的區別，領悟到真理、正義與真誠比任何事物都應受到尊敬，強烈領悟到置身密室一個人的祈禱遠比迷惑民眾的表面事體更重要，領悟到社交的無聊，與自然為友、親近典籍的快樂。如今，我不大出席宴會等場合，盡量減少交際，也是受先生的影響吧。對於先生，我可能只是個可憐的迷路的孩子，但對於我來說，先生是給予我極大感化的恩師。

在國家舉步維艱的當今，想到先生被稱為國賊、被罵作非國民、被侮辱為偽善者，我感到尤為痛切。我不認為先生沒有人性的弱點，也覺得先生有很多素質被誤解。先生像鹿戀慕溪水一樣愛慕真理，哪裏能找到像先生這樣的人？先生尊重正義、熱愛家國日本、真誠地生活，哪裏能找到像先生這樣的人？在先生可怕的容貌中，包藏着極其正直的心與無限的愛。作為有信仰的人，先生是暴風怒濤般剛烈無比的戰士；而作為平常人，先生軟弱得以至於別人以為他膽怯，溫柔得一片花瓣拿在手上也要落淚。比起與眾人共享和平、和諧世界的生活，先生更是鬥士，他承受着迫害，繼續孤高地奮戰，愈來愈發揚自己的本質。虔敬、莊嚴、高貴、謙虛、熱忱，先生的祈禱除此之外別無他物。先生懷着破碎的靈魂、懺悔的心跪在神前祈禱時，就連像我這樣懷疑不信的人，也感受到宇宙中儼然存在亘古不滅之物。想來，像當今日本這樣遠離正義和真誠的社會，在世界上恐怕是絕無僅有的吧。倡導忠君愛國者屢見不鮮，善導思想的學者也比比皆是，卻沒有先天下之憂而憂，後天下之樂而樂的、真正的憂國重義者，這是現代日本的憂患。我不停地祈禱出現像先生一類的國賊、非國民、偽善者，站出來顛倒價值，揭示何謂真理，指導一代人拯救現時之日本。

（一九三四年五月《內村鑑三先生》）

這是岩波借內村闡述自己的理想與自身的文章，因此不厭其煩地在這裏引用。也許有人會說，見了人就要請人吃飯的岩波說控制社交，這也太奇怪了，但他確實幾乎不出席同行業的聚會，他所說的社交可能是指這類型的吧。

岩波對於自己尊敬之人的傾倒，在內村的青年會館演講事件中表現尤甚。下面再講一個例子：在婦女中，岩波尊敬曾任東京女子大學校長的安井徹（Tetsu）子，稱讚她心靈美麗、頭腦清晰、見識廣闊、態度豁達，是少有的人格完美之人，虔誠的基督教教徒，同時又具備了日本婦女貞淑的美德。岩波讓四女末子入學該校，又率先為該大學募集基金（一九四零年）。另外還有一件事，那就是岩波請求安井為現在已故的長子推薦配偶候選人，安井推薦了某家某女，是女子大學的學生。對方也希望促成此事，但雄一郎的姊妹們不贊成，母親及雄一郎本人也沒興致。怎料岩波對我訴苦說，大家對於他尊敬的安井推薦的候選人一點兒也不考慮，也不做任何調查，太不像話了，說着竟氣得流淚。正巧我對對方也略知一二，就說既然如此，兩家人見見面也好，在我的勸說下，岩波一家與對方一家共進晚餐，但此事最終沒有成功。後來又提了一家，雄一郎本人願意，但不久就病故了。此次事件，我覺得岩波有些過份了。還有一件可笑的事，依照岩波的強烈主張談妥的兩家聚會，岩波卻在中途開始猶豫，想要中止，遭到了女兒們的反擊，這才回心轉意。岩波也有像孩子一樣的可愛之處。

在作者當中，岩波尊敬、並以效犬馬之勞為榮的前輩還有西田幾多郎。自從其他書店出版的《思索與體驗》在岩波書店再版以後，又繼續發行了他的全部著述。岩波不僅尊敬西田是個優秀的哲學家，更尊敬他人格高潔，經常關心國事。對於西田在鎌倉的住所與西田的繼室等，他都不厭其煩地奔忙。還有一個人是岩波一高的同期，由於作者關係與其交往密切，那就是田邊元。因為阿部、安倍等人的關係而與岩波親密交往的，有一高的後輩和辻，還有天野。岩波熱衷的人物都是給予他感動的人，如果是學者，則是有着熾烈的向學精神，不厭貧苦，或是道德信念始終如一，或是才學優秀，總之有讓他欣賞之處。田邊就是一個例子，他去歐洲留學時，岩波送錢餞行，又不僅贈送前述的感謝金，還帶着誠意要資助他的研究。田邊有潔癖、正直，但脾氣暴躁得近乎病態。例如，他住在岩波的北輕井澤別墅時，據說曾大發雷霆，說房間裏沒有窗簾，一大早就醒了。結果，岩波令人吃驚地、唯唯諾諾地聽了他的不滿。另外，可能由於店員的失言，田邊取消了由岩波書店出版所有自著的承諾，岩波風風火火地跑到京都，向田邊百般道歉（一九二五年）。同年，田邊病重時，岩波也立刻來到病床前探望。天野是因為他的誠實、有道德的性格而受到岩波的尊信。阿部次郎與岩波是同級，他頭腦的清晰和犀利是岩波極其尊崇之處，敬之如兄，出版之事也常常徵求他的意見。但由於阿部任性的性格，晚年關係就疏遠了。

一高時代由於舢板而結交的夥伴吉田圭、上野直昭、林久男、渡邊得男等，終生都與岩波保持着美好的友情。特別是上野，由於後來從法學部轉到了文學部等原因，又成為岩波出版方面的商量對象。由於那淡泊而誠懇的交往，他們之間可能沒有發生過一次不愉快，始終都是岩波的好友。一九二四年秋，在上野踏上歐洲留學之路時，據他說，「岩波送了高額的餞別禮」。一九三零年正值書店不景氣之時，上野再次去歐洲出差，岩波解下手錶贈給他說：「現在無法給你餞別禮了，就把這個拿去吧。」據說上野至今還保存着這塊錶。林與岩波是同縣出身，雖然岩波也承認他的缺點，但二人密切的關係終生不渝。岩波親密無間的摯友，還有從學校畢業後不久就自殺的（一九一三年）大阪人山田又吉。他頭腦聰明、正直，能給人細緻入微的同情與理解。

同宿舍或同級的夥伴中，還有鄉古潔、工藤壯平、玉井潤次、荻原藤吉（井泉水）、大久保（舊姓關場）偵次等人。大久保作為大藏省的局長，受到所謂的帝人事件的連累（一九三四年）時，岩波向法院提出意見，指相信大久保的人格清廉與正直。鄉古在戰後要被問以戰犯罪時，岩波也為他起草了辯護文章。岩波與大久保等人關係並不特別親密，但還是寄予了如此厚意。主持舊同盟通信（現共同通信）的古野伊之助雖不是岩波的舊交，但當他被問以戰犯罪時，岩波也為他執筆辯護。此外，玉井潤次作為舊交，木下信作為同鄉，他們在選舉時都得到岩波的幫助。晚年，岩波與種田虎雄、十河信二也有密切交往。岩下壯一由於其學識和對麻風病患者的奉獻，受到岩波的尊敬。真鍋嘉一郎由於漱石的關係與岩波相識，作為醫生受到岩波的信任。真鍋死後，武見太郎又受到他的極大信任。

岩波的好意還惠及友人或店員的婚姻、家庭。他關心晚婚的上野直昭，又為在凱比爾手下工作而長期未婚的久保勉奔忙，如此之事不能一一列舉。這都基於他那一旦認定就必須實行的性格。但有時，過份的好意似乎也給對方造成了強制的感覺，或者讓對方覺得像處理公務，從而產生了不滿。

在波多野精一的介紹下，雖然性格不同，但岩波還是資助了三木清一九二四、二五年留學時的費用，還資助矢崎美盛的留學費用。他喜愛河野與一，也幫助他的生活。還有很多學者，特別是年輕學者受到岩波的尊重，並得到他的資助，這種陰德除風樹會、感謝金之外還有很多。

岩波有潔癖、神經質、愛憎強烈的一面；而另一面，與我們不同，他有很強的包容力，在某種情況下還會清濁並吞，這對他事業的成功很有幫助吧。但如前所述，所謂的文人氣質不合他的性格。他對白樺派的文人懷有敬意，雖然也出版武者小路實篤、長與善郎等人的著作，但關係並不親密。如森田草平、鈴木三重吉等雖然有《漱石全集》的關係，但倒不如說他們對岩波反感。在金錢方面，對於自己主動付出的錢，他不惜重金，出手大方；但即便對關係親近的人，也仔細計算，從不原諒膽敢賴帳不還的人。他嚴格督促生田長江償還借款，在借給某位有才幹的女文士巨額款項之後，又不滿意她的態度，最終讓她全部償還。而且，岩波還不允許為了奢侈而借錢，小宮豐隆向他借錢時，他認為小宮日常生活奢侈，便在小宮寄給他的奢侈的信籤背後，寫了表示拒絕的回覆。《ARARAGI》的高田浪吉說，自己結婚時收到岩波的賀禮，而他的借款則從版稅中扣除。

前面提到他對店員特別用心，其中最顯著的例子便是曾擔任他的秘書、現在仍是店員的堀江（舊姓木俣）鈴子。她畢業於東京女子大學，一九三二年春，在高橋穰的關照下進入書店工作。之後一度被拘捕，第二年四月成為岩波的秘書，但擔心連累書店，便於九月辭職，從事不合法活動。一九三四年一月，她再度被拘捕並被起訴，岩波送去甲魚湯慰問，並操心她的辯護律師，請了三輪壽壯擔任。她的母親在她入獄期間再度患腸扭轉，於一九三六年五月死去。岩波在京都看報紙得知此事，連夜來到她的故鄉濱松弔唁，又乘清晨的列車回京。據說岩波曾說過，由於自己對母親的風樹之嘆，他每次經過濱松時，都會懷念為鈴子操勞的她的母親。鈴子被釋放後，他勸鈴子靜養，等待身體恢復健康。為準備一九四二年十一月三日的「回顧三十年感謝晚宴」，岩波請她幫忙做演講的口授筆記等，到一九四三年初更任命她作秘書。他不顧世間的議論，給予鈴子真摯的關懷以及為她採取的行動，使純情的鈴子深受感動，在岩波健康日漸衰退之時，她亦以忘我的奉獻報答岩波，直到最後。不得不說岩波的這種態度是世間罕見的吧。

我與岩波的友情與其他友人有些不同。我在一高遇到岩波以後，很快就與他成為好友。到岩波成家之後，我又成為他親密的家庭之友，一度與岩波同住一棟房子裏。我的表弟堤也作為岩波的經理，像影子一樣為他工作。岩波開店之初，我是岩波的商量對象；特別是在他出版事業剛起步的一段時間裏，岩波出版書籍的廣告幾乎都是我寫的。岩波的首要出版物《哲學叢書》的發刊辭，以及《漱石全集》、《寺田寅彥全集》的發刊辭等也都是我寫的。但是，我從未作為作者為岩波書店奉獻過壓軸的名著、力作，也沒有讓岩波感動的學問態度。我曾經請求岩波出版我的《西洋道德思想史》，它曾刊登在岩波書店《倫理學講座》中，可岩波沒有點頭。這可能是因為他聽了誰的評價，但我自己也認為這一作品只是對西洋學者著述的改編，的確是稍微便利的書籍，至於它能否受到岩波書店的重視，我卻沒有信心，因此也就甘受拒絕。也有人因為我與岩波的關係而通過我請求岩波出版，但我對這些勸說不太熱心，實際上由於我的推薦而出版的書籍也幾乎沒有。我從中勘助那兒借的房子，後來連同主宅都被岩波購買時，我想這下可以在這房子裏穩定下來了，便把這樣的盤算告訴岩波，沒想到岩波冷淡地回答：不，可能什麼時候得請你離開。我多少感到憤懣，既然如此便想自己建個房子，不久後買下了目白的文化村的分割出讓土地。岩波聽了很高興，借給我第一銀行的六千日元股票，建議我把這些股票作抵押貸款。前後的關係已經忘記了，但在我突然決定去京城帝國大學時，岩波説你既然去朝鮮，就得有「埋骨韓山」的思想準備，反對我建房子，我沒有聽從他的建議。總之，我抵押了岩波借給我的股票，從銀行借了錢，同時也從其他地方多方籌措，終於建起了房子，但這棟房子後來在戰爭中燒毀。昭和初年，岩波書店不景氣時，岩波要求我還錢，我便從其他朋友那裏借錢，將股票還給了他。我有時也會請朋友通融些，但對於岩波我從未借錢不還。當然，岩波也請我吃飯，拉我去旅行，這樣的事情多得數不清。

小宮、阿部去歐洲時，還有後來我去歐洲時，岩波為我們組織了箱根熱海二、三晚的送別旅行，這樣的旅行他也招待過很多其他的好友。

一次岩波請我吃飯，還請了寺田和小宮，好像是在日本橋的「春日」，小宮和我就書店的一些措施說了很多不好聽的話，岩波無法回答，最後哭了起來。後來，寺田非常嚴厲地責備說，你們做了件非常不愉快的事。現在，我忘了當時說什麼了，雖沒有感到良心的痛苦，但這件事反而說明了岩波的純樸老實，我們也並沒為此得意。我從昭和之初赴任京城之後，每有假期便回到東京。岩波經常來找我，或請我吃飯，只是對他一大早擾人清夢吃不消。還有一件事：岩波一家曾撇開岩波，商議娶我的女兒給岩波的長子作媳婦。可能岩波不願意讓我成為他有實力的親戚，我理解他的這種心情，也沒覺得不高興。但我對岩波說，我這邊毫不介意，你卻說得好像是我強加於你的一樣，太不像話了，岩波聽後很坦率地向我道歉。後來，女兒嫁到北海道時，岩波還贈送鋼琴作為賀禮。這些都顯示了岩波性格中最愉快的一面。但是，岩波還有像孩子一樣虛榮的一面，例如他隱瞞自己落第，還比如在岩波待客時我出現了，他就會簡單地介紹我，好像這樣能保持自己的威嚴，顯示自己懂得待客之道，對此我只能報以苦笑。

明治末年，我們一起去旅行。快到越後的高田時，岩波問師團大還是旅團大，我回答說，你覺得不知道這種事很了不起嗎？岩波聽後憤慨地說，你就只知道挑別人的缺點。就這樣，我與岩波的相聚並不總是愉快的。走進他的房間，岩波有時滿面愁容，笑也不笑一下——也不知道當時我的臉是什麼樣的。他還開玩笑地說我是「可怕的大叔」。就這樣，我們終生交往，最後，關於改組株式會社的事，除明石、曾志崎、堤等熟悉店務的人之外，在眾多的朋友當中，他好像只想和我商量。這次的商量由於岩波的早死而沒有實現，但岩波可能還是信任我的吧。

關於我的事講得這麼冗長，有些奇怪，但還要講一件有趣的事：一九二八年，岩波書店發生罷工時，我聽説在店員的抗議中，有一點是岩波一邊虐待店員，一邊卻為和辻哲郎去歐洲贈送高額的餞別禮物，便對岩波説，我去歐洲時你好像什麼都沒送呀，不料岩波怫然作色道：我送你值一百幾十元的翡翠袖扣了，你不承認也可以，你夫人要是不承認就太不像話了。我把這件事忘記了，才失口説出那種話。後來，有兩三個婦人誇獎説，你袖口的翡翠色澤少有地漂亮，從那以後便十分珍惜。戰時房子被燒後，每次外出時，我都把袖扣放到帆布包內攜帶。但在東京最後的轟炸時，為我們存放東西的那家也着火了，袖扣一時下落不明。後來，煙灰隨風散盡，袖扣從廢墟中露出來，但原來美麗的翠色已經消失了。

當我想到我與岩波的友情中有一種苦澀時，我認為這既緣於我與岩波性格的差異，也緣於我倆性格的共同之處，但也因為我毫無顧忌。有時，我無論如何也無法對岩波的得意或興奮產生共鳴。還有我們二人過於接近。還因岩波的夫婦關係，我同情他們的夫婦關係，也為他們悲哀、不快。和辻和田邊等人是保持一定距離的同情，而我不僅如此，這使得岩波忌憚我。我又是夫人的同情者，這也是我與萬事謹慎的上野等人的大不同之處吧。而且，我還忘記人家好意贈送的禮物，也不道謝，經常不客氣地說些令人討厭的話，岩波不願意積極地送我各種禮物也是理所當然的。

第十三章／家庭生活

岩波在一九一三年八月開辦書店之前，或做些業餘工作，或作教師，其家庭生活與職業從未分開過。開辦書店之初，岩波也與夫人及兩個女兒一起住在神保町的房子裏，夫人也站櫃檯等，做些工作，神田高等女校的畢業生等人也來幫忙。

但第二年，一九一四年九月，書店出版了漱石的《心》。是年春，四月二十七日，三女美登利出生，孩子用剪刀剪了漱石親筆題寫的封面，岩波認為還是應該把家和書店分開。一九一六年四月，岩波再次租下曾經與我同住的富士見町二丁目的房子，讓家人住在那裏。時年十月四日，長子雄一郎在那裏出生，但第二年六月，為了雄一郎肺炎癒後的休養，在醫生的勸說下，岩波在鎌倉坂之下租下房子，夫人與孩子住在那裏，與岩波分開居住。當時將書店與家庭分開也是必要的，特別對於愛孩子、對待問題不姑息、一定要徹底解決的岩波來說，搬家也是理所當然的處理。但對於岩波那樣熱情、體力旺盛之人來說，這逐漸成為促使他疏遠家庭的一個原因，也是不得已之事。一九一八、一九年，岩波原來的學生作為岩波的秘書住進店裏，由於岩波長時間與家人分開，也住在店裏，終於與這位學生發生了情欲關係。雖然夫人吉以前與丈夫多少有些不和，但在這一點上絕對相信丈夫，因此，這對她來說自然是極大的打擊。自此，夫婦不和愈烈，岩波的生活日漸放縱，吉的苦悶也愈加嚴重。但在此期間，一九一九年六月十五日，次子雄二郎在鎌倉坂之下的租借屋中出生。第二年二月，岩波在書店附近的神田今川小路買下房子，不久，夫人與孩子也從鎌倉回來，住在那裏，但家庭生活看起來並不愉快，岩波在麴町下六番町租房子，又在八月住進以前的舊巢，即千駄谷的那須處。同年十一月，岩波買下位於小石川小日向水道町九十二番地的中勘助哥哥的房子。當時，岩波由於《漱石全集》等收入頗豐，在賣價六萬日元之上又加了五千日元的謝禮。這樣，岩波有了能和家人一起居住的房子，四女兒末子於一九二一年十月二十二日在這裏出生。但岩波在夫人住的這裏始終不能安頓下來，經常住在今川小路的房子裏。再加上三女美登利病弱，一九二二年九月，除年長的兩個孩子外，美登利以下的孩子都和母親搬回到位於鎌倉坂之下的以前租的房子裏。一九二三年地震前，岩波買下鎌倉名越的房子，將家人搬到那裏居住，這棟房子是為存放前一年舉行的和平博覽會的展品而建的。那時，年長的女兒百合和小百合住在東京的學校裏，與岩波一起在東京，其他的家人都在鎌倉的房子裏度過了大地震。但第二年三月，由於夫人希望和家人一起生活，便又回到了東京小石川。但不久，美登利再次發病，這次，岩波為美登利請了家庭教師，自己與她一起搬到名越居住。再第二年四月，岩波又與夫人替換，夫人搬到鎌倉，除年長的兩個孩子外，其他的孩子們又與美登利一起住到鎌倉。另一方面，岩波與在報紙上登廣告僱用的女傭一起，從昭和初年到六年（一九三一）住在小石川，這引起了子女們的悲傷與周圍的反感。女傭離開後，一九三一、三二年，夫人又帶着孩子們回到東京，住在小石川，但岩波又避開夫人，回到鎌倉。從一九三三年下半年，他在鎌倉有了情人，一直持續到他去世前。一九三八年，他曾一度在稻村崎租房，一個人居住，第二年二月，又在小町買了房子住在那裏。

岩波在所謂的結婚倦怠期，開始感到與曾經熱愛的妻子之間性格乖離、生活不協調，為了工作與孩子的病，不得已而分居。岩波有着超乎常人的精神和肉體要求，因此與其他異性產生了關係，這種關係進一步帶來了夫妻不和。特別對於岩波來說，他將與夫人同居視為痛苦、不快，躲避着受不了獨住的寂寞、想要一同生活的夫人，以至於最終將分居作為家常便飯。岩波希望離婚，夫人內心有時也是這樣想的吧，但由於她對岩波難以割捨的愛情，也出於對孩子們的幸福的考慮，再加上岩波朋友的勸說，有很長一段時間，她沒有接受、也無法接受離婚。那段時間，夫人即使得到友人的同情，但仍感到離開岩波的愛的寂寞；岩波雖然得到了情人，但仍感到不被摯友們認可的愧疚，他的秘密使朋友們疏遠，夫婦二人都過着寂寞的生活，雖然不得已，也着實悲哀。

一九四一年九月，岩波在熱海伊豆山建造了臨海別墅，比起家人，這棟別墅大多為朋友知己所用，這在前面已經講述過了。一九四四年六月，依照古島的願望，岩波買下信州富士見的古島一雄的別墅，命名三傾園，用於家人疏散等。岩波是古島多年的支持者，由於當時古島要用錢，便以三萬日元買了下來，其實市價僅是它的十分之一，據說岩波也戲稱是「千金一笠」。所謂的三傾園是因為只有建築用地是平的，其他部分都向三個方向傾斜，因此而得名。

岩波夫婦生了二男四女。關於他們名字的由來，長子和次子的名字是效仿他所尊敬的雪嶺三宅雄二郎之意；長女百合是因為他酷愛百合花的緣故；次女小百合是因為她是百合的妹妹；到了三女時，朋友們笑話他說這下該起鐵炮百合了吧，但岩波按照樋口一葉的小說《青梅竹馬》的女主角，取名美登利；四女末子是停止的意思。據說在小百合誕生前，岩波準備了男女十幾個名字。長子雄一郎畢業於東大物理學科，在東京芝浦電氣製作所的電子工業研究所擔任電子管研究室主任，從事電視的研究，但不幸於一九四四年六月患肺病，並於第二年九月三日早岩波八個月離世，年僅三十歲。岩波在當年元旦的日記中寫道：在熱海參拜來宮、伊豆山兩神社，祈禱雄一郎和美登利痊癒。真是可憐天下父母心。雄一郎頭腦不壞，是個純樸正直的年輕人，可惜英年早逝。他在去世之前有意繼承家業，岩波為此非常高興。據說長子死後，在得知次子雄二郎也有繼承家業之志時，岩波也很高興。他雖然說過，事業就一代，我死後讓堤來做等等，但讓自己的孩子繼承遺業，畢竟是人之常情。

長女百合在藤原咲平的撮合下，於一九三零年四月與中央氣象台技師小平吉男結婚。次女小百合在野上豐一郎夫婦的撮合下，於一九三二年九月嫁給了小林勇。三女美登利在大河內正敏夫婦的撮合下，於一九三八年四月嫁給了物理學家山崎文男。美登利由於身體虛弱，受到父親特別的寵愛與照顧，後來又在丈夫的庇護下幸福地生活。四女末子在明石照男夫婦的撮合下，於一九四三年四月嫁給了友人種田虎雄的外甥種田孝一。另外，長女百合不幸於戰後和丈夫分手，又恢復了舊姓。

這四人都是在岩波在世時結婚的，次子雄二郎則在安倍能成夫婦的介紹下，於岩波死後的一九四七年十二月，與高野與作的長女淳子結婚。其中，小林勇的婚姻是當事雙方相愛的結果。但小林勇在發生勞動爭議的一九二八年末離店，加上他才氣煥發、富於謀略，經常與岩波合不來，而且，岩波也不能說不重視對方家庭的社會地位，因此一度對他們的婚姻感到不滿與不安，岩波的友人中也有不贊成的。但是，女兒意志堅定，夫人也贊成，再加上幸田露伴、小泉信三、野上夫婦等的後援，終於促成了他們的親事。在婚宴上，露伴也就緣份的不可思議娓娓道來。

觸及到岩波的家庭，特別是夫婦關係，對我來說是件痛苦的事情，也非常困惑該如何寫為好。如果是世間普通的傳記，可以不觸及，或用表面的漂亮話來掩飾。但在將岩波其人流傳後世的意義上，我不希望這樣。然而，我也不喜歡一味地攻訐摯友的隱私，「以己為直」。岩波作為一個不完美的人，也有很多迫不得已的、令人同情的地方。而且，他的短處與長處一樣多，為了將岩波如此獨特的人格流傳後世，又不得不觸及這些事情。他們夫婦忍受着這種痛苦的疏遠，最終竟沒有走到家庭破碎的地步，這很大程度上倚賴於夫人的忍耐。面向社會，岩波常常倡導正義，誇耀「你能夠，因為你應該」，因此，不喜歡岩波的人污衊他是以正義為商品而獲利的偽善者；還有人嘲笑說，岩波那樣看來純樸的男人，按他的性格應該不會有這樣的情事。這些說法都是不準確的。

岩波所誇耀的康德將道德視為純理性的東西，極力排斥與感性的交錯。但看岩波這個人，他的道德主張卻經常與強烈的感性，即感情本能結合在一起。而且，岩波既不像康德那樣是個道德理論家，也不像康德那樣是個單身的君子，反過來，也可以說，他由此成為道德的強有力的實踐者。我認為，道德並不是與自然分離的，人類既是自然的、感性的，也是理性的、道德的。不，正因為是自然的、感性的，才需要理性與道德，它明顯的表現就是，在最自然的男女關係上最需要道德。岩波的「你能夠，因為你應該」的信念，由於岩波的道德的、理性的正義與熱情相吻合，才使他在有如舊書按標價銷售這樣困難的事業上獲得成就。但在熱情領先於理性的戀愛上，這一格言的反方面，即「你不能夠，因為你不應該」就很難行得通了。總而言之，岩波在野尾湖時期所懷的草率的，抑或說粗糙的、唯精神的柏拉圖式戀愛的夢想，脆弱地粉碎了。這本來也是理所當然的。

岩波的父親是個身體虛弱、溫厚方正的人，但祖父傳吉被稱為大傳，是村子裏有名的身材高大、精力充沛的人物，據説村子裏甚至流行一首歌「金子的大傳輕浮、輕浮」。母親歌也是充滿熱情之人。總之，岩波生來就遺傳了血氣方剛的性格。開店之初，有一個稍微容貌出眾的學生來店裏幫忙，岩波經常和這位女子出去散步，這成了家庭糾紛的根源。夫人托我提醒岩波，岩波卻昂然道：一起散步有什麼不好！誠然如此，我也無言以對。但是，岩波很少以有妻有子之身，顧慮兩個人散步帶來的誘惑。而且，岩波不再留戀往昔的理想主義，永遠是一個幼稚的戀愛至上主義者。震前，他為有島武郎與波多野秋子的殉情而感動，以一份不超過五十錢的限額從社會募集資金，發起了建紀念碑的策劃。在此之前的一九二一年七月，石原純迷戀原阿佐緒，放棄妻兒與東北帝國大學教授之職，岩波也為他打算，後來，石原通過岩波書店的工作賺得生活費用。放棄一切，追隨自己的熱情，這樣的行動總能博得岩波的同情與感動。他在為他人的這種行動感動的同時，對於自己的這種衝動也有草率之處，這是不可否認的，但毋寧説，這是誰都有的「意料之外」的本性、本能所致吧。然而，對於與自己有這種關係的女性，岩波並沒有把她們作為單純的性交、遊戲的手段而全然不顧後果，而是要做該做之事，情意深厚。總之，以享樂的心情，快活地享受花園的逍遙，把自己親手裝飾的花朵秘密地安置某處，這種遊戲的、消遣的態度在他的身上是不存在的。可以説，他極力迴避古董興趣以及酒色之樂，可能也是擔心自己的熱情不會止步於不冷不熱的興趣層面，而是會不顧一切地達到自己想達到的目的吧。「不能以人格為手段」的人格主義是岩波的信條，但與此相矛盾的行動是岩波及很多人格主義者所共有的，儘管如此，這種願望還是隱藏在矛盾的背後。有人勸説岩波，以職業婦女為妾可以省去很多麻煩，岩波不接受這樣的勸告，可能也因為這一點吧。但是，岩波不能無視人格主義，又不能完全控制自己的熱情與情欲，這給岩波的戀愛，抑或是愛欲生活，進而是他的家庭生活染上了一種苦澀，這是無法否認的。而在這一點上，夫人雖沒有過錯，但她的刻板可能也加重了這種苦澀吧。

岩波與家庭的疏遠起源於一九一六年的分居，或者在更早時就已萌芽。一九一八、一九年，他與夫人的疏遠日漸加深。可能是在大正末期，岩波幾度下決心離婚，都由於夫人不同意而沒有成功。晚年，二人關係看似有些緩和，這裏不再一一追蹤經過，也不再記錄每個人及其行動。但是，與其在這裏做種種忖度，不如引用岩波夫婦關係最為疏遠的大正末期，岩波寫給和辻哲郎的信，以岩波自己的筆，告訴大家岩波關於夫婦關係的心事。

拜覆　您多方關心小生的一點私事，對您的好意表示感謝。我覺得自己的一點私事不值得與人講，而且，即使講了也無濟於事，也無法表達真實的心情，因此，就沒主動和任何人講過。感謝您好意詢問此事，我也願意回答任何問題。兄長或許不想觸到我的痛處，而我卻恨沒有被觸到痛處。

我的決心是什麼，雖然不確切（可能是指傳聞的離婚的決心），但我不想把形式上的事、手續上的事作為重點考慮。

對於這個問題，最後的、確切的事實是我欠缺作為丈夫的資格。而且，今後無論怎麼考慮，按我現在能考慮到的，我都沒養成這一資格的可能性。因此，我的希望就是，讓對方完全理解我的這種心情，讓對方允許我從丈夫的地位辭退。

其次，我自己也相信我不具備為人父的資格，但是唯獨沒有喪失多少為孩子做些謀劃的意願，想至少能讓我撫養三女一人（美登利，病弱，尤其為岩波所愛）。相信自己沒有為人父的資格卻要照顧孩子，這是極其矛盾的，但我想，如果願望至深，或許從什麼地方可以得到這一資格。如果不同意的話，那也沒有辦法。另外，如果我繼續做書店的工作，無論多麼小，也需要一處除書店以外的、自由的、不為他人侵犯的住所。被趕出小石川，又被趕出鎌倉的家，全然無法安頓的話，這對工作不利。即便被趕出來，至少也希望在預先警告之後。

對於小石川的房子、鎌倉的房子，雖多少有些考慮，但如果想要的話就會給她，因此，希望她明確表明意願。讓對方不幸並不是我的本意，即使從義務責任上說，最初也是我要求建立現在這種關係的，而且，迄今為止也受到各種恩義，這些我都不想忘記。無論什麼事，我都願力所能及地提供幫助。但是我想，如前所述，我沒有作丈夫的資格，佯裝丈夫雙方都不會幸福。如果能夠理解這一點，我願意提供任何便利，但好像沒有這種希望。

以上就是我的希望，如果允許了，為達此目的我該怎麼做才好？

如今，為了相互的幸福，我避免直接交涉，雖說如此，我也不想請別人代勞，只是順其自然吧。

如有意見，願意洗耳恭聽。

八月十五日　　岩波茂雄

和辻哲郎

我不是沒想過斷絕與世間的來往，過一種為自己的興趣而生的生活，但也想盡可能地奮鬥。想到今後的生活，如果像現在這樣，是無法工作的，多半沒有效率。如果要工作，就要盡量有個了結，從而毫無顧慮地工作。

不是磨磨蹭蹭的年齡了，如果找不到有意義的工作，眼下的工作（出版）也要學習一下。雖是一點私事，但自己內心深處的問題，只對自己來說卻是重大的，並經常支配自己的行動，因此，我希望對方哪怕僅對根本問題，也能盡快有所瞭解。

田邊君說要親自為小生向對方轉達小生的意志，並在以前就建議我委托兄長交涉，但我都覺得過意不去，便不了了之了。

岩波在這封信中所說的自己沒有作丈夫的資格，也不想努力得到這一資格，希望夫人理解這一點並同意分開，這種心境與願望應該不是謊言吧。而實際上也聽說，岩波曾幾乎要抓着夫人的手懇求。但是，這種值得欽佩的心情，一旦接觸到對方，便立刻成為激烈的爭吵，成為怒罵，挫敗了銳氣，對方也怒上心頭，抗議、諷刺，結果，疏遠變得更深、更劇烈。岩波希望分居，免受妨礙，這種心情也大致可以理解。從信中可以看出，即使岩波像模像樣地，或看似像模像樣地反省沒有作丈夫的資格，但他的愛已冷卻了。由於自己沒有作丈夫的資格，使妻子陷入孤獨的悲傷，岩波連體察這一點的從容也沒有。那時，可能正是岩波對妻子的愛情最冷卻、又無法分開、多少有些自暴自棄之時。另一方面，夫人作為一名女性，不管怎麼說都是消極的，因此，她那無法承受孤獨寂寞的心情使她陷入請求岩波同居、到處追趕岩波的境地，這也是迫不得已之事。但是，他們在這期間已經有了六個孩子，由於二者性生活的不和諧，肉體和精神上的各種理由，岩波的衝動、熱情的性格，夫人理性的、冷靜的、有些刁難人的性格所帶來的不似當初的輕蔑與憎惡，加上兩者之間，特別是夫人一方由於介入兩者之間的女人而產生的不滿、嫉妒等，使事情不能由道德簡單地解決。開店前的一九零九年秋，住在西大久保時，夫人曾離家一夜，這在前面已經講過了。或許從那時起，由雙方的性格及性生活的不和諧造成的裂縫就已經開始形成了，但直接原因還是由於書店經營的繁忙與繁榮激增，再加上孩子健康問題造成夫婦的分居。岩波不想與夫人接觸，或住在書店的角落裏，或租屋居住，過着寂寞的、居無定所的生活。為此，在肉體和精神上忍不住渴望女人，也不是不值得同情的。如前所述，一九一九、二零年，夫婦生活的破裂日漸明顯，比起岩波書店的繁榮與丈夫的榮達，夫人更痛切地懷念往昔夫婦共同工作的、儉樸的生活，這也不是沒有道理。她屢屢與岩波的摯友們商量，一九二四年秋，也就是岩波夫婦不和變成慢性病、甚至提出離婚之時，岩波摯友之一的上野直昭決定去歐洲，為了盡量避免二人離婚，他要求夫人為了孩子也要堅決拒絕。時年十月，他還約岩波去仙台，在夜行列車上徹夜交談，但並沒有讓岩波打消離婚的念頭。後來，在一九三零年，上野第二次去歐洲之前，他也勸夫人絕對不能離婚。我開始時就對岩波提出過忠告，但深感夫婦吵架外人不宜干預，也就打消了這個念頭。岩波的摯友們都不想一味地指責其中一方，盡量避免直接介入他們夫妻關係，但完全贊同岩波者，特別是在瞭解岩波家庭的人當中幾乎沒有。關於這個問題，岩波認為這是自己的問題，不應該對別人講；除此之外，他也感到摯友們的否定態度，無法向別人傾吐，只有一個人體驗這種內心煩惱的痛苦。田邊、和辻等離開東京去了京都，與岩波的家庭不太親密的朋友們，在觀念上對於岩波的心事抱有比較大的同情，這也是自然的。夫人對岩波的愛並沒有消失，「喜歡岩波」的心意與離開岩波的寂寞共存。岩波在寄給和辻的信中寫過，不希望沒有預告便把自己趕出家門，但正如岩波在前面說的那樣，他像躲貓貓一樣逃避妻子，如果以冷淡的態度看，這好像很滑稽，但逃避者與被逃避者都感到苦澀的寂寞吧。雖然有孩子、家庭及其他原因，但二人之間存在的、無法割斷的東西，可能是使他們的夫婦關係至少在形式上沒有以悲劇收場的理由吧。就這樣，岩波雖然繼續做出「缺乏作丈夫資格」的行動，但結果二人還維持着表面的夫婦生活，沒使家庭破裂。在如此困難的關係之中，也沒給子女的教育帶來極大的傷害，使他們正直、樸實地成長，如前所述，將他們送入社會，從整體上看，這正如岩波所願。在減少大家，特別是孩子們的不幸的意義上，比起任由夫妻感情使家庭破裂，這還是比較好的結果。這源於岩波對夫人及子女的道德責任感，儘管有許多不服與不滿，但他尊信夫人的人格，儘管讓孩子們傷心，但他讓孩子們相信自己對他們的愛。但主要還應歸功於夫人，她忍受着痛苦，在家庭中好好地保護着孩子，沒有像世間一般的母親那樣，通過向孩子們傾訴自己的痛苦，使孩子們站在自己一邊，與父親為敵。據女兒們說，從未聽母親說過父親的壞話，這是很難的事情。在對外的儀式上，岩波也攜夫人出席等等，雖不是讚揚他，但不料這成為防止家庭破裂的制約。晚年，夫妻關係有所緩和，在一起的時間也多了，例如，前述在招待岩波崇拜的頭山夫婦一家時，岩波也是攜夫人和女兒們款待的。一九四五年秋，岩波在長野病倒時，夫人可能擔心刺激岩波的神經；而且，前次落馬受傷時，夫人在醫院遇到了岩波的戀人，可能擔心這些不愉快的事會產生其他影響，因此沒去探望，但據說岩波心裏很在意，盼望夫人能來看望自己。夫人在一九二六年春患乳癌時，岩波迅速請求真鍋嘉一郎出診，並聽從真鍋的勸告，請鹽田博士實施手術，自己也在場，住院二十天後又轉到別處，在緊要關頭總算平安無事。一九四六年一月（二十日左右），在自己的健康日漸衰弱之時，得知夫人懷疑得了丹毒，也請武見太郎與專業醫生共同診斷，以防有大變故。不僅對夫人，他經常為注意家人生病而忘我地奔忙。正如女兒美登利說的那樣，岩波在非常之時極其可靠、有力、溫暖，是很好的商量對象。

關於夫妻關係的破裂，可以說最初的責任在岩波身上吧。岩波剛烈、耿直，在肉體上也不是性欲弱的人；而夫人過於理性、冷靜、一本正經、生硬，還有諷刺、批判的性格。二人不能互相自然、輕鬆地無視，也不能化解鬱悶，一旦發生不和，就會落到無法收拾的境地。而且，雙方都無法適當地掩飾或適當地虛偽，這使一方禁不住情欲，使另一方燃燒着憎惡、嫉妒之火。但由於無法逃脱道德責任，又使他們夫妻關係幾經危機卻沒有崩潰，扭曲卻向着緩和的方向發展。從另一方面來說，一方性格剛烈，另一方性格堅強，這可能又加深了他們之間的裂痕。總之，由於岩波的熱烈、出其不備的戀愛而結合在一起的兩個人，由於性格和體力的差異，不得不走過了相當悲劇的歷程。這是很多人都會犯的錯誤，或許只能説二人都過於刻板、過於執拗，但事到如今，也不知該責備哪一方。如果夫人能夠稍微愚笨些、感性些、天真些、自然些，能再輕鬆地寬容岩波一點兒，或在某些時候能夠露骨地表現自己的感情，向岩波發洩，結果可能反而好些。例如，岩波回到家裏，不滿意夫人板着臉，便脱掉西服，把上衣啦、褲子啦、襯衫啦摔得到處都是，以發洩自己的憤懣。夫人忍住怒氣，若無其事地把西服等收拾起來，可能反而侮辱了岩波，觸怒了岩波，使他再也不想回來了。

岩波與孩子沒有特別的隔閡，但他尤其喜愛病弱的美登利，這在前面寫給和辻哲郎的信中明顯表露出來了。這也是因為美登利性格直率、聰明、體貼的緣故。我誇獎小百合時，岩波竟抗議道：「誇獎小百合小姐可以，但不能不誇獎美登利小姐。」對熟人稱呼自己女兒的名字時帶「小姐」，這給我們留下了較深的印象。

在男孩子當中，長子有些懦弱，但很溫柔；雄二郎幼時頑皮，對父親有強烈的抵觸情緒，但岩波晚年，特別是死後，他也漸漸明白父親的好處。岩波在正月休假、寒暑假等閒暇之時，即使是在家庭的波瀾沒有平靜時，也經常舉家去溫泉療養或避暑，還和孩子一起旅行，可以說，他是十分願意為家庭效勞的父親、丈夫。

岩波有兩個妹妹。如前所述，小妹妹世志野（一八九零年生）死得早。大妹妹美都江（一八八四年生）嫁給了岩波的表弟井上勝衛，井上先於妻子離世（一九三四年一月），她也於一九三五年岩波去歐洲旅行時，追隨夫君而去，這在前面也已講過。對於她的遺孤美枝子，岩波殷切照顧。對人有愛心是出自他的天性，即使對他的血親也不例外。

加深夫妻關係不和的分居，也是因為太擔心孩子的病了。就這樣，岩波的子女們在家庭的寂寞中也享受到了快樂。而且，隨着時間的流逝，他們也理解了父母的長處、短處、性格的差異及抵觸，對任何一方，在批判的同時也懷有同情。子女們從父親那裏繼承了社會正義感，即便是女孩子，對於社會的不公正和邪惡也感到難以忍受的憤慨。他們秉承了父親與母親的性格，雖然也有冷靜與熱烈的差別，但父親的正義感與母親的堅強都不同程度地為子女們繼承了。岩波在某一時期也曾與孩子們疏遠，但他經常留意讓孩子們看、聽優秀的東西。自己過生日時，他總是逃走，不讓他們慶祝，但在孩子們過生日時，他又教導道：「在過生日時想過自己的使命嗎？」對於信件等，他也注意糾正他們的錯字。百合在自由學園上學的時代，岩波自己寫文章時，經常在房間裏一邊走一邊口授，讓百合寫。就這樣，即使在岩波書店富有繁榮之後，家庭子女的生活也總是很簡樸。

三女美登利尤為岩波所喜愛，這在前面已經講過，果然，她對父母的性格也有清楚的認識。下面的這篇文章，比任何人都更有力地闡述了父母的性格，以及這對不和的父母所營造的家庭的妙處，因此，我不厭其煩地在這裏引用。這是美登利寫給我的信中的一節。

大家都知道父親喜愛我，我想這是有原因的。父親常常為人效勞，但也常常要求別人為自己效勞。性急的父親對於身邊之事不斷地要求別人，如果不馬上滿足就焦躁起來。我比較懂得父親的心情，因此能夠不停地、迅速地執行。母親經常說「真麻煩」，這對於勞累的母親來說可能並不過份，但我討厭這句話。如果舉手之勞就能讓人滿足，對於年輕的我來說，能讓父親滿意實在不算什麼。

「忍受寂寞之極限，感生命於天地之近」父親喜歡這首歌，經常隨口哼唱。我理解父親的寂寞，覺得父親很可憐，就想對他溫柔些。實際上一點兒也不溫柔，但父親很寂寞，所以我經常陪他。我心情不好時，他會邀我出去走走，開始時是拒絕的，但感受到父親想方設法要帶我出去，便無法拒絕，終於點頭，過後經常會後悔，想那時阻止父親就好了。在父親晚年時，我經常陪他去我不想去的地方，一方面是我總感覺他可憐，另一方面我想，如果我在他身邊，會稍稍起到抑制的作用。

呆在父親身邊的時間一長，我就經常把父親當作一個男子旁觀。我得到的結論是，作為戀人，他是可靠之人，但他的熱情、他的性情作為丈夫就不理想了。雖說父母性格有差異，但看到父親如此對待自己曾經喜愛並結婚的妻子，就不禁對自己覺得可靠、喜歡、迷戀的男性有所警戒。

作為丈夫，我覺得不改變的人、在一起時能感到放鬆的人最好。與父親在一起，我會緊張個不停。並不是討厭和父親在一起，但要不斷地關心他、為他盡心盡力，感到很累。要是經常見面的人還好，如果一生都要在一起生活，還是不要這種人為妙。

叔叔好像覺得如果母親再溫柔些，我們就能有一個更好的家庭。但我卻認為，父親是個不適合家庭的人，他適合工作、戀愛、充滿熱情地行動。如果不是有像父親那樣特別的丈夫，母親可能會成為一個賢惠夫人，營造一個很好的家庭。但因為我是女人，所以不清楚在男性的眼中，母親是否非常有欠缺之處。但我覺得，沒有一個溫柔的、無可挑剔的妻子，反而能為父親的行動辯護。

在孩子看來，父親在非常時期是極其可靠、有力、溫暖的人，是很好的商量對象。但如果每天都在一起度過，就不覺得他是位好父親。

但是，從某方面來看，對於像我這樣體質不太好的人，父親和母親都為我擔心、愛我，姐姐和弟弟們也很掛念我，我想在這一點上，大家是一條心的。姐妹中從沒有嫉妒和不快的爭吵，我想可能也有這方面的原因。從未記得姐弟們刁難過我，這要感謝我的母親。為了不讓生病的女兒感到寂寞，母親一直以我為中心。本應容易被遺忘的我，由於有病的緣故，像女王一樣威風。弟弟們一從學校回來，就拿着零食來到我的身邊，這是母親的安排。我聽大家講外面的事，並進行評論，一點兒也不寂寞。母親幹活勤快，我把從弟妹們那裏聽來的話告訴母親。比起母親，弟弟們也更容易和與他們年紀相近的姐姐說話。母親是個說話不溫柔的人，卻為我做了那麼多。母親真是個吃虧的人，即使能感覺到她溫柔的心意，她卻不能自然地表現出來，一旦表現出來，卻變得不溫柔了。

美登利可能會為登載這封信而煩惱吧，但岩波和他的妻子如果能活着讀到這封信，一定會為女兒中有這樣的知己而高興吧。

對岩波夫婦的糾葛寫得如此冗長，但在岩波死去、吉也死去的今天，並沒有責怪誰的想法，只感到人生的悲哀與無常。夫人吉在岩波死後，又過了十年兒孫繞膝的平靜生活。從去世前兩三年起，吉的健康開始衰退，特別是在一年半前中風，生來的尖銳、剛強已不見蹤影，成了笑嘻嘻的好好婆婆，於一九五六年二月十五日離世。如今，一切都結束了。我甚至在心中描繪着這樣的光景：二人在某處相遇，握着手說：「喂，我們彼此過於較勁了吧。」

第十四章／人格與臨終

一 岩波的人格

關於岩波的人格、岩波的性格，已經結合前面各種各樣的具體事件和問題作了冗長的闡述，但這裏再允許我稍稍畫蛇添足。岩波在一高時就喜歡讀島崎藤村的《寂寥之歌》，經常展示他那一流的朗讀。他喜歡說「寂寥」、「孤獨」，但這在另一方面也暴露了他易親近的性格，也可以說是不堪忍受孤獨的性格。同時，他對人的關心太深切、熱烈，也可以說過於人性化，所以，當自己的要求不被滿足時，他就會表現出不滿。他說愛孤獨，但無法長時間地沉潛於孤獨。他去探望別人，或邀請別人，或寫信，特別是晚年有病，他也焦躁地、手忙腳亂地到處找人。但是，他一直喜歡吟誦陳子昂的詩句「前不見古人，後不見來者，念天地之悠悠，獨愴然而涕下」，以及伊藤佐千夫的和歌《寂寞》，這還是他真情的表現。

岩波乍一看容貌魁偉，頭部像火山岩堆一樣，很有豪傑之氣，但他也有渴望別人的愛、軟弱、懦弱的一面。他因觸犯出版法第二十六條與津田左右吉一同被起訴時，他的膽怯已在前面講過了。之後，右翼活動猖獗，不斷飛來各種各樣的恐嚇信，那時，對於與這些不請自來的客人見面，他既害怕又警戒。在這一點上，他沒有對任何事情都無所畏懼的膽量，與其說是豪傑，不如說他是一個膽小的平凡人。面對如狂犬之徒，懷有使命感的岩波也愛惜自己的生命。但是，他雖有膽小和神經質的一面，對此卻既不隱瞞也不炫耀，有着必須將它們顯露出來的天真。當他站在真理與正義之上下定決心時，有着不顧利害得失、勇往直前的勇氣，這是別人無法企及的。他沒有因藐視人而大膽，懦弱卻有着奮起的力量，在這一點上，他有着基督教所闡釋的「破碎的心」。喜怒不形於色、表裏不一這些所謂的運籌謀略，在他的素質裏是沒有的。坦率地把自己顯露出來，或戰戰兢兢地不夠從容，或果斷地不改變信念，或勇往直前，這都是他真實的形象。

在人性當中，既有對立也有聯繫、協調。這是肉體上的也是精神上的，愈是性格剛烈、堅強的人，這種對立就更容易成為矛盾，使人焦躁、痛苦。岩波是個卓越的人，同時缺點也多，這種矛盾着實激烈。尤其劇烈的是道德意志與自然的、衝動的情欲，或者說是與熱情的矛盾，這在前面已經詳細說明過了。

一九三五年初，雜誌《真理》曾問岩波的座右銘，他的回答如下：

做一個比懼怕任何事情都更懼怕真理的人。
永不失去思慕真理之心。
克服我執，仰望真理之光，終生努力。
在悠悠的宇宙間享受人生，願脫離煩惱俱足的境地，哪怕瞬間。
參天地之大道。

朝聞道，夕死可矣。

朋友啊，莫輕易慨世、厭世，為人亦是歡樂之事。

最後的那句與他經常說的「大地愈加美麗，為人亦是歡喜」意思相通。「朝聞道，夕死可矣」是他特別喜愛的格言，他對這句格言的感動非常強烈，這恰如岩波其人。不管別人怎麼說，但岩波追隨真理、正義之心非常強烈，這句格言正符合岩波的感情。戰爭結束前，岩波在起草攻擊英美暴行的文章時，也引用了這句格言，極力推崇東方人的崇高境地。在他的心境中，只有這種境地才是東方理想主義的極致。這種感動形成了他性格的核心，當站在這一信念上時，他超越了往日的動搖、躊躇、怯懦，表現出了「雖千萬人吾往矣」的氣概。看到他喜歡講真理、談正義，也有人認為他喜歡玩弄中學生式空洞之言，但對他來說，真理與正義是促進他勇氣與行動的原動力，如果想到這一點，就不能一概地將其貶低為抽象的、空洞的概念。但是，當面對每一個具體的事件時，他常常不能「克服我執」、驗證真理、跟從正義的指引，作為人來說，這也是很自然的事。

岩波是積極而非消極的，而且，從整體上看，他不厭世，是樂天之人。要厭世的話，他也過於愛人，過於拘泥於人了。像口頭禪一樣，他常說：「我討厭死，一想到人必須死就厭惡。」他直到臨死都有這種想法。他本質上是樂天派，不是消極而是積極的，這是因為他使「應為」的事情「能為」。但是，正如凱比爾所說，歷史上的任何大事，沒有熱情都不能完成。正是因為岩波的熱情、他渴望生存的意志和本能，與道義和真理吻合，他才能成就很多好的事業。但如前所述，要否定他的熱情和情欲，讓他服從理性的命令，則他的熱情、感性、本能、情欲過於強大，而理性又略微粗放，有時很難控制他的熱情、感性、本能、情欲的泛濫。但另一方面，岩波膽怯得令人着急，應該說的話說不出口，這表現在他對堤夫婦的態度上，也可以從他的戀愛關係上看出來，那總是因為被好強、積極的異性所打動而建立起來的。岩波沒有不為物所動、大膽無畏的精神，但一旦決定，就變得堅定、執拗、耐心，這在前面已經講過。

在一九三六年五月的雜誌《真理》上，當問及「安身之處」時，他回答，「我稟性愚鈍，尚未慮及安身立命的境地，為至今仍是人生的迷途羔羊感到羞愧，唯願靠自然之美與人間之愛得以慰藉。」這也是他自年輕時就常吐露的、不變的感慨，可以說是他毫不虛偽的告白。

下面再稍加補充。對於岩波來說，「我小時候幹過農活，這不只是在子女面前的炫耀，面對他人也覺得踏實」，而且「我認為勞動是高貴的，也感到勞動者的身姿是神聖的，我擁有與常人一樣的奮鬥的力量，我想也有賴於小時候幫忙幹農活吧。」他作為社會人，對熟人友人盡心盡力地奉獻，與他的精神一樣，如果沒有這樣的體力也是無法想像的。同時，這種奉獻尤其到了晚年，成為他對部下的強制命令，經常使周圍的人厭煩。上了年紀後，他更加炫耀自己的勞動能力，例如，他在北輕井澤的別墅砍樹、割草，隨心所欲地活動。這也可以，但他砍樹不是從根部而是從上面砍，而且砍完就走，也不收拾，給周圍的人添了很多麻煩。

據說，一個店員送給他「獨善院他力本願居士」的尊號，他的熱心方式、對前輩友人的盡心盡力，從結果上看，未必沒有成為店員或周圍人的「他力本願」（淨土宗的教義，指依賴阿彌陀佛的願力拯救眾生，轉義為依靠外援。——譯註）。他好像很體貼，不，他的確很體貼，但同時又是旁若無人的暴君。一方面，他捨己為人，又撫慰人的心情，有時還很怯弱，做無謂的擔憂；同時，他又令人吃驚地完全不顧他人，任性、任意而為，這不僅限於他遵循道德信念的場合。在物資匱乏時，他有時也一個人狼吞虎嚥地貪吃；在物資匱乏、禁止黑市交易時，他也不惜金錢、毫不在乎地囤積——雖說如此，但他並不是為了獲利，而是為了生活必需以及招待他人——或許還有一個理由，就是沒道理為軍部隨意發動的戰爭而縮短自己的生命吧。

說起他的執拗，他身體本身的有些部位也像硬疙瘩一樣。信州小學老師、東京留學生之一的渡邊三次，一天晚上曾在熱海為岩波做按摩治療，他詳盡地描寫了岩波的肉體，這很罕見也很有趣，所以就在這裏引用其中一節：「岩石般的肩部肌肉、松樹根一樣的頸部和各部位的肌肉、腰部像山上突起的岩石、讓人想起梅樹樹幹的上臂、像把兩個甜薯縱向擺放的下肢肌肉……被熱水溫暖過的先生的肌肉，有的地方完全像岩石或是樹幹，着實大吃一驚。……這肩、這腰、這手臂，當我想起它們在我手指上產生的偉大感覺時，感到在某個地方見過一次與此完全相同的肌肉。我一邊想着，一邊在黑暗中此肌肉、彼肌肉地不斷按壓。當按完全身來到頸部時，想起來啦！奈良——天童鬼！運慶創作的、據說表現出鎌倉文化的感染力與強大的兩個佛像！我在大家都已熟睡的寂靜中，帶着像是失而復得的心情，與其說是揉搓，不如說是不知疲倦地開始調查。」我想，渡邊所說的天童鬼可能是興福寺中據傳由運慶的三子康弁所造的天燈鬼及龍燈鬼吧。但他的直覺確實準確，岩波那頭部大、肩膀窄的強健肉體，足以讓人聯想起那個雕刻。不僅是肉體，如前所述，他對於運動也很執拗，缺少自然與柔軟。這還表現在他的所有活動上、事業上，以及他留下來的唯一建築——惜櫟莊上。但是，對於他下定決心開始專注的工作，他總會竭盡全力，希望拿出一流作品，在出版方面如此，還有他對三十年紀念宴會的精心，也是一個明顯的例子。他的粗硬很多已經被這種執拗錘煉了，但還是殘留着一些僵硬，這也是不能否定的。

下面轉述岩波是怎麼說自己這張臉的。

據說托爾斯泰看了自己的臉後感到很悲觀。很多人希望將我的臉作為雕刻的模特（例如高村光太郎、高田博厚等），但我的臉好像也是無法樂觀的臉。我自己覺得不致如此，但人們感到我的臉十分可怕。一高時代，我被稱為「猙獰」。……自己也覺得這個綽號不好，但好像很貼切。至今，還被家裏的孩子們取笑為鬥牛犬等，看到這些，好像不能否定我的臉可怕的說法。但是，與臉很不相稱的，是我有一顆特別溫柔的心。臉是別人說的，而心是我自己這麼想的，所以應該沒錯。年輕時，由於自己的面相還被人抱怨過，但現在，我能夠感謝造物主，沒有把可怕的臉和溫柔的心顛倒過來。身兼所有的優點是不被允許的，這一點我已死心，但一想到這可能是因為年齡的關係，又感到可悲了。（雜誌《話》所載）

在岩波的肉體中，他自己也得意、別人也誇獎的就是耳朵。那的確是碩大的福耳，耳垂豐滿、平整，足夠裝米粒的。一看他的耳朵，就感覺他的確是福壽之人。

岩波不吝嗇金錢，高興將金錢奉獻給自己敬愛的人，同時，對借了錢卻不放在心上的人則毫不客氣。他經常請人吃飯，卻畏懼、警戒放蕩的生活，控制對古董的癡迷，這些在前面已經講過了。但是，可能是生於農家的緣故吧，他對土地有着很深的熱愛，這可能是尤其在激烈的都市生活中，要為自己的事業與生活尋求穩固的基地吧。一九一三年開設舊書店的房子是租的，但一九一七年就把它買下來了；土地是租賃的，但後來也收購了。隨着事業的擴大，他開始收購他周圍的土地、房屋，又發展到商科大學的舊建築。以今川小路和三崎町為代表，為了作倉庫或店員宿舍等用途也購買了很多房屋，以至於還買下了小石川小日向水道町自己住宅的周邊及附近。另外，在房州、信州、上州、伊豆、東京郊外等地也購買了很多土地。可能隨着財產的增多，勸購的人也很多吧；而喜歡土地、要擁有它才覺得踏實，這種想法可能也促使他購買土地。即便土地的價格稍高他也不在乎，經常勇敢、果斷地購買，但對地界卻很嚴格，這或許也體現他萬事不能敷衍的性格吧。

最後，我還想不厭其煩地重複岩波與時代的關係。從那些站在共產主義歷史觀上、對任何事情都一律加以約束的人看來，岩波既不是社會主義者也不是共產主義者，他們或許會直截了當地說岩波是從前的人。可是，在我等看來，他堅信「邪不壓正」，這一點我們也毫不吝嗇地贊同他。如前所述，他自己也說，他既不是社會主義者，也不是共產主義者，而是自由主義者，是真理與正義的信徒。他出版了很多共產主義書籍，可能是因為現代資本家極端追求自我利益、破壞民眾的利益和幸福，不符合他的正義感。無論對於資本主義還是共產主義，他沒有明確的理論認識，但對於共產主義尊重勞動者的觀點，以及令受虐民眾獲得幸福和利益的主張——即便這事實上造成了寡頭政治的極大壓制——岩波有極大的同感。即便為了批判或攻擊共產主義，首先也必須認識共產主義，這是岩波的信念。在他的出版中，這樣做是否與介紹其他各種主張、思潮之間獲得了均衡，對此雖然有充分的爭論餘地，但很明顯，這樣做無損於他的正義感。大體上可以承認，他說的「讀書就不能出書」並不是謊言，他不是學者，所以能夠包容日本與世界、古典與現代的各種各樣的著述；同時，他對時勢的激動與直覺，使他不僅在總體上肯定左右並立，還使他避免犯大錯誤。他的「邪不壓正」的信念被不斷動蕩的時勢所捉弄，到底能維持多久，現在還不能馬上斷言，這取決於「正」在多大程度上被根本地把持，以及在不斷變化的時代和社會條件下，在多大程度上能變化地存在、發揮作用，但我絕不認為他的這個信念是錯誤的。

二 病情及臨終

岩波炫耀自己的健康，無視周圍人的為難，強行貪吃、大吃、特吃。高等學校時期，他曾透露過由於微熱，肺部有些毛病。後來我問起他的這一毛病時，他否定說沒有這回事。但我相信，這是他在逞強，至少醫生說過一次。可看到他那麼蠻幹也沒有什麼毛病，估計那是醫生的誤診吧。關於腦溢血，他的母親就是因此倒下的，他也覺得自己屬多血性容易頭暈的體質，從少壯時期就多少有些戒備。一九二幾（？）年六月二十四日，在給和辻的信中他也寫道：「身體狀態不好，便先發制人，去信州的山上遊玩三日左右。我去的是萬座溫泉，位於六千五百尺的山上，據説是日本最高的溫泉。當然沒有電燈等物，現在還有積雪。其景色是小生所見最好的。一晚一日元七十錢，我住了三日，但身心得到了休養。」這或許是震後緊張之餘的短暫疲勞。一九三九年（五十八歲），如前所述，他停止了三B主義，改行三S主義，這是明顯地擔心健康的表現。從日中戰爭爆發那一年開始，他已漸漸留心健康，具體情況在我前面講述出版事業時，已在各個時期中介紹過了。但他擔心高血壓則是在一九三五年末從歐洲旅行回來之後。戰爭末期的一九四四年五月下旬，他或弄錯方向，或舌頭不聽使喚，這在前面也已講過了，這也是岩波為別人拚命所致。在此之前的五月十六日，離開第一銀行、就任黑田挾範會社專務董事的曾志崎誠二舉行就任慶祝會——由於熟人的關係，岩波也擔任這家公司的董事——岩波為參加慶祝會，便在日向住了一段時間。回來時，在從橫濱到熱海的車中，他勉強忍住嘔吐。下車時，腳無法着地，只好抓住照料他的小尾喜作夫人米（Yone）等人的肩膀。前來熱海出診的醫生診斷為血壓一七零、輕微腦貧血。十八日回到小石川後，根據武見太郎的診斷，過於焦慮也容易引起腦溢血，因此需要注意。

是年六月，長子雄一郎發病。第二年一月，岩波肩膀僵硬酸痛，血壓一八零。九月，雄一郎離世，岩波在此前後又出席貴族院會議，又參加藤森省吾的葬禮等，依舊屢屢硬撐，以至於致命的腦溢血在藤森的葬禮上首次發作，以下根據同在現場的西尾實的文章講述當時的情景。

岩波為藤森寫悼詞，一直寫到長子葬禮的翌日凌晨三時，第二天，即九日，他離開鎌倉，乘八時從上野出發的列車，在長野住了一宿，第二天早晨趕到會場。岩波登上講台，從晨禮服內側兜裏取出悼詞，打開封皮紙，封皮紙掉在地上，岩波便彎腰拾起。終於拿起悼詞要讀時，左手抬不起來，就用右手舉起、開始讀，但不懂文章的意思。他又把右手的悼詞放在左手上，用右手從兜裏掏出眼鏡戴上，這才調整好語調，意思也明白了，只是擔心不知什麼時候會倒下。這時，一名主祭登上講台，站在岩波的左側靜靜地陪着他，讀完後接過悼詞，供在靈前。就這樣，岩波沒有猝倒，回到座位上，但他說：「總覺得剛才有些奇怪。」據說在出席葬禮的人中，幾乎沒人奇怪當時的異常。後來，岩波被帶到長野的岩波分部，即原本在岩波書店工作的寺島寺治在妻科町的家中，從東京叫來秘書木俁（現在的堀江）鈴子，請求武見太郎來出診。靜養之後，十月十七日，在武見的陪伴下回京。在病床上，岩波讀了很多和歌，病情稍見好轉，他就請來客人，痛論時勢。十一月二十四日，回京後首次語言不清，血壓一八零，心律不齊。儘管如此，他還是出席了自己崇敬的三宅雪嶺的葬禮，也出席議會。新年過後的二月十六日，回京後首次出現指尖麻木，但他被選為日本放送協會革新委員，為會長的人選奔忙。二月，他自己獲得了文化勳章，還擔心小宮豐隆的音樂學校校長的人事安排，又推薦熟人參加選舉。說是在熱海靜養，實際上待在鎌倉或來到東京的時間比較多。在本應成為靜養之地的熱海，他也頻頻找人過來，為此身心疲勞。在長野時出現的身體問題不但沒有好轉，反而促使其復發。作為重病患者，他完全不合格。就這樣，岩波一邊在縮短自己的生命，一邊不願捨棄要多活一些時日的願望。在去世前兩個月的二月二十四日，他突然拜訪住在山北的、一高時代的舊友關世男。在閒談時，關說桑茶對腦溢血有好處，岩波還說：「那我一定要喝，我還想長壽呢。」關買來桑樹根、桑葉，加上家中的桑木碗送給他，據說岩波直到發病之前也經常使用。順便說一下，在發病的四月二十日寄給關的明信片成為他的絕筆，明信片在他去世當天到達，上面還寫着二十日進京，那一天卻成為了在東京舉行的岩波葬禮。

特別是在再次發病前，岩波平素崇拜的尾崎行雄與他的侍者長期滯留在惜櫟莊，住在和室裏。二月初，岩波的同鄉舊友矢崎揔治從列車上跌落下來，摔成重傷。當岩波聽說醫生勸他到溫泉療養時，就非要把他拉來，二人在西式房間起居。矢崎看到岩波或是焦急地進京，或忙於寫信，試着勸了他三次。最後一次，岩波過於老實的接受了勸告，這使他很洩氣。那日，矢崎午飯後散步回來，看到來了三個美國人和一個中年日本婦女。中年婦女是尾崎的女兒相馬夫人，為了款待美國朋友吃日餐，帶他們來到岩波的別墅，飯後正在閒談。這時，其中一人說要把惜櫟莊的建築登在美國的雜誌上，另外一個人也加入進來，岩波聽後非常高興，讓對方把自己也照進照片裏。拍完照片的同時，由於長時間的緊張，岩波兩手捂着頭倒下，不久便右半身不遂，這是一九四六年四月二十日下午三時。就在前一天，他還進京參加了樞密顧問官南弘的葬禮。於是，立刻請幾個外國人離開，晚上八時左右從東京請來了武見醫師。岩波偶爾會用左手粗暴地推開棉被，痛苦掙扎。雖然由於語言障礙，無法說話，但通過動作，可以察覺他稍有意識。之後便保持昏睡狀態，有時興奮掙扎，體溫超過三十九度，脈搏不規律，呼吸痛苦。由於擔心肺炎，為他注射了盤尼西林、鎮靜劑、林格氏液、強心劑等。第二天，即二十一日，武見也留在他身邊，夜裏則由護士看護。到當天下午三點的整整一晝夜為一個階段，但意識還沒有恢復。二十二日早上，武見回京，他不在時，溫度升到三十九點二，脈搏一二零，呼吸痛苦，又增加了一名護士。夜裏，武見同慶應大學醫院的平井文雄博士同來，從九時起，每三小時注射一次盤尼西林，以防止肺炎。第二天，平井離開，武見終日留在那裏。岩波好像有一些意識，但只能通過幾個動作進行自我表達。武見說當天夜裏是關鍵，因此，夫人及子女都時刻不離地堅守。夜裏一、二時左右，武見曾提醒，「如果脈搏的緊張狀態變弱就叫我」，可沒出現這種情況，只是那時身體劇烈亂動。二十四日清晨，溫度降到三十七點九，瞳孔也緊縮，腦溢血逐漸好轉，武見診斷整體狀況良好，大家這才愁眉稍展。早晨，溫度三十八，呼吸也稍微輕鬆些。那日傍晚，高塚醫師注射了兩支林格氏液，夜裏，平井博士也來了，溫度再次升到三十九度。平井與高塚守護病人直到半夜，病人幾乎整夜亢奮、身體亂動。

四月二十五日，平井和武見診察後發現左肺肺炎，但由於無法挪動病體，所以沒有從背後診察。從早晨起，病人大致可以平靜地入睡。早晨，平井有事、武見要準備注射藥劑等，二人回京。下午五時，溫度三十九點五。平井的弟子矢崎來了，他和高塚一同診察。六時，注射盤尼西林。七時半，平井到達，發現脈搏異常，注射強心劑。八時，第二次注射盤尼西林，但已經無法進入靜脈。這時，平井宣佈，心臟衰弱，很難保證能否維持到十二點。十時四十分，岩波終於長眠了。夫人及雄二郎、百合、小百合、美登利最後都侍奉在床前，只有四女末子當時還在滿洲，沒能趕回來。

岩波對自己的病體不加分辨，過份奔忙，又頻頻帶客人回家；而客人也不體察他的重病，若無其事、絡繹不絕地蜂擁而至，對於這樣的岩波、這樣的客人，我感到很氣憤，這是我毫不虛偽的感情，但也無非是無濟於事的抱怨。但直到最後，岩波都受到名醫們極其負責的診治與看護，對此沒留下任何遺憾。

四月二十八日，在鎌倉進行火葬。四月三十日，在東京築地西本願寺舉行葬禮，法名文猷院剛堂宗茂居士，埋葬在北鎌倉東慶寺西田幾多郎的墓地旁邊。這是岩波生前決定西田的墓地時，與我一家的墓地一起決定的，因此，不久我也會被埋葬在岩波的附近吧。五月十八日，在家鄉信州諏訪郡中洲村中金子舉行葬禮，分葬遺骨。

岩波茂雄年譜

明治十四年【一八八一年——出生】

八月二十七日　出生於長野縣諏訪郡中洲村中金子。父義質、母歌。

明治二十年【一八八七年——六歲】

四月　中洲村下金子普通小學入學。

明治二十四年【一八九一年——十歲】

四月　中洲村神宮寺高等小學入學。

明治二十八年【一八九五年——十四歲】

四月　諏訪實科中學入學。

明治二十九年【一八九六年——十五歲】

一月五日　父義質去世。

一月二十三日　繼承家業，成為戶主。

明治三十年【一八九七年——十六歲】

十二月三十日　成為村裏的伊勢講總代表，獨自一人去伊勢參拜。

明治三十一年【一八九八年——十七歲】

一月二日　完成參拜伊勢神宮的使命，順路去京都，弔唁故鄉先輩佐久間象山之墓。然後到更遠的鹿兒島，參拜西鄉南洲墓。

春　難以抑制東京遊學之念，向日本中學校長杉浦重剛呈上志願作學僕的書信。

明治三十二年【一八九九年——十八歲】

三月二十六日　結束諏訪實科中學的學業，考慮到親戚對東京遊學的反對，在母親的暗中同意下，天不亮便出走東京。

四月四日　參加編入日本中學五年級的考試，作為特例被允許暫時入學，並在第一學期期間正式入學。

明治三十三年【一九零零年——十九歲】

三月　日本中學畢業。（同期畢業生有入來重彥、小坂順造、小村欣一、鹽谷不二雄、長谷川久一等。）

七月　參加第一高等學校入學考試，不合格。

夏　於長野縣上田聽內村鑑三演講。

十月　感到神經衰弱，搬到伊豆的伊東居住。

年末　在伊東靜養期間，陪伴內村鑑三走到熱海。後來，加入到內村的周日演講的聽眾中。

明治三十四年【一九零一年——二十歲】

一月一日　為在東京迎接二十世紀的元旦，前一日從伊東回京，在本鄉的寄宿地迎接新年。

七月　再次參加第一高等學校考試，九月入學。〔同級生有阿部次郎、石原謙、上野直昭、荻原藤吉（井泉水）、工藤壯平、白根竹介、鈴木宗奕、鳩山秀夫、林久男等。〕

九月十三日　入住東宿舍十五號房間。〔同室者有入谷鉾之助、工藤壯平、鄉古潔、島村虎豬、玉井潤次、廣部一等。〕

秋　加入一高舢板部，後成為一部的第三艇選手之首。

十月　關注足尾銅山礦毒事件，到礦毒地參觀。

明治三十五年【一九零二年——二十一歲】

九月　升入一高二年級，入住西宿舍六號房間。〔同室者有阿部次郎、荻原藤吉（井泉水）、工藤壯平、渡邊得男等。〕

十月　作為西宿舍中堅會委員，拜訪在報紙上發表談話、損傷一高學生名譽的日本女校校長和女子美術學校校長，讓他們謝罪，這就是所謂的女校校長面責事件。

十月十日　近角常觀曾經傾聽茂雄訴説煩悶並對他有所教益，在近角常觀的勸説下讀托爾斯泰的《懺悔錄》，並大受感動。

年末　從此時起不斷親近聖經。

明治三十六年【一九零三年——二十二歲】

五月二十三日　藤村操留下《巖頭之感》，躍入華嚴瀑布，結束了十六年零十個月的生命。這一時期，茂雄極其煩悶，與渡邊得男來到位於雜司谷的林久男的寓所，一起躲在裏面哭泣，人稱「悲鳴窟」。

七月十三日　獨自一人躲在信州野尾湖上的孤島——弁天島（琵琶島）上。

七月二十三日　母親歌憂慮茂雄放棄學業，來到島上。

八月二十三日　離開野尾湖，馬上找到當時在房州北條宿營的一高游泳部，參加大遠泳（沖之島、鷹之島三里），最終游完全程。

九月　從房州回到東京。當時，一高實施全員寄宿制，為躲避宿舍的喧囂，搬到田端的閒靜的寄宿處居住。由於放棄考試，一高二年級留級，與安倍能成同級。

九月十九日　作為一高游泳部一員游隅田川，參加大聯誼會，由於在日前的遠泳中游完全程而受獎。

秋　懷念藤村操，來到華嚴瀑布，在五郎兵衛茶屋的牆板上塗鴉席勒的「大地愈加美麗，為人亦是歡喜。」這一時期，從一九零三年秋到翌年夏幾乎沒去上課，放棄考試。

明治三十七年【一九零四年——二十三歲】

九月十二日　連續兩年落第，被一高除名。

明治三十八年【一九零五年——二十四歲】

七月　在神田區北神保町十六赤石吉處寄宿。這一時期，每周日出席內村鑑三的聖經講座。小山內薰、志賀直哉、黑木三次等也參加。

九月　東京帝國大學哲學系專科入學。

明治三十九年【一九零六年——二十五歲】

春　與赤石吉訂婚。

明治四十年【一九零七年——二十六歲】

三月二十五日　在叔父井上善次郎府上（神田區佐久間町）與赤石吉舉行婚禮。

十月　初次在本鄉彌生町營建家庭。為不依靠家裏的幫助維持生計，吉在業餘時間做針線活兒，茂雄幫助木山熊次郎編輯《內外教育評論》，每月賺七日元。

明治四十一年【一九零八年——二十七歲】

四月　搬到大久保百人町。

六月　徵兵檢查，丙種合格。

六月二十五日　母親歌去世。

七月　東京帝國大學哲學系專科畢業。

八月十四日　長女百合出生。（大久保百人町）

明治四十二年【一九零九年——二十八歲】

三月　供職神田高等女校。

明治四十四年【一九一一年——三十歲】

七至八月　從烏帽子岳、野口五郎岳、赤牛岳、黑岳翻越立山，進行為時一周的登山旅行。同行者有安倍能成、市河三喜、田部重治、藤村蓋。

八月十一日　次女小百合出生。（大久保百人町）

大正二年【一九一三年——三十二歲】

七月十九日　為開辦書店，從神田高等女校辭職。（當時還任東京女子體操音樂學校的講師，但也辭職了。）神田高等女校的送別儀式結束後，立刻拉着板車，去舊書市場進貨。

七月二十二日　從大久保百人町搬到神田區南神保町。

八月五日　在神田區南神保町十六番地的舊書店開業。嚴格執行「舊書按標價銷售」。

大正三年【一九一四年——三十三歲】

四月二十七日　三女美登利出生。（神田區南神保町）

春　成為《哲學雜誌》發售所。

九月二十日　作為處女出版，出版了夏目漱石的《心》。

（關於下面的出版物，為避免繁瑣，除有特別事由的及持續出版的出版物外，不再一一記載。）

年末　從年末到第二年，受台灣總督府圖書館的委託，一手承辦一萬日元的圖書採購，非常感激。

大正四年【一九一五年——三十四歲】

二月一日　堤常進店工作。

三月　成為《ARARAGI》的發售所。

十月一日　《哲學叢書》創刊。第一編《認識論》出版。在發行圖書的版權頁上打出「本店的出版物全部按標價出售」，嚴格執行按定價銷售的政策。

大正五年【一九一六年——三十五歲】

一月　《音樂叢書》出版。

春　店鋪與住處分開，家人搬到麴町區富士見町二．三三一。

十月四日　長子雄一郎出生。（麴町區富士見町）
十二月九日　夏目漱石去世。

大正六年【一九一七年——三十六歲】

一月二十六日　漱石絕筆《明暗》出版。
五月一日　阿部次郎主辦的《思潮》創刊。
五月　學士院藏版（大谷亮吉著）《伊能忠敬》出版。
六月　為了孩子們的健康，家人搬到鐮倉坂之下居住。
六月十日　倉田百三著《出家人及其弟子》出版。
十一月　西田幾多郎在岩波書店出版的第一本書《自覺中的直觀與反省》出版。
十二月　《漱石全集》（全十二卷）預訂出版。

大正七年【一九一八年——三十七歲】

五月　廣重筆保永堂版《東海道五十三次》預訂出版。
六月　阿部次郎著《合本三太郎的日記》出版。
八月　登燕岳、槍岳。同行者有上野直昭、高橋穰。

大正八年【一九一九年——三十八歲】

一月　《思潮》停刊。

四月三日　長田幹雄進店工作。

六月十五日　次子雄二郎出生。（鎌倉坂之下）

十月　《漱石全集》第二回（全十三卷）預訂出版。

十二月一日　作為書商同業公會的規定，嚴格執行新書按定價出售。

大正九年【一九二零年——三十九歲】

一月　與百合、小百合去東大滑雪部的赤倉溫泉住宿地練習滑雪。

二月五日　在神田今川小路尋找帶倉庫的住宅，批發部搬遷。

四月　佐佐木惣一著《普通選舉》出版，並在店前立起大廣告牌。

四月二十四日　小林勇進店工作。

七月五日　坪田（後來的堤）久子進店工作，擔任會計主管。

十一月十五日　接受中勘助轉讓的位於小石川區小日向水道町九二的住宅，作為自己的住所。

大正十年【一九二一年——四十歲】

七月　石原純從東北帝國大學辭職後，幫助其安頓生活。

十月一日　雜誌《思想》創刊。

十月二十二日　四女末子出生。（小石川區小日向水道町）

十二月　寺田寅彥、石原純編輯《科學叢書》出版。

寺田寅彥、石原純編輯《通俗科學叢書》出版。

大正十一年【一九二二年——四十一歲】

七至八月　參加長野縣上伊那郡教育會的縱行南阿爾卑斯，翻越仙丈岳、鹽見岳。

八月十四日　野外騎馬時，於代代木練兵場墜馬重傷，被送往附近的《ARARAGI》發行所，後住進築地的片山外科醫院（院長片山國幸是其馬友）。

十月　宮本和吉、高橋穰、上野直昭、小熊虎之助編輯《岩波哲學辭典》出版。

十月二十八日　遊天龍峽，同行者有速水滉、上野直昭、中勘助、和辻哲郎、津田青楓、安倍能成、篠田英雄、高橋健二。

大正十二年【一九二三年——四十二歲】

六月十四日　凱比爾博士去世。

八月一日　將當月的《思想》定為「凱比爾先生追悼專刊」。

八月十日　購買鎌倉市大町名越的住宅。下旬，家人移居此處。

九月一日　關東大地震。神保町二棟、今川小路三棟的店鋪、倉庫與有樂町印刷工廠全部商品資材燒毀。當時在神保町的書店裏的茂雄及全體店員均未受到傷害。

十月　小石川、鎌倉的住宅均平安無事。家人中，小石川住着年長的兩個孩子，鎌倉住着夫人及下面的孩子四人，均安然無恙。
將小石川的住宅作為臨時事務所，着手恢復出版。十月已經出版了鳩山秀夫《日本民法總論》、河合榮治郎《社會思想史研究》、津田左右吉《神代史的研究》等數種書籍。

十一月　於南神保町的廢墟上舉行上樑儀式，將舊書擺在建成一半的店裏，在神田書店街率先開業。

十二月　着手出版《斯特林堡全集》。
着手出版紀念康德誕辰二百年的《康德著作集》。

大正十三年【一九二四年——四十三歲】

六月　《漱石全集》第三回震後新版（全十四卷）預訂出版。

十二月　成為高額納稅者。

大正十四年【一九二五年——四十四歲】

八月　登大朝日岳山嶺。同行者有酒井由郎、豐川武衛門。

大正十五年【一九二六年——四十五歲】

七月二十日　登南阿爾卑斯赤石岳。同行者有小林勇、長田幹雄。

九月　確立岩波書店的會計制度，採用複式簿記方式。明石照男、曾志崎誠二成為財務顧問。

昭和二年【一九二七年——四十六歲】

四月　小泉丹主編《進化論典籍叢書》出版。

七月　《岩波文庫》創刊。

下旬，登仙丈北岳、間之岳、農鳥岳，矢澤米三郎同行。

八月　首次出版教科書——龜井高孝著《中等西洋史》。

十一月　《芥川龍之介全集》（全八卷）預訂出版。

十二月　與三木清同遊朝鮮、滿洲、華北。（至翌年一月中）

昭和三年【一九二八年——四十七歲】

一月　岩波講座第一回《世界思潮》（全十二卷）預訂出版。

二月　為家鄉諏訪郡中洲村中金子捐款鋪設自來水管。

三月　普及版《漱石全集》（全二十卷）預訂出版。

三月十二日　岩波書店發生勞動爭議，要求改善待遇。數日後解決。

六月　宣佈出版聯盟版《馬克思・恩格斯全集》。聯盟書店包括希望閣、同人社、弘文堂、

八月五日　叢文閣及岩波書店。七月末，岩波書店退出。
八月二十七日　紀念開店十五周年名著特賣。
九月　小林勇辭職。
九月十日　《思想》停刊。
　關於普及版《漱石全集》的出版，大倉書店對其侵犯《我是貓》等大倉書店原版利益的行為提起訴訟，要求賠償三萬五千日元。
十一月　《哲學論叢》出版。

昭和四年【一九二九年——四十八歲】

一月　《學藝叢書》出版。
四月　《思想》重新發行，編輯和辻哲郎、谷川徹三、林達夫。
五月　《續哲學叢書》出版。
六月　岩波講座《物理學及化學》（全二十四卷）預訂出版。
八月三日　首次遭到禁止發售處罰。岩波文庫、阿爾志巴綏夫《沙寧》。
十月　將編輯、出版部遷至神田區一橋（七月購入）。（僅零售部留在神保町。）
　《托爾斯泰全集》（全二十二卷）預訂出版。
　《露伴全集》（全十二卷）預訂出版。
　《赤彥全集》（全八卷）預訂出版。

十一月　托爾斯泰女兒來日，歡迎並熱情款待。

昭和五年【一九三零年——四十九歲】

二月　針對有誤報他同意接受家鄉的推薦、任眾議院候補議員，聲明無意出馬政界，要專心致力於出版。

　　在末川博的劃時代策劃下，帶事項索引、參照條文的《岩波六法全書》出版。

四月三日　岩波講座《生物學》（全十八卷）預訂出版。

六月　長女百合與小平吉男結婚。

八月　《左右田喜一郎全集》（全五卷）預訂出版。

八月　登西駒岳。

八月三十日　與大倉書店的糾紛解決。以一萬日元接受《貓》等四種作品的權利轉讓，事件了結。

十二月　《經濟學辭典》（全五卷）出版。

昭和六年【一九三一年——五十歲】

二月　岩波講座《地質學及古生物學・礦物學及岩石學・地理學》（全三十三卷）預訂出版。

四月　雜誌《科學》創刊。

五月　《校本萬葉集》（全十卷）預訂出版。

　　河上肇譯《馬克思資本論》、《僱傭勞動與資本》、《工資、價格及利潤》停刊宣言。

六月　岩波講座《日本文學》（全二十卷）預訂出版。

十月　岩波講座《物理學及化學》改訂增補第二回（全三十卷）預訂出版。

　　　岩波講座《教育科學》（全二十卷）預訂出版。

　　　為紀念黑格爾去世百年，岩波版《黑格爾全集》開始出版。

　　　《思想》十月號、紀念黑格爾百年祭「黑格爾研究專刊」發行。

十一月　岩波講座《哲學》（全十八卷）預訂出版。

昭和七年【一九三二年——五十一歲】

一月　《物理學概況》、《化學概況》開始出版。

二月　《福澤諭吉傳》（全四卷）出版。

三月　《內村鑑三全集》（全二十卷）出版。

五月　《日本資本主義發達史講座》（全七卷）預訂出版。

　　　岩波講座《生物學》改訂增補第二回（全二十二卷）預訂出版。

　　　岩波書店圖書券發售。

九月　次女小百合與小林勇結婚。

十一月　岩波講座《數學》（全三十卷）預訂出版。

　　　岩波講座《世界文學》（全十五卷）預訂出版。

十二月　龜井高孝、石原純、野上豐一郎編輯《西洋人名辭典》出版。

昭和八年【一九三三年——五十二歲】

三月　就春秋文庫《效法基督》的譯者內村達三郎的「後記」文章起訴發行所春秋社。

（一九三七年十月勝訴解決）

四月　雜誌《文學》創刊。

雜誌《教育》創刊。

五月　《續福澤全集》（全七卷）預訂出版。

六月　十和田湖旅行。幸田露伴、小林勇夫妻同行。

十月　岩波講座《日本歷史》（全十八卷）預訂出版。

十至十一月　紀念創業二十年周年一般特賣。

十二月　《岩波全書》創刊。

從此時起，店標不再使用以往的甕（橋口五葉設計），改為米勒的「播種者」。

昭和九年【一九三四年——五十三歲】

五月　作為岩波書店二十周年紀念活動之一，向對學界、社會、國家做出卓越貢獻的人贈與獎金，後來一直持續。

第一次，贈與日本的羅馬字社、國民高等學校、山田盛太郎、神山復生病院、田邊元。

六月　岩波講座《東洋思潮》（全十八卷）預訂出版。

十月　《吉田松陰全集》（全十卷）預訂出版。

十一月　普及版《芥川龍之介全集》（全十卷）預訂出版。
小林勇復職。
十二月　中等教科書《國語》（全十卷）出版。
《法律學辭典》（全五卷）出版。

昭和十年【一九三五年——五十四歲】

一月　《岩波動物學辭典》出版。
三月　普及講座《防災科學》（全六卷）預訂出版。
四月　《理化學辭典》出版。
四月二十七日　去歐美旅行，乘靖國丸離開橫濱港。
五月四日　在離開門司港之際，發出外國旅行致意信。
六月　《大思想文庫》（全二十六卷）預訂出版。
十月　《岩波版俄日辭典》出版。
定版《漱石全集》（全十九卷）預訂出版。
十一月　《思想》漱石去世二十周年紀念專集「漱石紀念專刊」發行。
十二月十三日　結束歐美旅行回國，乘淺間丸進入橫濱港。
十二月三十一日　寺田寅彥去世。

昭和十一年【一九三六年——五十五歲】

三月　曾經參與調停的家鄉四賀村與上諏訪町之間的「桑原山事件」達成和解。
《大教育家文庫》（全二十四卷）預訂出版。
四月　《岩波英和辭典》出版。
五月　《教育學辭典》（全五卷）出版。
六月　《鷗外全集》著作篇（全二十二卷）預訂出版。
八月　《能面》（全九十幅）預訂出版。
《國寶刀劍圖譜》（全一百六十支）預訂出版。
九月　《寺田寅彥全集》文學篇（全十六卷）預訂出版。
岩波講座《國語教育》（全十二卷）預訂出版。
十月十一日　與三女美登利、野上豐一郎一起出發去朝鮮旅行，約二周後回國。
十二月　《寺田寅彥全集》科學篇（全六卷）預訂出版。

昭和十二年【一九三七年——五十六歲】

七月　山田盛太郎著《日本資本主義分析》自發絕版。
八月十一日　通過內山完造向「魯迅文學獎」捐贈一千日元。後收到魯迅的遺孀許廣平的感謝信。
八月十五日　吉野源三郎進店工作。
十月　《二葉亭四迷全集》（全八卷）預訂出版。

十月二十日　關於《效法基督》對春秋社的起訴以岩波書店勝訴告終。

十一月　《中村憲吉全集》（全四卷）預訂出版。

昭和十三年【一九三八年——五十七歲】

一月　大內兵衛由於教授集團事件受到起訴，以此為由，其著作《財政學大綱》被命令停版。

二月七日　發生《岩波文庫》社會科學書目的自發中止問題。

矢內原忠雄著《民族與和平》被禁止出售。

三月　《鈴木三重吉全集》（全六卷）預訂出版。

由於憲兵隊的干涉，將天野貞祐著《道理的感覺》付以絕版。（由於否定軍事教練）

四月　三女美登利與山崎文男結婚。

將岩波文庫中馬克思、恩格斯、列寧各著作付以絕版。

七月　《鷗外全集》翻譯篇（全十三卷）預訂出版。

八月　廣告機關《岩波月報》改名為雜誌《圖書》發行。

十月　《岩波新書》創刊。

十一月　普及版《吉田松陰全集》（全十二卷）預訂出版。

十二月　岩波講座《物理學》（全二十二卷）預訂出版。

中等教科書《國語》女子用（全十卷）出版。

昭和十四年【一九三九年——五十八歲】

一月二十三日　為保障自己及店員的健康，全員廣播體操開始。

七至八月　與四女末子一起去青森、北海道旅行，十河信二等同行。

九月　買斷制度全面實施。

十一月　《山本有三全集》（全十卷）預訂出版。

《裴斯泰洛齊傳》（全五卷）預訂出版。

昭和十五年【一九四零年——五十九歲】

一月二十一日　由於津田左右吉著作的事件，被檢事局傳喚，從上午一直訊問到下午五時半。

二月　能勢朝次著《能樂源流考》獲恩賜獎。

齋藤茂吉著《柿本人麿》獲帝國學士院獎。

《藤樹先生全集》（全五卷）預訂出版。

津田左右吉著《古事記及日本書紀的研究》被禁止出售。

三月八日　由於出版津田左右吉著《古事記及日本書紀的研究》、《神代史的研究》、《日本上代史的研究》、《上代日本的社會及思想》，與作者一同被起訴。

購入熱海市伊豆山東足川帶溫泉的土地。

四月　《鏡花全集》（全二十八卷）預訂出版。

五月　岩波講座《倫理學》（全十五卷）預訂出版。

六月　《山鹿素行全集》思想篇（全十五卷）預訂出版。

七月十日　關於以前未自發絕版的左翼出版物，收到了禁止令，紙型被沒收。

七月十九日　長子雄一郎應召，即日回鄉。

九月二十日　根據題為「昭和十五年九月十日左翼出版物治警處分台帳檢閱課」的台帳，受到追加處分。

十月十日　由於為公益捐贈私人財產，被授予藏青綬帶獎章。

十月三十日　有關津田左右吉著作的預審開始。

十一月二日　為獎勵學術，投入百萬日元設立財團法人「風樹會」。

十一月　《水上滝太郎全集》（全十二卷）預訂出版。

昭和十六年【一九四一年——六十歲】

三月　《解析數學叢書》出版。

九月　岩波講座《機械工學》預訂出版。（計劃為全二十卷，由於戰爭，到第九卷中斷。）

在熱海市伊豆山建別墅，起名惜櫟莊。

十一月一日　津田事件審判開始。

十二月　《為了少國民》出版。

十二月二十三日　津田事件檢查官量刑，津田監禁八個月及罰金四百日元，岩波監禁四個月及罰金四百日元。

昭和十七年【一九四二年——六十一歲】

一月六日　由於鄰家着火，神保町零售部部分被燒毀。

五月二十一日　津田事件一審判決，津田監禁三個月，岩波監禁二個月，均緩期二年執行。

五月二十三日　對於津田事件的判決，檢查官提起抗訴，被告方也提起上訴。

七月十五日　在長子雄一郎的陪伴下登苗場山，同行者有小泉丹、酒井由郎等。

八月　店員徵用令頻發。

十一月三日　舉辦回顧三十年感謝晚宴。（於大東亞會館）

十一月六日　以同樣的宗旨，款待業務相關各方、店員及家人去歌舞伎座。

十二月　《本居宣長全集》預訂出版。（計劃為全二十九卷，到第六卷中斷。）

昭和十八年【一九四三年——六十二歲】

四月二十一日　四女末子與種田孝一結婚。

七月　向長野縣國民學校訓導內地留學生提供神田三崎町的一棟房子，作為寄宿宿舍。

十月　日本出版會設置企業整備本部，着手完善、統一。

十一月　店員徵用波及中堅幹部。

昭和十九年【一九四四年——六十三歲】

三月　雜誌《教育》被要求停刊。（同業的《中央公論》、《改造》已被強制停刊。）

五月十六日　曾志崎誠二就任黑田挾範株式會社（四月成立，茂雄擔任董事）的專務，在出席就任祝賀會時發病，或許由於終日站立，大量出汗、眩暈。

六月　接受古島雄一轉讓的信州富士見的別墅，起名三傾園。

六月四日　長子雄一郎發病。

十一月四日　津田事件上訴宣判，由於時效原因被免於起訴。

昭和二十年【一九四五年——六十四歲】

二月十一日　參加東京都高額納稅者議員候補選舉。

三月二十七日　在候補選舉中當選，成為貴族院議員。

五月二十五日　小石川的住宅全部燒毀。不斷出現戰爭受害者，大量店員希望退職。

六月七日　西田幾多郎去世。

七月二日　四月後，疏散紙張印刷品等。在成城町勞動科學研究所發表致辭，歡迎鷗友學園、十文字學園的女學生勤勞隊。

七月十五日　次子雄二郎應召。

九月三日　長子雄一郎去世。

九月四日　首次出席貴族院議會。同年四月推薦就任的大日本教育會長野縣支部事務局局長藤森省吾病逝。

九月七日　參加貴族院閉會儀式。

九月八日　長子雄一郎葬禮。

九月十日　出席在長野市舉辦的藤森省吾的葬禮，在讀悼詞時病倒，腦溢血症狀明顯，就此在長野市妻科町的岩波書店長野分部靜養至十月十七日。

九月二十六日　三木清去世。

昭和二十一年【一九四六年——六十五歲】

一月　《世界》創刊。

二月十一日　被授予文化勳章。

四月二十日　在熱海惜櫟荘發病，腦溢血再度發作。

四月二十五日　去世。

四月二十六日　遺骸被運往鎌倉住宅，二十七日店員告別。

四月二十八日　火化。

四月三十日　在東京築地西本願寺舉行葬禮，法名文猷院剛堂宗茂居士，埋葬在北鎌倉東慶寺的墓地。

五月十八日　於家鄉長野縣諏訪郡中洲村舉行葬禮，在菩提寺小泉寺墓地分葬遺骨。

岩波茂雄傳

SHIGEO IWANAMI

責任編輯　寧礎鋒
書籍設計　陳曦成

書名　岩波茂雄傳
著者　安倍能成
譯者　楊琨
出版　三聯書店（香港）有限公司
香港北角英皇道四九九號北角工業大廈二十樓
Joint Publishing (H.K.) Co., Ltd.
20/F., North Point Industrial Building,
499 King's Road, North Point, Hong Kong
發行　香港聯合書刊物流有限公司
香港新界大埔汀麗路三十六號三字樓
印刷　中華商務彩色印刷有限公司
香港新界大埔汀麗路三十六號十四字樓
版次　二零一三年十二月香港第一版第一次印刷
規格　特十六開（150mm × 205mm）四五六面
國際書號　ISBN 978-962-04-3493-8

IWANAMI SHIGEO DEN, SHINSO BAN
by Yoshishige Abe